2011

中国农产品贸易发展报告

CHINA AGRICULTURAL TRADE DEVELOPMENT REPORT

农业部农产品贸易办公室
农业部农业贸易促进中心

中国农业出版社

图书在版编目（CIP）数据

中国农产品贸易发展报告．2011 / 农业部农产品贸易办公室，农业部农业贸易促进中心编．—北京：中国农业出版社，2011.9
ISBN 978-7-109-16010-1

Ⅰ.①中… Ⅱ.①农… ②农… Ⅲ.①农产品-国际贸易-研究报告-中国-2011 Ⅳ.①F752.652

中国版本图书馆 CIP 数据核字（2011）第 169384 号

中国农业出版社出版
（北京市朝阳区农展馆北路 2 号）
（邮政编码 100125）
责任编辑 赵 刚

中国农业出版社印刷厂印刷 新华书店北京发行所发行
2011 年 10 月第 1 版 2011 年 10 月北京第 1 次印刷

开本：889mm×1194mm 1/16 印张：14.75
字数：252 千字
定价：160.00 元

《2011中国农产品贸易发展报告》

编 辑 委 员 会

主要撰写人员

(按姓氏笔画为序)

于永德	王　军	王　莉	王　桦	王士海	王东辉
王占禄	王秀清	王岫嵩	王学兰	王娟娟	牛启发
方　玲	石有龙	田维明	吕向东	全世文	刘艺卓
刘丽佳	刘启正	刘武兵	刘桂珍	江清栋	李　莉
李先德	李蔚青	何秀荣	冷　杨	宋聚国	张　莉
张云芝	张军平	张晓婉	陈　军	陈述平	陈建新
林清山	孟　丽	封　岩	赵军华	赵学尽	姜　楠
秦天放	晏　亮	郭绍权	韩一军	韩明锋	焦　点
曾　伟	曾寅初	雷建维	蔡海龙	潘　久	霍文静

序 言

2010年世界经济开始从金融危机中缓慢复苏，但基础并不稳固，发展很不平衡，给世界农业发展、农产品贸易带来重大影响。受世界多个地区严重自然灾害影响，大宗粮食作物等农产品国际市场价格波动较大，农产品贸易环境复杂多变。中国政府果断采取有效政策措施，进一步加大对农业的支持力度，积极应对国内外复杂的经济形势，以及多发频发重发的自然灾害，大力推进现代农业发展和新农村建设，千方百计抓好粮食等主要农产品生产，积极促进农民持续增收，扩大农村消费需求，农业农村经济保持了平稳较快发展的良好势头，取得了超出预期的好成绩。粮食生产实现了连续7年增产，连续4年超过5亿吨；“菜篮子”产品稳定发展，主要农产品供应充足；农村居民人均纯收入实际增长10.9%，自1997年以来首次超过城镇居民收入增幅。农产品贸易恢复较快增长，全年农产品贸易总额达1 219亿美元，创历史新高，比上年增长32%，占当年农业增加值的20%。农产品进出口总额均大幅增长，出口总额494.2亿美元，增长24.7%；进口总额725.7亿美元，增长37.7%。

2011年，世界经济发展仍面临很多不确定因素，经济复苏障碍多、阻力大，前景并不明朗。主要经济体为力保国内稳定，贸易保护主义有进一步抬升趋势，中国农产品贸易发展将面临更加复杂的外部环境。“十二五”开局之年，中国农业农村经济发展将牢牢把握加快发展现代农业的重大任务，加快转变农业发展方式，不断夯实农业基础，坚持做到“千方百计保持粮食产量稳定在5亿吨以上，千方百计保持农民收入持续较快增长，努力确保不发生区域性重大动物疫情，努力确保不发生重大农产品质量安全事件”，发展生产保供给，提高效益增收入，提升能力促转变，防范风险保安全，改革创新增活力，深入推进农业对外开放，促进中国农产品贸易健康稳定发展。

本年度报告利用翔实的数据回顾了2010年中国农产品贸易发展状况，总结了农业贸易谈判和贸易促进的进展情况，并就外资进入对中国农业产业的影响等进行了全面分析。希望本年度的研究报告能够继续为政策制定、贸易研究和贸易实务提供参考。

农业部部长 韩长赋

2011年8月

目 录

分论

专论

附录

总论

2010年国内外经贸环境变化

世界经济

2010 年，世界经济开始从金融危机中复苏。在强力的货币政策和财政政策刺激下，主要发达国家先后摆脱经济下滑局面，发展中国家普遍加快增长，全球经济形势总体向好。然而世界经济复苏的基础仍不稳固，一方面表现在发达国家失业率居高不下和主权债务危机仍在恶化，另一方面表现在部分发展中国家通货膨胀压力加重。更突出的是，全球宏观经济失衡并未得到根本校正，流动性仍严重过剩，热钱投机推动包括农产品在内的初级产品价格再度急剧上升，致使部分不发达国家的饥饿现象恶化，甚至引发政局动荡。总体看，2010 年的世界经济贸易局势好坏参半。

根据国际货币基金组织（IMF）发布的资料[①]，2010 年全球经济增长率由上年的 -0.5% 转为 5%，其中发达国家由上年的 -3.4% 转为 3%；转型经济国家和发展中国家由上年的 2.7% 提高到 7.1%。主要发达国家中，日本和德国经济表现最好，增长率分别达到 3.9% 和 3.5%，但尚未恢复到危机前水平；美国和加拿大经济分别实现了 2.8% 和 3.1% 的增长；法国、英国和意大利的经济较为疲软，增长率分别为 1.5%、1.3% 和 1.3%；西班牙仍未摆脱经济萎缩，再度下滑 0.1%。亚洲工业化经济体的增长率由上年的 -0.8% 转为 8.4%。发展中国家的经济绩效普遍好于发达国家。分区域看，中东欧和独联体扭转了经济下滑，增长率分别达到 4.2% 和 4.6%；亚洲发展中国家的增长率由上年的 7.2% 进一步提升到 9.5%，其中中国和印度的增长率分别为 10.3% 和 10.4%，居世界前列；拉美和加

---

① IMF《世界经济展望》，2011 年 4 月。全球经济增长率利用基于购买力平价的权重计算。

勒比海地区的经济增长率由上年的-1.7%转为6.1%，其中巴西增长7.5%；中东和北非的增长率由上年的1.8%提高到3.8%，撒哈拉以南非洲地区的增长率由上年的2.8%提高到5%。

表1　2008—2010年世界经济增长情况

单位:%

年　份	2008年	2009年	2010年
世界经济	2.9	-0.5	5.0
发达国家	0.2	-3.4	3.0
美国	0.0	-2.6	2.8
欧元区国家	0.4	-4.1	1.7
日本	-1.2	-6.3	3.9
新兴市场和发展中国家	6.1	2.7	7.3
亚洲	7.7	7.2	9.5
中东欧	3.2	-3.6	4.2
独联体国家	5.3	-6.4	4.6
中东和北非	5.1	1.8	3.8
撒哈拉以南非洲	5.6	2.8	5.0
拉美和加勒比海地区	4.3	-1.7	6.1

数据来源：IMF《世界经济展望》，2011年4月。

2010年，世界贸易扭转了上年的下滑局面，出现恢复性增长。根据世界贸易组织（WTO）公布的数据，发达国家的进口量和出口量分别由上年的下降14.4%和15.1%转为上升10.7%和12.9%，新兴经济和发展中国家的进口量和出口量分别由上年的下降10.2%和7.8%转为上升17.9%和16.7%。

表2　2008—2010年世界贸易量增长情况

单位:%

年　份	出口			进口		
	2008	2009	2010	2008	2009	2010
世界	2.2	-12.0	14.5	2.2	-12.8	13.5
亚洲	5.5	-11.2	23.1	4.7	-7.5	17.6
中国	8.5	-10.5	28.4	3.8	2.9	22.1
印度	14.4	-6.8	19.9	17.3	-1.0	11.2
日本	2.2	-24.8	27.5	-1.0	-12.2	10.0
美国	5.8	-14.0	15.4	-3.7	-16.4	14.8
欧盟27国	0.0	-14.5	11.4	-0.9	-14.2	9.2

数据来源：WTO，2011年4月。

在世界经济复苏、供给的不确定性因素增强和投机炒作加剧的背景下，初级产品价格再度全面上涨。2010年，原油价格由上年的下跌36.3%转为上升27.9%，以贸易额加权的非燃料初级产品价格由上年的下跌15.8%转为上升26.3%。消费者价格普遍加速上升，发达国家比上年上升1.6%，提高1.5个百分点；新兴经济和发展中国家比上年增长6.2%，提高1个百分点。发达国家中的澳大利亚和发展中国家的印度、巴西、中国等先后采取加息措施来抑制物价上涨，美国、欧盟、日本等继续借助于低利率政策刺激经济和就业，国家间的宏观经济政策目标呈现出明显差异。

世界农产品市场

2010年，世界多个地区发生严重自然灾害，如俄罗斯、乌克兰、哈萨克斯坦的持续高温干旱，加拿大、澳大利亚、德国过多的降雨，印度和巴基斯坦的大范围洪灾等，使农业特别是谷物生产受到一定影响。联合国粮农组织（FAO）估计，2010/2011年度世界谷物产量预计为22.3亿吨，比上年下降1.2%，但仍为历史第三高水平。分国家类型看，谷物产量发展中国家增长4.9%，发达国家下降8.4%。无论是从总量还是从地区分布格局看，2010/2011年度的谷物供给形势仍属良好（表3）。

2010/2011年度，谷物需求继续保持增长。FAO估计，2010/2011年度世界谷物使用量为22.8亿吨，比上年增长2%，其中发展中国家增长3.1%，发达国家持平。由于该年度谷物使用量大于生产量，全球谷物库存量出现下降，期末库存与使用量的比值为21.1%，比上年降低2.2个百分点。

表3 近年世界谷物生产、使用、库存和贸易

单位：百万吨、%

年度		2008/2009	2009/2010	2010/2011	2010/2011年度比上年度增长	年份		2008/2009	2009/2010	2010/2011	2010/2011年度比上年度增长
生产	谷物	2 286	2 261	2 234	-1.2	库存	谷物	505	531	484	-8.9
	小麦	685	685	653	-4.6		小麦	182	205	185	-9.5
	大米	458	455	466	2.3		大米	126	132	139	5.0
	粗粮	1 142	1 121	1 115	-0.5		粗粮	197	194	160	-17.8
使用	谷物	2 192	2 233	2 277	2.0	贸易	谷物	282	276	275	-0.3
	小麦	646	660	670	1.5		小麦	139	130	123	-5.2
	大米	444	449	460	2.4		大米	30	31	32	-1.2
	粗粮	1 101	1 125	1 148	2.0		粗粮	113	115	120	4.7

数据来源：FAO《作物展望和粮食形势》，2011年4月。

2010年，谷物生产因旱灾而严重减产的俄罗斯和乌克兰先后实施了临时性限制谷物出口的措施，这对世界谷物贸易造成一定冲击。然而根据FAO估计，2010/2011年度世界谷物贸易量与上一年度基本持平，仅小麦贸易量明显下降。

在全球流动性仍严重过剩的局面下，减产预期及俄罗斯等国家实行出口限制措施加剧了国际市场上的投机炒作，致使谷物和其他农产品价格在后半年出现全面暴涨局面。根据世界银行发布的数据，2010年12月的食物和农产工业原料价格比上年同期分别增长25.3%和63.5%，前者逼近2008年中的峰值水平，后者已经超过该水平。2010年内能源和化肥价格指数也分别上升19.6%和39.6%，加大了农业生产、加工和流通的成本（图1）。

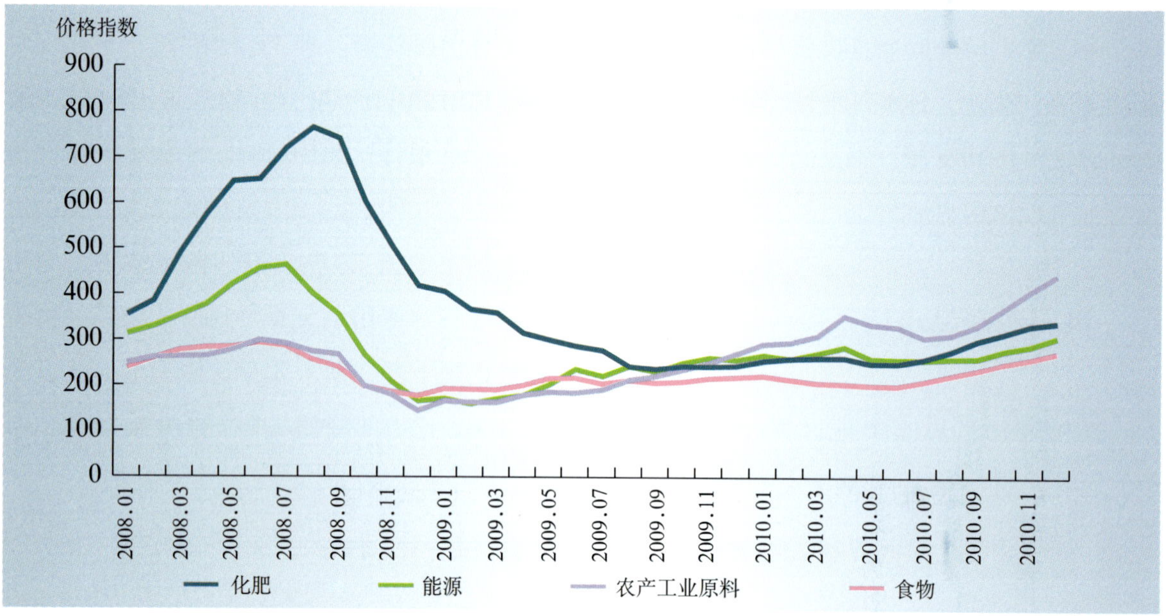

图1 2008—2010年国际市场初级产品月度价格变化情况

数据来源：世界银行。价格指数以2000年为100。

2010年内，主要农产品价格大体呈现由缓慢下降转为快速上升的态势，但波动幅度差别较大。根据世界银行数据（图2），年底与上年同期相比，棉花价格增长超过一倍，橡胶价格增长近70%，玉米、小麦和棕榈油价格增长50%左右，豆油价格增长约40%，牛肉和羊肉价格增长约35%，大豆和原糖价格增长约20%，大米和禽肉价格基本持平。价格波动幅度较大的有棉花、原糖、小麦和玉米等品种。

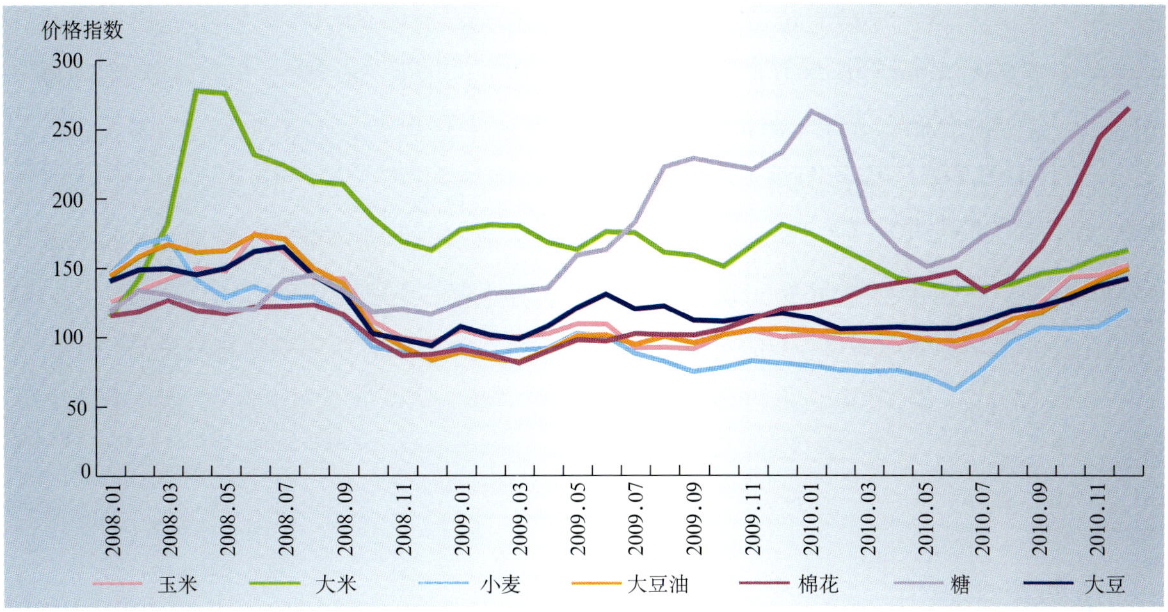

图2 2008—2010年国际市场主要农产品月度价格变化情况

数据来源：世界银行。各商品的价格指数均以2007年平均价格为100。

中国宏观经济

2010年，中国面对的国内外经济环境复杂多变。从国际方面看，主要国家实行宽松的货币政策加剧了全球流动性过剩局面，大量热钱流入初级产品市场进行投机炒作，引起包括食品在内的初级产品价格暴涨，汇率也频繁剧烈波动，不仅加大了中国外贸企业面临的价格风险和汇率风险，而且还形成外源性通货膨胀压力；部分发达国家主权债务问题恶化拖累了经济复苏，影响到对中国商品的需求。从国内方面看，长期性的国民收入分配格局不合理问题制约了居民消费增长；中国政府应对危机的货币政策引起本国流动性过剩，国内市场投机炒作活动也明显加剧；初级原料价格上升、劳动成本上升和人民币升值等因素结合在一起，削弱了中国商品在海内外市场上的价格竞争力。

面对全球社会经济发展中不稳定因素多、国内经济长期性和结构性问题突出的复杂局面，中国政府加强和改善宏观调控，积极推进经济结构调整和扩大内需，使国民经济继续保持高速增长，综合国力得到进一步提升。2010年，中国超越日本成为世界第二大经济体，在国际事务中的影响力明显提高。

根据国家统计局发布的数据，2010年国内生产总值39.8万亿元，按不变价格计算增长10.3%。分产业看，第一产业增加值4万亿元，增长4.3%；第二产业增加值18.6万亿元，增长12.2%；第三产业增加值17.1万亿元，增长9.5%。城镇居民人均可支配收入19 109元，扣除价格因素后实际增长7.8%；农村居民人均纯收入5 919

元，扣除价格因素后实际增长10.9%。全年社会消费品零售总额15.7万亿元，增长18.3%。居民消费价格上涨3.3%，其中食品价格上涨7.2%；农产品生产价格上涨10.9%。

2010年，中国的对外贸易实现全面增长，货物进出口总额29 727.7亿美元，比上年增长34.7%；其中货物出口15 779.4亿美元，增长31.3%；货物进口13 948.3亿美元，增长38.7%。全年实现外贸盈余1 831.1亿美元，比上年减少126亿美元。从月度变化看，进出口额均呈现波动上升态势，前四个月进口额同比激增使贸易顺差比上年下降，3月份甚至出现了贸易逆差，其后进口额增幅有所回落，各月贸易均保持盈余（图3）。

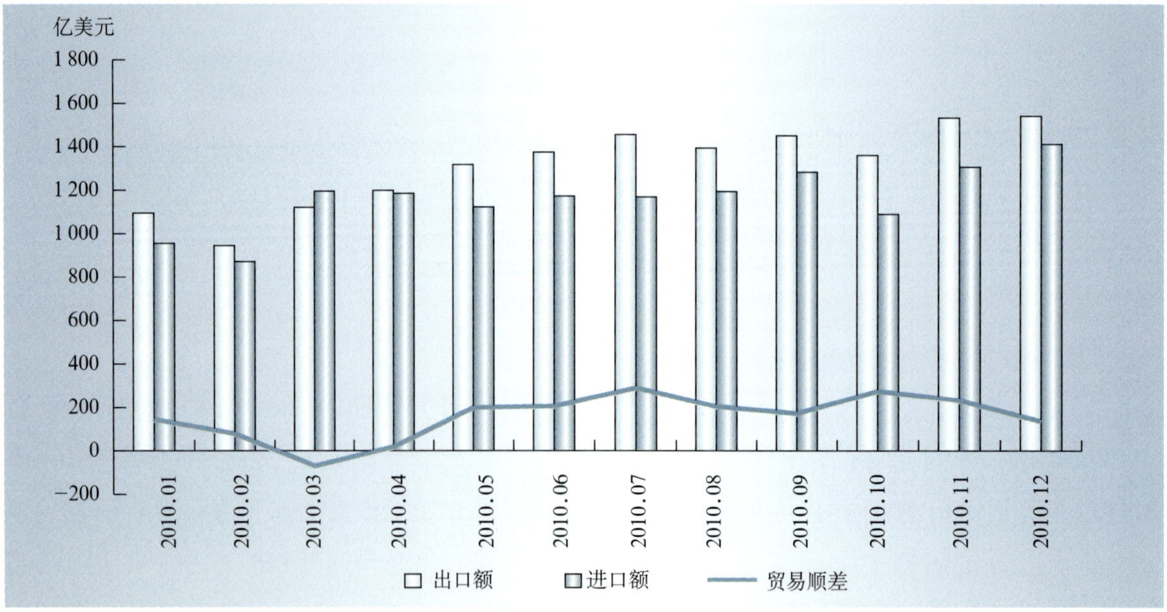

图3 2010年中国对外贸易月度变化情况

数据来源：中国海关总署。

2010年，人民币对美元的名义汇率在上半年基本稳定，下半年缓慢升值，年内升值3%。人民币对欧元的名义汇率在上半年先升值，6月7日达到全年最大升幅17.7%，其后开始贬值，11月初后再度升值，年内升值11%。对日元的名义汇率年初较稳定，3月后反复出现升值和贬值，年内贬值10%。人民币对港币和英镑的升值幅度分别为3.4%和7%。

中国农业和农村经济

2010年，世界农产品需求随经济复苏而增加，农产品价格也大幅上涨。一方面，这些变化为中国农业发展提供了有利的外部市场环境；另一方面，国内外投机活动加剧给农民和涉农企业带来更大的不确定性，引发囤积农产品谋取高利的行为，出现了绿豆、大蒜、生姜、糖、棉花等多种农产品价格轮番上涨局面。农产品价格上涨与劳动成本和其他投入成本上升结合在一起，形成通货膨胀压力，迫使政府将注意力转向稳定价格水平。此外，跨国公司加强对国内粮油市场的渗透也使政府对农产品市场的调控面临更复杂的局面。

根据中央一号文件精神，2010年的农业和农村工作把改善农村民生作为重要内容。中国政府进一步加大了对农业的支持力度，积极采取措施扩大农村消费需求，大力推进现代农业的发展。根据财政部数据，全年中央财政安排“三农”投入8 579.7亿元，比上年增长18.3%；其中用于农业和农村建设的中央预算内投资1 928亿元，占全部中央预算内投资的49%。农作物良种补贴覆盖地域和品种范围、农机购置补贴范围均进一步扩大，用于农业技术推广应用、综合开发、农业林业保险、农村扶贫、农业农村基础设施建设等方面的支出也显著增加。

2010年，中国的农业生产继续稳定增长。粮食总产量54 647.7万吨，比上年增长2.9%，实现连续7年增产。棉花产量596.1万吨，减少6.5%。油料产量3 230.1万吨，增长2.4%。糖料产量12 009万吨，减少2.2%。烤烟产量273.1万吨，减少2.9%。茶叶产量147.5万吨，增长8.6%。全年肉类总产量7 925.8万吨，增长3.6%。禽蛋产量2 762.7万吨，增长0.7%。奶类产量3 748万吨，增长0.4%。全年水产品产量5 373万吨，增长约5%。剔除价格因素后，农村居民人均纯收入增长10.9%，自1997年以来首次超过城镇居民收入增幅，城乡收入差距有所缩小。按2010年农村贫困标准1 274元测算，年末农村贫困人口2 688万人，比上年末减少909万人。农副食品加工业也实现较快发展，规模以上工业增加值比上年增长15%。

中国农业贸易政策环境

（一）加强和完善宏观经济调控

2010年，面对国内通货膨胀压力逐步显现的局面，中国政府从1月开始多次上调金融机构人民币存款准备金率和存贷款利率，以管理通货膨胀预期。中国政府决定进一步推进人民币汇率形成机制改革，增强人民币汇率弹性。

中国人民银行等六部门于6月17日联合下发通知，扩大跨境贸易人民币结算试点。根据该通知，实行跨境贸易人民币结算的境外地域由港澳、东盟地区扩展到所有国家和地区，在2009年确定的上海、广东两地外增加北京等18个省（自治区、直辖市）为试点地区。这一措施有助于贸易便利化，加快人民币向国际货币转变。

（二）继续按照多边和双边协议扩大市场开放

2010年，中国全面履行完毕加入世界贸易组织的关税减让承诺，除降低鲜草莓等6种产品的进口关税外，对其余农产品的进口管理继续延续上年的制度安排。中国还根据与有关国家或地区签署的贸易或关税优惠协定，对部分农产品实行双边优惠关税。中国还对41个最不发达国家的部分商品单方面实施了特惠税率。

（三）努力稳定国内农产品市场

2010年上半年，在一些地区发生自然灾害的背景下，国内市场出现游资炒作大蒜、姜、绿豆等一些农产品的情况，致使这些商品的价格出现轮番暴涨。后半年，国际市场农产品价格高涨也传导到国内市场上，致使公众形成较强的通货膨胀预期。这一情况引起中国政府高度重视，国务院多次召开会议讨论稳定市场的问题。5月份，国家发展和改革委员会等机构联合下发通知，要求地方各级人民政府切实加强农产品市场监管，严厉打击囤积居奇、哄抬农产品价格等炒作行为，促进价格总水平基本稳定。为稳定农副产品供应，中央和地方政府采取了在市场上投放储备粮、油、糖、棉的措施和降低流通成本的措施，同时对优抚对象等弱势群体给予补贴。

国内市场农产品价格波动和大幅上升影响到农产品贸易发展。大蒜价格暴涨导致出口成本提高；对玉米价格上升的预期引起进口量显著增加，使玉米贸易出现自1996年以来的首次净进口；糖和棉花的进口量也大幅增长。

（四）积极扶持农产品出口

为鼓励出口，中国政府于5月决定，本年度内对列入《出入境检验检疫机构实施检验检疫的进出境商品目录》的出口活畜、活禽、水生动物以及免验农产品全额免收出入境检验检疫费，对其他出口农产品减半收取出入境检验检疫费，对出口纺织服装产品按现行征收标准的70%收取出入境检验检疫费。

（五）利用WTO规则保护本国利益

自2007年起，美国国会通过年度拨款法案及一系列相关措施，对中国禽肉制品出口美国设置障碍。2009年4月17日，中国将美对华禽肉采取的限制措施诉诸世贸争端解决机制。2010年9月29日，世界贸易组织专家组发布裁决报告，裁定美国对中国禽肉的进口限制违反了WTO关于动植物检疫措施的相关规则，也违反了WTO最惠国待遇和取消数量限制的规定。这是中国首次在农产品上成功地利用WTO有关规则来保护本国利益。

2010年内，中国政府还依据WTO有关规则对原产于美国的进口白羽肉鸡产品采取反倾销、反补贴措施，并对原产于欧盟的进口马铃薯淀粉倾销幅度进行了期中复审调查和反补贴调查。

2010年中国农产品贸易发展

进出口规模和贸易收支

2010年，世界经济复苏拉动了农产品消费需求，改善了中国农产品①出口的外部市场环境。中国经济快速增长、居民收入提高和政府实施侧重民生的政策促使国内消费需求增长，在一定程度上拉动了进口。国内市场农产品价格上升、人民币对主要货币升值、中国政府将稳定国内市场和抑制通货膨胀预期作为重要政策目标则具有抑制出口和鼓励进口双重作用。在上述背景下，2010年中国农产品进出口双双大幅增长：出口额494.2亿美元，增长24.7%；进口额725.7亿美元，增长37.7%；贸易逆差231.5亿美元；均创历史新高。

2010年内，农产品月度出口额在大部分时间稳定在40亿美元左右，仅春节所在的2月份略低及年终的两个月略高，同比增幅在15.9%到40.5%之间。农产品月度进口额呈波动上升，2月份最低，12月份最高，同比增幅在10.3%到82.9%之间。

商品结构

2010年，居中国农产品出口额前五位的产品依次为水产品、蔬菜、畜产品、水果和饮品类。居进口额前五位的产品依次为油籽、畜产品、植物油、水产品和棉麻丝（图5）。

2010年，在俄罗斯和乌克兰宣布暂时停止小麦出口后，国际市场小麦价格从6月开始急剧上涨，玉米、大米等谷物价格随后也开始上涨。尽管国内外比价变化有利于中

① 除特别注明外，本报告正文和图表中引用的中国农产品生产和贸易数据均未包括香港、澳门特别行政区和台湾省，其中农产品进出口数据来自中国海关统计（除月度数据外，均按年度下载）。由于海关进出口税则的调整，本报告中的个别进出口贸易数据与《2010中国农产品贸易发展报告》中的相关数据稍有出入。

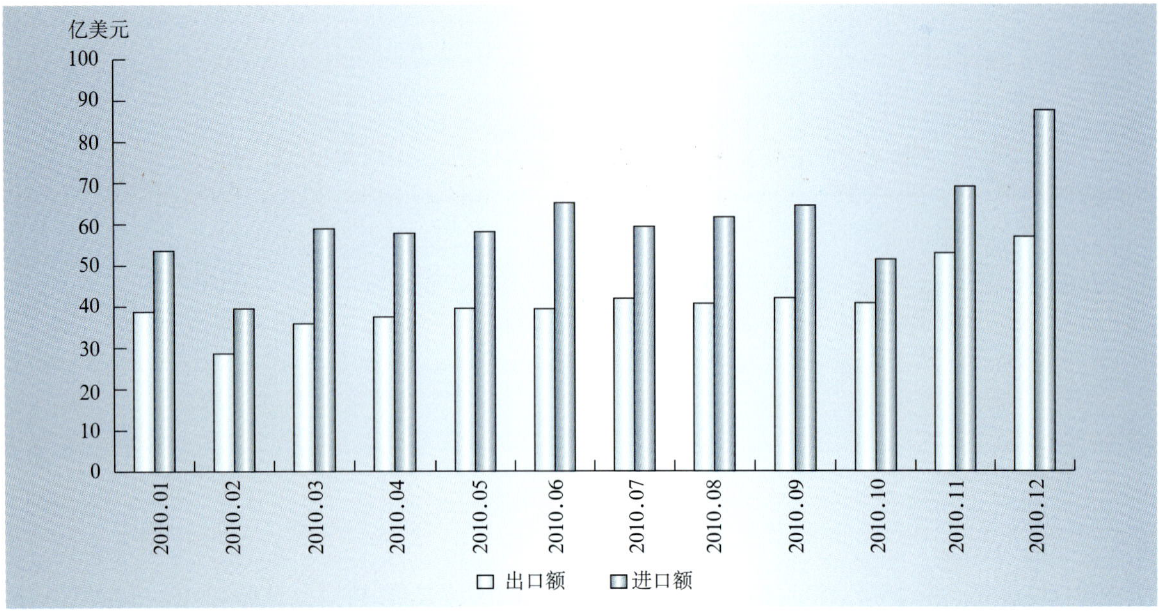

图4　2010年中国农产品对外贸易月度变化情况

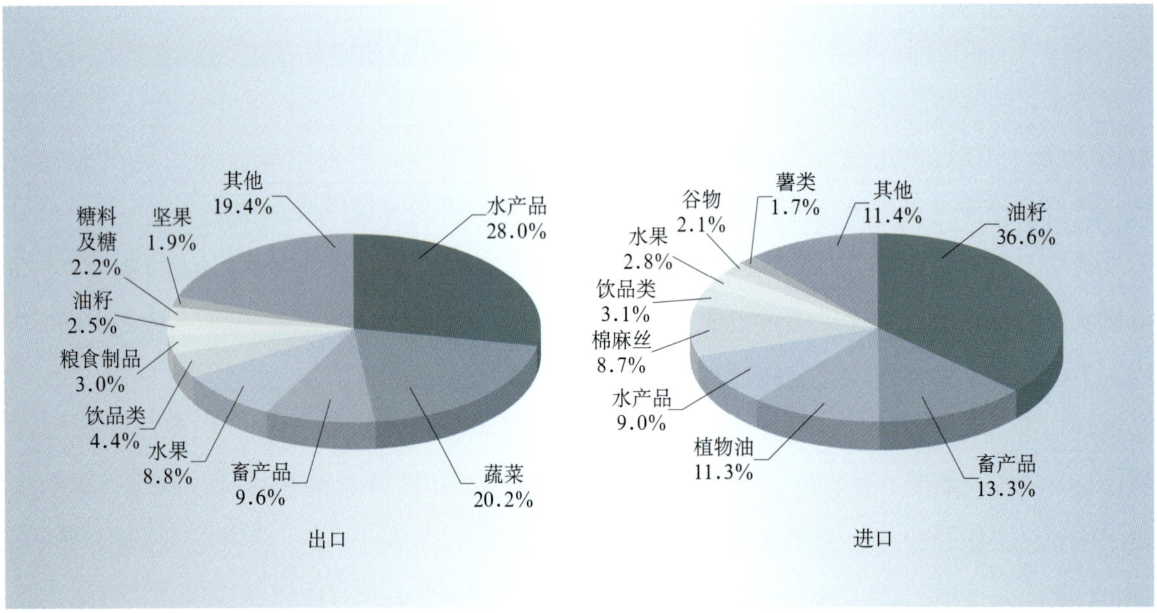

图5　2010年中国农产品进出口结构

国谷物产品出口，但由于国内市场供求也趋紧，使得谷物贸易呈现出口下降和进口增加的格局，年内谷物出口124.3万吨，比上年下降9.3%；进口570.9万吨，增长81.2%；净进口446.6万吨，略低于2004年的水平。其中稻谷产品出口量下降20.8%，进口量增长8.8%；小麦产品出口量增长13.1%，进口量增长36.1%；玉米产品出口量下降1.4%，进口量急剧增加17.6倍；大麦产品进口增长36.2%。

食用油籽贸易呈现出口下降、进口增加局面，食用植物油贸易则为进口和出口双双下降。食用油籽出口量87.7万吨，比上年下降19.9%；进口5 703.5万吨，增长23.1%。食用油籽中，大豆出口下降51.5%，进口增长28.8%，达5 478.6万吨，再创历史新高；花生出口下降8.7%；油菜籽进口下降51.3%。食用植物油出口9.6万吨，下降17.2%；进口826.2万吨，下降13.1%。食用植物油中，棕榈油进口量下降11.6%，菜籽油进口量增加1.1倍。食用油籽和食用植物油贸易赤字分别高达253.6亿美元和70.3亿美元。

2010年，世界纺织品市场开始复苏，中国的纺织品出口随之增加，进而拉动了对棉花的需求。中国的棉花则再度减产，国内市场价格暴涨引起企业转向进口。年内棉花出口量比上年下降25.9%；进口量增长77.9%，达313万吨。

中国的糖料生产小幅下降1.9%，成品糖产量则大幅下降17.6%。食糖出口9.4万吨，比上年增长47.7%；进口176.6万吨，增长65.9%。

主要园艺产品贸易呈现进出口双增长局面。蔬菜出口99.9亿美元，比上年增长45.2%；进口2.8亿美元，增长54.6%。水果出口43.6亿美元，增长13.5%；进口20.3亿美元，增长23%。坚果出口9.3亿美元，增长19.6%；进口4.7亿美元，增长38.2%。

畜产品出口47.5亿美元，增长21.3%；进口96.6亿美元，增长46.4%。其中，家禽类产品出口增长30.9%，进口下降1.8%；生猪产品出口增长12.9%，进口增长89.6%；牛产品出口增长32.2%，进口增加1.2倍；羊产品进口增长13.7%；乳制品出口下降22.8%，进口增长91.2%。

水产品贸易继续发展，出口138.4亿美元，增长28.1%；进口65.4亿美元，增长24.3%。鲜冷冻鱼、加工鱼类、对虾等主要产品出口均增长20%以上；鲜冷冻鱼和饲料用鱼粉两种主要产品进口分别增长16.4%和27.8%。

进出口市场结构

2010年，中国对世界各地的农产品进出口基本上实现全面增长，仅个别发展中国家出现例外。对发展中国家的出口增幅普遍高于对发达国家的出口增幅；从发展中国家的进口增幅虽然也较高，但增幅高于总体水平的重要来源国仅有印度和阿根廷。

出口方面，亚洲仍为最大市场，出口额295.7亿美元，增长25.6%，占出口总额59.8%，与上年持平。欧洲为第二大市场，出口额88.7亿美元，增长21.6%，占出口总额17.9%。北美洲列第三，出口额66.6亿美元，增长23.2%。对非洲出口18亿美元，增长13.7%，增幅在各洲中最低。对南美洲出口16.6亿美元，增长50.9%，增幅在各洲中最高。对大洋洲出口8.7亿美元，增长22.6%。

北美洲、南美洲和亚洲为前三大进口来源地。从上述三大区域进口额均在150亿美元以上，进口额增幅接近或超过30%，占进口总额的比重均在20%以上。从大洋洲的进口增幅最高，达59.4%（表4）。

表4 2010年中国农产品贸易区域分布

单位：亿美元、%

区域	贸易额				比上年增长		占比重	
	进出口	出口额	进口额	差额	出口	进口	出口	进口
合计	1 219.9	494.2	725.7	-231.5	24.7	37.7	100.0	100.0
亚洲	461.9	295.7	166.2	129.5	25.6	44.3	59.8	22.9
非洲	34.1	18.0	16.0	2.0	13.6	32.7	3.6	2.2
欧洲	157.7	88.7	69.0	19.7	21.5	35.6	17.9	9.5
北美洲	283.7	66.6	217.1	-150.5	23.2	29.8	13.5	29.9
大洋洲	70.3	8.7	61.6	-52.9	22.6	59.4	1.8	8.5
南美洲	212.3	16.6	195.7	-179.2	50.9	36.9	3.4	27.0

从国别（地区）贸易看，中国的前五大出口市场依序为日本、美国、中国香港、韩国和印度尼西亚，其中印度尼西亚取代了上年居第五位的德国，5地合计占出口总额的一半。对印度尼西亚的出口增幅高达69.3%，其余均在20%左右。

中国的前五大进口来源地依序为美国、巴西、阿根廷、澳大利亚和马来西亚，其中澳大利亚替代加拿大再度进入前五名，从5国进口合计占进口总额的58.6%。其中，从阿根廷和澳大利亚的进口增幅分别为63.5%和58%，高于总体水平；从美国、巴西和马来西亚的进口增幅分别为33%、27%和14.7%，低于总体水平（图6）。

从双边农产品贸易收支看，日本、中国香港、韩国、德国和中国台湾为前五位的盈余来源地，净出口额分别为85.6亿美元、43.9亿美元、31.1亿美元、13.7亿美元和9.1亿美元；美国、巴西、阿根廷、澳大利亚和加拿大为前五位的赤字发生地，净进口额分别为128.1亿美元、102.1亿美元、56.6亿美元、32.5亿美元和21.9亿美元。

总体看，自贸区建设推动了双边农产品贸易发展。中国对新西兰的出口额和进口额分别增长29.7%和63.5%，对秘鲁的出口额和进口额分别增长26.3%和38.7%，均高于总体水平。中国对东盟和智利的出口额分别增长39.5%和54.8%，远高于总体水平，但进口额仅分别增长24.7%和2.7%，低于总体水平。

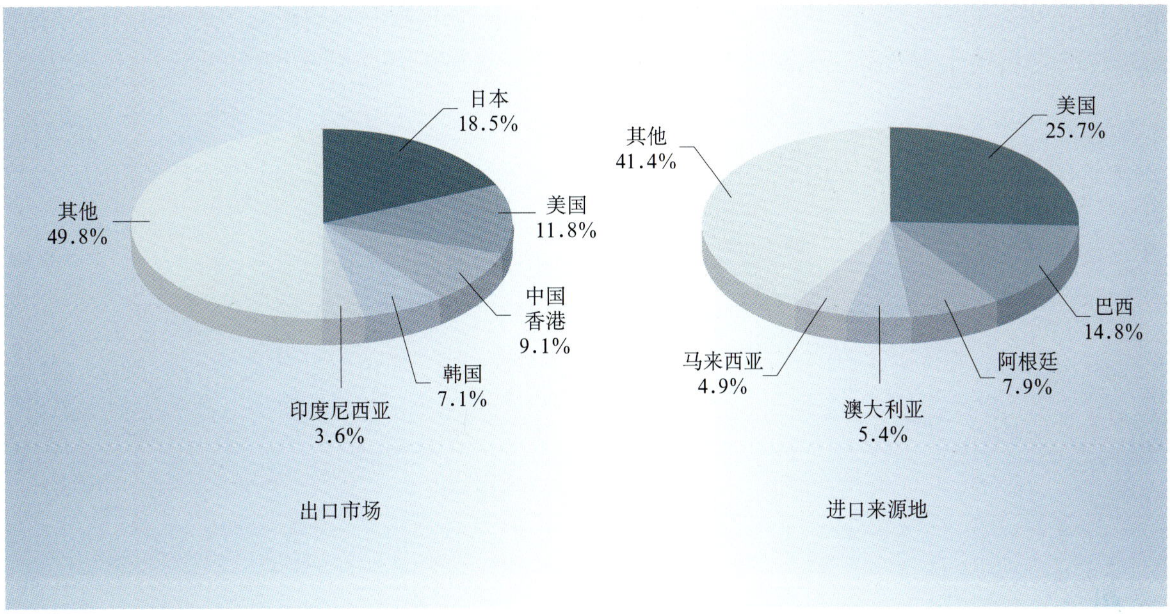

图6 2010年中国农产品出口市场和进口来源地结构

贸易方式变化

2010年，农产品出口额中，一般贸易出口397.1亿美元，占80.3%，比上年提高约3个百分点；进料加工贸易出口额63.2亿美元，占12.8%，比上年下降1.7个百分点。农产品进口额中，一般贸易进口额571.1亿美元，占78.7%，比上年提高0.5个百分点；进料加工贸易进口额57.1亿美元，占7.9%，比上年下降0.4个百分点。

国内进出口地区结构变化

2010年，山东、广东、福建、浙江和辽宁居农产品出口额的前五位，5省合计占出口总额的62.6%，比上年提高1.1个百分点。分区域看，东部地区出口额最大，占全国的近70%，增长26.8%；东北地区出口额居第二位，增长12.7%，在4个地区中增速最低；西部地区出口额居第三位，增长19.3%；中部地区出口额增长36.3%，领先于其他区域。除新疆外，各省（自治区、直辖市）的农产品出口额全面增长，增幅排前十位的省份有8个位于中西部，其中宁夏、西藏、湖北、内蒙古和河南位于前五位，同比增幅在44.4%到86.2%之间。

广东、山东、江苏、上海和天津居农产品进口额的前五位，合计占进口总额的66.6%，略低于上年水平。东部地区进口额最大，占全国的83%，增幅在4个区域中最低；东北地区进口额居第二位，增幅50.6%，居第一位；西部地区进口额和增幅均居第三位；中部地区进口规模最小，增幅46.5%。除湖南和西藏外，其他省（自治区、直辖市）的进口额均增长，其中增幅前八位的省均处于中西部，依次为青海、新疆、江西、湖北、内蒙古、云南、甘肃和山西，增幅在79%到4.8倍之间。

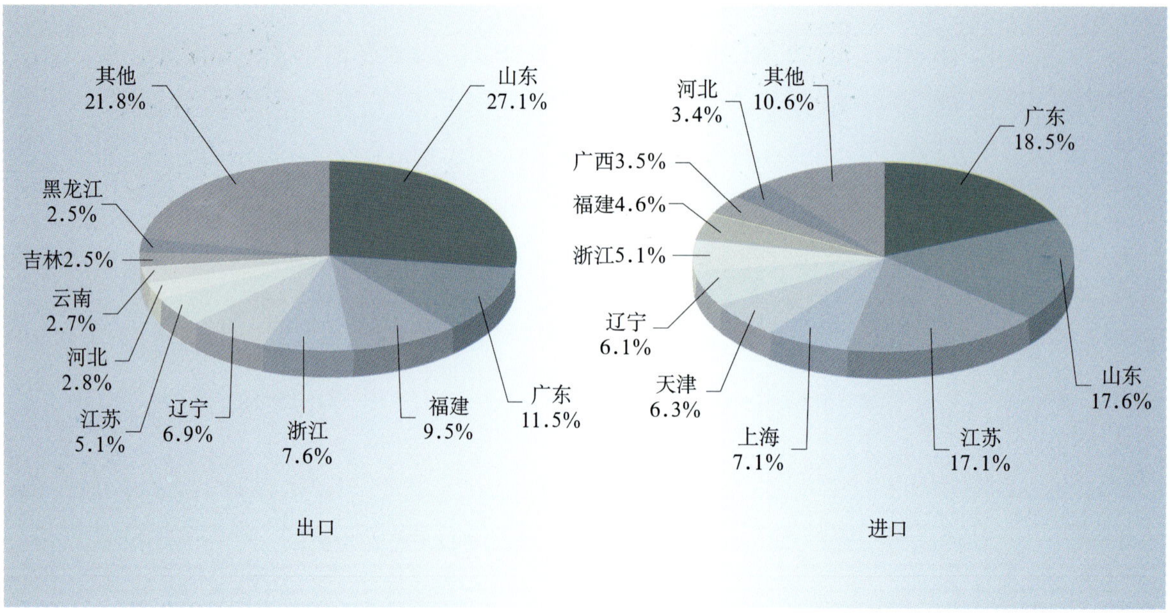

图7 2010年中国各省（自治区、直辖市）农产品进出口所占比重

在31个省（自治区、直辖市）中，有21个在农产品贸易上实现盈余。顺差排前五位的为福建、黑龙江、湖北、吉林和山东，顺差额分别为13.8亿美元、10.1亿美元、7.5亿美元、7.2亿美元和6.1亿美元。逆差居前五位的为江苏、广东、上海、天津和北京，逆差额分别为99亿美元、77.5亿美元、40.4亿美元、37.2亿美元和17.7亿美元。

农产品贸易的地位和作用

2010年，农产品出口额和进口额占全国商品出口额和进口额的比重分别为3.1%和5.2%，与中国加入世界贸易组织时的2001年情况相比，前者下降2.9个百分点，后者上升0.3个百分点。这一格局体现了国民经济发展过程中产业间比较优势的变化。

2010年，农产品出口额和进口额与第一产业增加值的比值分别为8.1%和11.9%，与中国加入世界贸易组织时的2001年情况相比，前者下降0.5个百分点，后者提高5.5个百分点。入世以来，尽管农业贸易额增幅在多数年份快于农业增加值增幅，但受人民币升值影响，农业的总贸易依存度①大体上维持在20%左右。

农业贸易商品结构受市场环境和政策环境两方面因素影响。2010年，中国在谷物、油籽、棉花等土地密集型产品继续出现高额

① 农业总贸易依存度：以人民币表示的农产品进出口总额/第一产业增加值。

赤字，而在水产品、蔬菜、水果和加工产品上实现较大盈余。扩大贸易开放使资源配置得到优化在总体上看有助于提高农民收入，但对于以大宗作物生产为主要收入来源的地区和农民则有不利影响。从分地区农业贸易数据看，2010年东北、中部和西部地区为盈余，东部地区为赤字。这一情况表明，农业贸易有助于增大对经济落后地区的农产品需求，从而对这些地区的农业和农村发展起到促进作用；另一方面，这些地区的产品在东部地区市场上也面临与进口产品的竞争，扩大国内市场占有率也需要受到重视。贸易数据反映出，经济落后的中西部地区进出口增幅均大于全国总体增幅，这意味着内陆省份在加快与国际市场的接轨。

2011年农产品贸易发展前景展望

2011年农产品贸易发展环境

（一）国际环境

2011年，世界经济预期将恢复正常增长轨道，但能否实现良性发展仍面临一系列突出问题，如发达经济体失业率居高不下，部分国家的主权债务危机隐患未除，全球流动性过剩加剧汇率和大宗商品价格波动，新兴经济体面临较大的通货膨胀压力，主要国家在WTO多边贸易谈判、国际金融体系改革、保障全球粮食安全等重大国际问题上缺乏共识阻碍了协调行动的意愿。总体看，虽然世界经济发展前景向好，但存在多种潜在风险。

根据IMF2011年4月发布的世界经济展望，2011年世界经济预期增长4.4%，其中发达国家增长2.4%，新兴经济和发展中国家增长6.5%，继续呈现快速增长局面。世界商品和服务贸易量增长7.4%，其中发达国家进口和出口分别增长5.8%和6.8%，新兴经济和发展中国家进口和出口分别增长10.2%和8.8%。初级产品国际市场价格将延续2010年的上涨势头，预期原油价格和非能源初级产品价格分别上升35.6%和25.1%。消费价格指数发达国家上升2.2%，新兴经济和发展中国家上升6.9%。

2011年，世界经济发展面临一些重大的不确定因素。首先，美国政府在连续实行两轮“量化宽松”措施及财政赤字规模已经达到法定界限后面临政策调整难题。由于美国是世界最大经济体，美元是国际交易中的主要计价货币，美国的政策选择会显著影响世界经济贸易的增长前景。在何时实施退出战略上，欧盟已经开始改变政策方向，日本则仍在待机调整，3月发生的大地震使日本政府面临更为艰难的财政和货币政策选择。这些因素将影响到汇率、利率、价格总水平等宏观经济变量。其次，中东和北非地区的动乱给世界经济带来新的冲击。虽然这些国家在世界经济中的份额并不大，但其处于主要石油产区和国际运输交通要道，并且冲突可能向其他国家扩散，处理不当极有可能造成区域性甚至全球性问题。第三，石油和其他能源价格进一步上升会加剧全球通货膨胀压力，阻碍经济的进一步复苏。2010年前9个月，布伦特原油价格一直维持在每桶80美元以下，从10月开始逐渐攀升，进入2011年后已经频繁超过110美元，未来的变化前景尚不明朗。最后，面临动荡的政治经济局势，各国力图自保稳定的趋势可能会强化，进而抬升贸易保护主义。由于传统的口岸保护措施受到WTO规则的制约，以间接方式实行贸易保护会日益流行。美国众议院于2010年9月29日投票通过的《汇率改革促进公平贸易法案》提出对所谓低估本币汇率的国家征收特别关税就代表了这种发展。

（二）国内环境

2011年，中国的经济发展仍面临多种突出矛盾和问题，如宏观经济失衡，内部需求增长缓慢，外部市场趋于饱和，资源环境对增长构成约束等。就农业看，如何在保障供给的同时提高农民收入是一个持续性挑战，国外资本通过并购农业产业化龙头企业、控制种业研发、布局粮食收购市场等多种方式进入中国农业产业领域则是需要面对的新问题。

2011年，中国政府确定的主要经济发展目标是：在优化结构、提高质量的基础上，国内生产总值增长8%左右，居民消费价格涨幅4%左右，进出口总额增长10%左右。为此，中国政府将实施积极的财政政策和稳健的货币政策，增强宏观调控的针对性、灵活性、有效性，加快推进经济结构调整，着力保障和改善民生，保持经济平稳较快发展，促进社会和谐稳定。

在农业方面，中国政府将继续增加“三农”投入，巩固完善强化强农惠农政策。根据中央农村工作会议精神，2011年将把水利作为国家基础设施建设的优先领域，改善农产品流通和市场调控，加快形成流通成本低、运行效率高的农产品营销网络也是重要工作任务。2011年，中央财政用于“三农”的投入拟安排9 884.5亿元，比上年增加1 304.8亿元，其中用于农业生产方面的支出近4 000亿元，对农民的粮食直补、农资综合补贴、良种补贴、农机购置补贴支出1 400多亿元，促进农村教育、卫生等社会事业发展方面的支出3 900多亿元，农产品储备费用和利息等支出500多亿元。2011年，小麦和水稻最低收购价将进一步提高。落实这些措施将使农业和农村发展得到有力支持。

农产品贸易发展形势展望

（一）世界局势动荡增大了农产品贸易发展的不确定性

2011年，全球经济恢复正常增长是世界农产品贸易发展的主导因素，但世界局势动荡引起的能源价格上升势必会提高农业生产和流通成本，进而抑制供给增长；能源价格上升也会通过刺激生物能源生产发展影响到世界粮油供求平衡。预期世界农产品贸易将保持增长，但潜在的经济风险和政治风险较多，需要妥善考虑应对预案。

（二）国际市场农产品价格将高位波动

2011 年，国际市场农产品价格面临需求拉动和成本推动双重上升压力。此外，美国的货币政策是决定全球农产品价格走势的重要因素之一，而美国政府迄今尚未表示改变宽松货币政策的意向。另一方面，由于全球特别是重要谷物出口国库存下降①，在目前投机资金充斥和国际协调机制软弱的背景下，自然灾害引起的农业生产波动、发生区域性社会动乱等情况极可能成为投机炒作的题材，引发市场价格剧烈波动。预期 2011 年上半年农产品价格将维持在较高水平，后半年如何演变则存在较大的不确定性。

（三）国内政策产生拉动进口的效应

2011 年，中国经济将继续保持较快增长，居民收入占国民收入的比例也将得到提高，这些因素将会拉动国内市场对农产品的需求，加之通过扩大进口抑制国内通胀的政策取向，进口可能会随之扩大。政府的强农惠农政策虽然会鼓励农民增加供给，但其积极效应预期会部分被投入品和劳动成本上升所抵消。总体看，国内拉动进口的因素强于推动出口的因素。

（四）扩大双边贸易开放加大竞争压力

2011 年，中国涉及农产品和农业投入品的多边贸易管理制度基本上维持不变，但需要依据与有关国家或地区签署的自贸协定或关税优惠协定扩大市场开放。2011 年，大陆将根据海峡两岸经济合作框架协议（ECFA）货物贸易早期收获计划，对原产于台湾地区的相关商品实施协定税率，其出口的热带园艺产品等将从中受惠。与其他贸易伙伴的双边贸易安排同时带来扩大出口的机遇和进口竞争压力。由于贸易规模小，中国对最不发达国家的单边贸易优惠不会产生重大影响。

（五）人民币汇率继续面临调整压力

2011 年，人民币汇率如何调整仍将是影响农产品贸易发展的重要因素。预期年内人民币仍有对主要货币普遍升值的可能，这势必会影响到本国产品在国内外市场上的价格竞争力。此外，中国政府决定继续推进汇率政策改革，增大汇率调整区间，因而外贸企业需要加强对汇率风险的管理。

（六）农产品贸易继续受到食品安全问题困扰

2011 年，农产品贸易仍将受食品安全问题的影响。三聚氰胺事件引起消费者转向购买“洋奶粉”，奶粉进口量大增的趋势没有得到根本改变。媒体曝光的一系列在食品生产中使用非法添加剂的案件，也反映出现行质量安全监管体系存在的问题，这将影响到中国食品在海外市场的销路，同样海外出现的一些食品安全事件也将影响到相关产品

---

① 根据 FAO 数据，2010/2011 年度谷物产量下降主要发生在重要出口国，导致其谷物库存减少，其中小麦库存下降 5.4%，粗粮库存下降 38.1%。

的进口。

（七）农产品贸易可望保持进出口双增局面

2011年，国际市场农产品需求预期将增加，从而拉动中国农产品出口。此外，日本大地震引起的核泄漏有可能在较长期间对日本东部地区的农业生产造成不利影响，使高端农产品和加工食品出现较大的供求缺口，这为中国扩大出口提供了契机。另一方面，中国市场对进口农产品的需求预期也将继续增长，这既包括粮油等大宗商品，也包括部分高端加工食品。在价格高企的背景下，进出口额可能继续大幅增长，农业贸易仍将出现高额逆差。

分论

分产品贸易

2010年，谷物、棉花、食用油籽、食用植物油、食糖、蔬菜、水果坚果、茶叶、畜产品、水产品等十类农产品贸易额占中国农产品贸易总额的80.2%，其中出口额占农产品出口总额的74.4%，进口额占农产品进口总额的84.1%。蔬菜、水果坚果、茶叶和水产品为净出口，谷物、棉花、食用油籽、食用植物油、食糖和畜产品为净进口。

居出口额前五位的农产品依次为水产品、蔬菜、水果坚果、畜产品和食用油籽，分别占农产品出口总额的28%、20.2%、10.7%、9.6%和2.4%。与上年相比，谷物、棉花、食用植物油出口额下降，降幅分别为6.2%、46.8%、17.1%；其他大类农产品出口额均增长，增幅最大的是食糖，为89.8%。

居进口额前五位的农产品依次为食用油籽、畜产品、食用植物油、水产品和棉花，分别占农产品进口额的36.6%、13.3%、9.9%、9%和8.1%。与上年相比，各大类农产品进口额均增长，增幅较大的产品有：棉花增加1.6倍、食糖增加1.4倍、茶叶增加1.3倍。

谷 物

（一）贸易概况

2010年中国谷物出口量124.3万吨，比上年下降9.3%，出口量占当年全国谷物总产量的近0.3%，出口额6.9亿美元，下降6.2%；进口量570.9万吨，增长81.2%，进口额15.3亿美元，增长70%；净进口量446.6万吨，贸易逆差8.4亿美元。在谷物进口中，玉米产品进口迅猛增长，2010年进口量超过1996—2009年进口总量近50万吨，是中国1997年以来首次出现玉米净进口。

1. 产品结构

中国谷物国际贸易中，稻谷产品、小麦

产品、玉米产品和大麦产品等四大品种出口量占谷物出口总量的83.7%，进口量占谷物进口总量的97.4%，出口额占谷物出口总额82.7%，进口额占谷物进口总额97.6%。其中稻谷产品是主要出口品种，大麦产品是主要进口品种。

稻谷产品。2010年出口量62.2万吨，比上年下降20.8%，占谷物出口总量的50%，出口额4.2亿美元，下降20.3%；进口量38.8万吨，增长8.8%，进口额2.7亿美元，增长25.9%。

小麦产品。2010年出口量27.7万吨，比上年增长13.1%，占谷物出口总量的22.3%，出口额1.2亿美元，增长19.8%；进口量123.1万吨，增长36.1%，进口额3.2亿美元，增长49.1%。

玉米产品。2010年出口量12.7万吨，比上年下降1.4%，出口额0.3亿美元，增长5.6%；进口量157.3万吨，增加17.6倍，占谷物进口总量的27.6%；进口额3.7亿美元，增加16.2倍。

大麦产品。2010年出口量为1.3万吨，比上年下降5%，出口额405.7万美元，增长1.2%；进口量236.8万吨，增长36.2%，占谷物进口总量的41.5%，进口额5.4亿美元，增长23.4%。

2. 贸易区域

2010年中国谷物进出口贸易市场结构变化不大。出口市场主要是周边国家和地区，进口来源地主要是澳大利亚、美国和加拿大。

出口市场。2010年中国谷物出口减少，出口市场仍集中在周边国家和地区。对朝鲜和韩国的谷物出口量分别为28.8万吨和22.8万吨，比上年分别增长62.1%和8.9%，对朝鲜和韩国的谷物出口量合计占中国谷物出口总量的41.6%，比上年增长13.3个百分点。日本、中国香港、利比里亚分居出口市场第三至第五位，对其出口量分别占谷物出口总量的13.6%、12.9%和4.6%（表5）。

表5 2009—2010年中国谷物主要出口市场

单位：万吨、%

出口市场	2009年		2010年	
	出口量	占谷物出口总量比重	出口量	占谷物出口总量比重
朝鲜	17.8	13.0	28.8	23.2
韩国	21.0	15.3	22.8	18.4
日本	18.6	13.6	16.9	13.6
中国香港	16.9	12.4	16.0	12.9
利比里亚	4.8	3.5	5.7	4.6
小计	79.1	57.8	90.2	72.7

进口来源地。2010年中国谷物进口来源地主要是澳大利亚、美国和加拿大，自上述三国谷物进口量分别为225.2万吨、163.3万吨和76.8万吨，合计占中国谷物进口总量的81.6%（表6）。

表6 2009—2010年中国谷物主要进口来源地

单位：万吨、%

进口来源	2009年		2010年	
	进口量	占谷物进口总量比重	进口量	占谷物进口总量比重
澳大利亚	119.8	38.0	225.2	39.5
美国	40.3	12.8	163.3	28.6
加拿大	61.3	19.5	76.8	13.5
法国	41.6	13.2	50.3	8.8
泰国	34.8	11.0	33.1	5.8
小计	297.8	94.5	548.7	96.2

从具体品种来看，稻谷和小麦产品出口量占谷物出口总量的比重较高，分别为50%和22.3%，其中稻谷产品主要出口到韩国和朝鲜等国家，小麦产品主要出口到中国香港和朝鲜等国家和地区。大麦和玉米产品进口比重较高，分别为41.5%和27.6%，其中大麦产品主要来自澳大利亚、法国和加拿大，玉米产品主要来自美国（表7和表8）。

表7 2010年中国稻谷和小麦产品主要出口市场

单位：万吨、%

稻谷产品				小麦产品			
出口市场	出口量	比上年增长	占比重	出口市场	出口量	比上年增长	占比重
韩国	18.2	6.6	29.2	中国香港	11.6	-7.7	41.8
朝鲜	8.4	56.4	13.5	朝鲜	11.4	183.9	41.2
利比里亚	5.7	20.1	9.2	泰国	2.3	227.4	8.3
科特迪瓦	5.5	73.6	8.8	越南	0.8	128.9	2.7
日本	4.9	-41.0	7.9	中国澳门	0.7	2.5	2.4
小计	42.7	10.3	68.6	小计	26.8	46.5	96.4

表8 2010年中国大麦和玉米产品主要进口来源地

单位：万吨、%

大麦产品				玉米产品			
进口来源地	进口量	比上年增长	占比重	进口来源地	进口量	比上年增长	占比重
澳大利亚	136.2	64.9	57.5	美国	150.3	21 676.3	95.5
法国	50.2	20.6	21.2	老挝	4.2	7.0	2.7
加拿大	48.5	-1.3	20.5	缅甸	1.9	-28.2	1.2
小计	234.9	35.5	99.2	合计	156.4	20.4	99.4

3. 价格变动

2010年中国谷物平均出口价格较上年有所上涨，而进口价格下跌，各品种价格涨跌幅度略有不同。谷物平均出口价格为每吨558美元，比上年上涨3.3%；进口均价为每吨268美元，比上年下跌6.1%（表9）。

表9 2010年中国主要谷物品种平均进出口价格

单位：美元/吨、%

产　品	出口价格	比上年增长	进口价格	比上年增长
谷　物	558	3.3	268	-6.1
玉米产品	262	6.9	234	-7.6
稻谷产品	673	0.7	699	15.8
小麦产品	425	6.0	257	9.7
大麦产品	302	6.7	226	-9.4

从月度情况看，谷物出口价格波动明显，2月份均价最高为每吨643美元，7月份最低为每吨501美元。上半年出口价格普遍低于上年同期，下半年基本高于上年同期。进口价格在2月份下跌后变动相对平稳，11月和12月进口价格大幅上涨，显著高于上年同期，其余月份价格均在230～270美元之间，基本低于上年同期（图8、图9）。

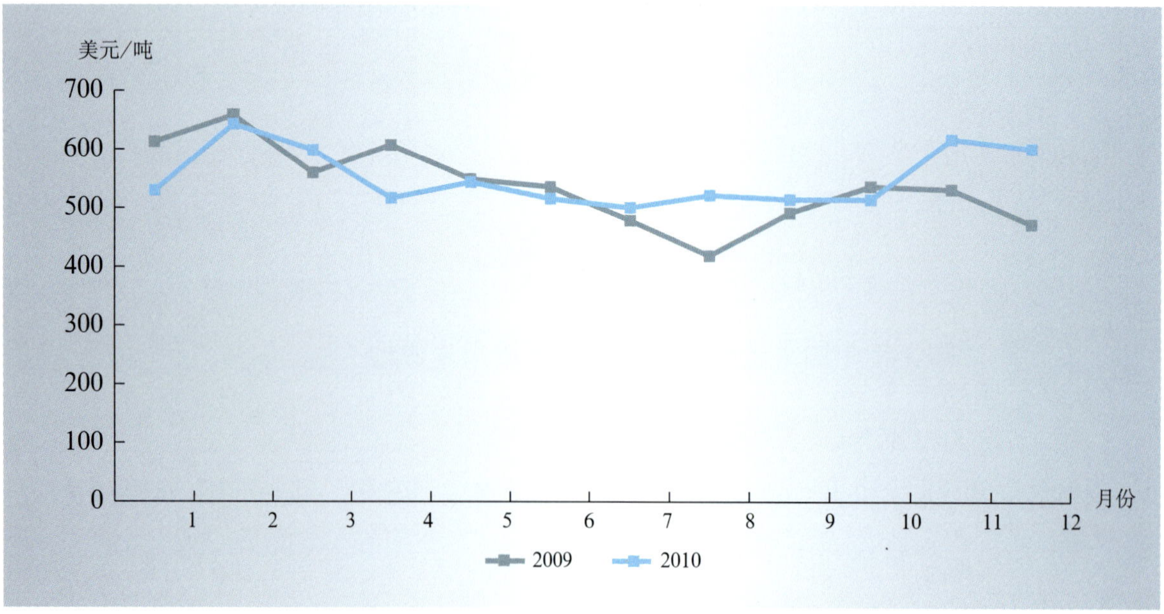

图8　2009—2010年中国谷物出口月度价格比较

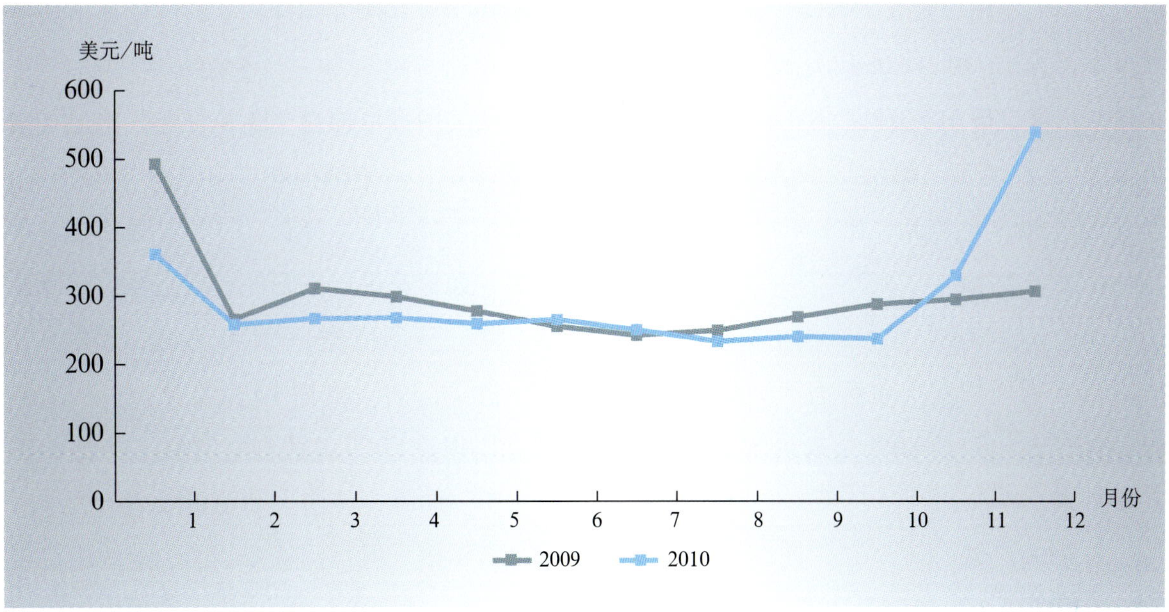

图 9 2009—2010 年中国谷物进口月度价格比较

4. 自给率①变动

2010 年，中国粮食产量实现连续 7 年增产，粮食总产量达到 54 647.7 万吨，其中谷物产量约为 49 637 万吨。当年谷物净进口量 446.6 万吨，谷物自给率接近 100%，与上年基本持平。

（二）影响因素

1. 国内谷物价格提高，出口减少

2010 年，中国再次大幅提高小麦、稻谷最低收购价格，加上美元贬值及国内通胀等因素的影响，国内谷物价格明显上涨。2010 年国内大米、小麦和玉米产区平均价格分别比上年增长 7.3%、5.3% 和 2.7%。国内价格上涨使得一些品种国内外价差比上年大幅缩小。2010 年国外玉米平均到岸税后价格与国内玉米价格基本持平，而 2009 年平均每吨比国内玉米价格高 88 元。

2. 国内供求格局偏紧增加了玉米进口需求

2009 年中国东北和黄淮玉米产区遭受了较为严重的自然灾害，玉米产量小幅下降，同时随着临储玉米拍卖结束，玉米库存已处于低位，由此导致 2010 年国内玉米供应略有减少。而国内市场需求相对旺盛，饲料用粮和工业用粮明显增加，特别是随着原油价格的不断上涨以及粮食工业使用范围的扩大，玉米淀粉加工以及粮食加工需求进一步扩张，国内市场供求格局偏紧，增加了玉米进口需求。

棉 花

（一）贸易概况

2010 年棉花出口下降，进口大幅度增

① 自给率：按当年生产总量/（当年生产总量 + 当年净进口量）×100% 计算。下同。

长。全年棉花出口量0.7万吨，比上年下降25.9%，出口额1 058万美元，下降46.8%；进口量313万吨，增长77.9%，进口额58.5亿美元，增加1.6倍。棉花贸易逆差高达58.4亿美元，比上年扩大1.7倍。

1. 产品结构

无论是进口还是出口，棉花贸易的主要产品都是未梳棉花（也称为“原棉”），进口的93%、出口的88%是未梳棉花。其次是棉短绒。

2. 贸易区域

进口来源地。美国、印度、乌兹别克斯坦、澳大利亚、巴西、布基纳法索、贝宁等国家是中国棉花的主要进口来源地。2010年中国除了从布基纳法索和贝宁的进口出现下降外，从其他大部分国家的进口都出现显著增长。

从美国进口棉花103.6万吨，比上年增长51.7%，占中国棉花进口总量的33.1%，比上年再降5个百分点，尽管美国依然是中国第一大棉花进口来源地，但是地位已经显著下降。从印度进口91.6万吨，增加1.7倍，占29.3%，增加10个百分点。从乌兹别克斯坦进口37.2万吨，增加1.2倍，占11.9%。此外，从澳大利亚进口20.5万吨，增加近1倍。但是，从布基纳法索的进口仅6.7万吨，下降21.4%；从贝宁进口3.3万吨，下降36.3%。这两个国家过去都是中国棉花进口主要来源地，近年来的进口规模不断缩小（表10）。

表10 2010年中国棉花主要进口来源地

单位：万吨、亿美元、%

进口来源地	进口量	比上年增长	进口额	比上年增长	占棉花进口比重	
					进口量	进口额
美国	103.6	51.7	20.2	126.0	33.1	34.5
印度	91.6	169.5	17.8	287.8	29.3	30.4
乌兹别克斯坦	37.2	119.0	7.1	279.1	11.9	12.2
澳大利亚	20.5	99.9	4.2	179.4	6.6	7.1
巴西	9.4	48.7	1.8	143.9	3.0	3.1
小计	262.3	93.1	51.1	189.7	83.9	87.3

出口市场。中国棉花出口市场依然是周边国家。其中，对朝鲜出口4 064吨，比上年增长14.9%；对韩国出口1 129吨，增长5.7%；只有对这两个国家的出口量超过1 000吨。由于本年度对其他国家的出口量都有不同程度的下降，因此棉花出口总体为下降。

3. 价格变动

根据中国棉花网的价格行情信息，2010年前8个月国际棉花价格水平较为平稳，国际棉花指数①平均值为每磅②90 美分，最大波动幅度为 15 美分。从 9 月份开始，棉花价格出现连续快速上涨。到 12 月份，棉花价格达到每磅 173 美分，是年初的 2 倍多，上涨幅度和上涨速度创历史最高纪录（图 10）。

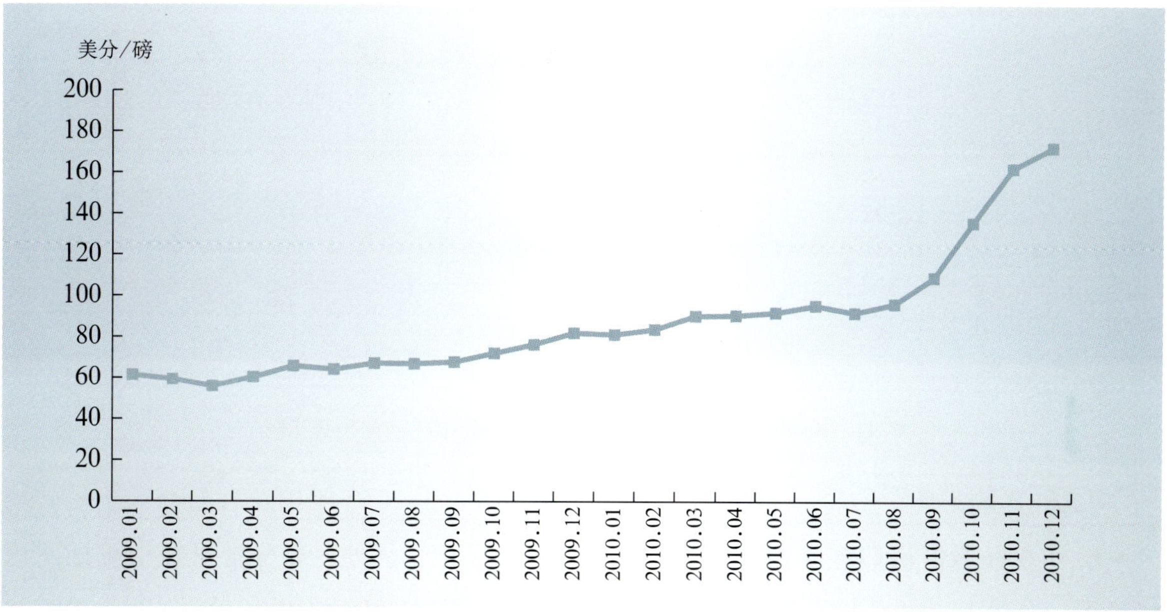

图 10　2009—2010 年国际棉花月度价格走势

受国际棉花价格走势的影响，2010 年中国棉花进口价格呈现前期平稳，后期上扬的变化态势。上半年价格大体保持在每吨 1 600 ~ 1 700 美元之间。从 7 月开始，该价格出现快速上涨。到 11 月，价格突破每吨 2 000 美元。12 月，价格继续攀升到每吨 2 575 美元。全年进口棉花平均价格达到每吨 1 869 美元，比上年增长 49%（图 11）。

4. 自给率变动

2010 年种植面积 485 万公顷，比上年减少 10 万公顷；产量 596.1 万吨，比上年减产 6.5%。全球经济逐步摆脱金融危机影响呈恢复性增长，中国棉花需求扩大，棉花进口大幅增加。中国棉花自给率为 65.6%，比上年下降 15 个百分点，处于较低水平，棉花的对外依存度仍然较高。

---

① 国际棉花指数（International Cotton Indices）是由中国棉花网和美国 GLOBECOT 公司联合开发的，包括 SM 级指数（Premium Index）和 M 级指数（Standard Index），目前所采集的是亚洲主要港口 CNF 价（即成本加运费，不包括关税、增值税和港口费用），其中 SM 级指数为 12 个 SM 1 - 1/8″品种（马克隆值：3.5 ~ 4.9，无公差；强力：26.5 ~ 28.4 克/特克斯）5 个最低报价的平均价；M 级指数为 18 个 M 1 - 3/32″品种（马克隆值：3.5 ~ 4.9，无公差；强力：26.5 ~ 28.4 克/特克斯）5 个最低报价的平均价。

② 磅：非法定计量单位，1 磅 = 0.453 592 千克。下同。

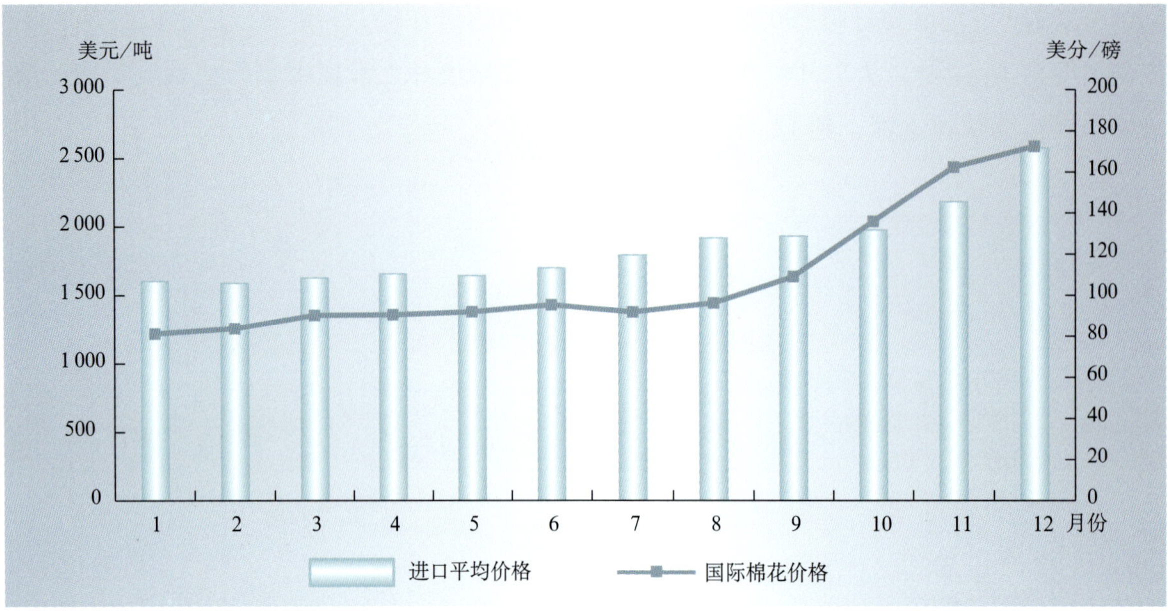

图 11　2010 年中国棉花月度进口价格与国际棉花价格走势比较

（二）影响因素

1. 纺织品服装出口恢复增长，棉花需求扩大

2010 年中国的纺织品服装贸易基本走出全球金融危机的阴影，进出口额均创新高。全国纺织品服装进出口 2 267.7 亿美元，比上年增长 23.3%，占全国货物贸易总额的 7.6%。其中，出口 2 065.4 亿美元，增长 23.6%，占 13.1%；进口 202.3 亿美元，增长 20.3%，占 1.5%。受纺织品服装出口大幅增长影响，国内棉花消费需求显著扩大，带动棉花进口增加。

2. 国内棉花产量下滑，供需缺口加大

近年来，国家支持粮食生产的政策较多，粮食生产的机械化水平也越来越高，而棉花种植费时费工，因此农户对棉花生产的积极性不断下降。尽管 2009 年籽棉价格涨幅较大，但 2010 年棉花种植面积仍然减少 10 万公顷。另外，部分地区在植棉期间遭遇恶劣天气，无法及时播种，从而影响棉花单产。因此，2010 年国内棉花供给偏紧，供需缺口扩大，对进口棉花的需求增大。

食用油籽

（一）贸易概况

2010 年，中国食用油籽贸易继续快速增长，主要呈现以下 4 个特点：一是进口量大幅增长，创历史新高。全年食用油籽进口达 5 703.5 万吨，比上年增加 1 071.1 万吨，增幅达 23.1%，成为历史上首个进口增量超过 1 000 万吨的年份，其中大豆进口量达 5 478.6 万吨，再创历史最高水平，油菜籽进口减少。二是出口量连续第三年下降。全年食用油籽出口 87.7 万吨，比上年减少

19.9%，其中花生和大豆出口下降，葵花籽出口增加。三是进出口额均高于上年。全年食用油籽进口额达265.4亿美元，比上年增加58.6亿美元，增长28.3%；出口额11.8亿美元，增长4.1%；贸易逆差253.6亿美元，增长29.7%。四是食用油籽在农产品贸易中的比重较上年略有下降，但仍高达36.6%，仍是主要的进口农产品之一。

1. 产品结构

2010年，大豆、油菜籽和芝麻仍为中国主要进口食用油籽产品，大豆和芝麻进口量大幅增加，均达到历史最高水平，油菜籽进口量下降；主要出口产品中，花生和大豆出口量下降，葵花籽出口量增加。

（1）主要进口产品

大豆。全年进口大豆5 478.6万吨，比上年增加1 224.1万吨，增长28.8%，进口量和年增量均创历史新高。由于进口量增加、进口价格上涨，大豆进口额高达250.9亿美元，比上年增加63亿美元，增长33.5%。

油菜籽。进口160万吨，比上年减少168.4万吨，减幅51.3%；进口额7.8亿美元，减少6.1亿美元，减幅43.9%。

芝麻。2004年以来中国芝麻进口增加，由原来的净出口国变为净进口国，2010年芝麻进口连续第三年增加，进口量达历史最高。全年进口39.1万吨，比上年增长25.5%，进口额5亿美元，增长30%（表11）。

表11 2010年中国以进口为主的食用油籽品种贸易情况

单位：万吨、亿美元、%

产品	进口量	出口量	净进口量	净进口量比上年增长	进口额	出口额	净进口额	净进口额比上年增长
食用油籽	5 703.5	87.7	5 615.8	24.2	265.4	11.8	253.6	29.7
大豆	5 478.6	17.3	5 461.3	29.5	250.9	1.3	249.6	34.6
油菜籽	160.0	0.0	160.0	-51.3	7.8	0.0	7.8	-44.0
芝麻	39.1	3.5	35.6	29.9	5.0	0.7	4.4	37.5

（2）主要出口产品

花生。是中国传统的油料出口产品，主要出口花生仁及花生制品。2003年以来，受进口国技术措施不断增加等因素的影响，中国花生出口量总体呈下降趋势，2010年出口花生51.6万吨，比上年减少8.7%，但由于价格上涨，出口额7.8亿美元，增长16.9%。

大豆。出口量较小，2010年出口连续第二年下降，为近12年的最低水平。全年出口大豆17.3万吨，比上年下降51.5%；出口额1.3亿美元，下降48.8%。

葵花籽。出口大幅增加，创历史最高纪录，达到14.6万吨，比上年增长19.5%，出口额2亿美元，增长40.3%（表12）。

表 12 2010 年中国以出口为主的食用油籽品种贸易情况

单位：万吨、亿美元、%

产品	出口量	进口量	净出口量	净出口量比上年增长	出口额	进口额	净出口额	净出口额比上年增长
花生	51.6	1.6	50.0	-11.0	7.8	0.2	7.6	15.1
葵花籽	14.6	0.7	13.9	15.8	2.0	0.4	1.6	33.3

2. 贸易区域

（1）进口来源地。中国食用油籽进口来源地相对集中。

大豆。主要从美国、巴西和阿根廷三国进口。2010 年从美国进口 2 359.1 万吨，比上年增加 178.6 万吨，占进口总量的 43.1%，比上年下降 8.2 个百分点；从巴西进口 1 858.6 万吨，增加 259.3 万吨，占 33.9%，下降 3.7 个百分点；从阿根廷进口 1 118.7 万吨，增加 744.3 万吨，占 20.4%，提高 11.6 个百分点。

油菜籽。进口几乎全部来自加拿大，进口 159.9 万吨，比上年减少 161.3 万吨，下降 50.2%。

芝麻。进口来源地较多，主要来自非洲和亚洲国家。从埃塞俄比亚进口 17 万吨，比上年增长 21.9%，占芝麻进口总量的 43.6%；从苏丹进口 4.4 万吨，增加 1.1 倍，占 11.3%。还有部分来自坦桑尼亚、缅甸、印度、莫桑比克等国（表 13）。

表 13 2010 年中国主要食用油籽品种进口来源地

单位：%

大豆		油菜籽		芝麻	
进口来源地	占进口总量比重	进口来源地	占进口总量比重	进口来源地	占进口总量比重
美国	43.1	加拿大	99.96	埃塞俄比亚	43.6
巴西	33.9	蒙古	0.04	苏丹	11.3
阿根廷	20.4			坦桑尼亚	9.5
小计	97.4	小计	100.0	小计	64.4

（2）出口市场

花生。主要出口周边及欧洲国家。日本一直是中国最大的出口市场，全年对日本出口 7.6 万吨，比上年增长 13.7%，占花生出口总量的 14.8%。对韩国出口 3.3 万吨，下降 9.7%，占 6.4%。另外，对印度尼西亚、西班牙、荷兰、泰国、俄罗斯的花生出口都在 2 万吨以上。

大豆。主要出口到韩国、日本和朝鲜等周边国家。2010 年对韩国、日本和美国出口均减少。其中对韩国出口 5.2 万吨，比上年减少 70.3%，是近 10 年最低出口量，占大豆出口总量的 30.2%；对日本出口 4.7 万吨，减少 6.9%，是 1993 年以来的最低水平，占出口总量的 27.2%；对朝鲜出口 2.6 万吨，比上年略有增加，占 14.9%。

葵花籽。出口市场较为分散。2010 年，居出口市场前三位的国家依次是阿拉伯联合酋长国、埃及和伊朗，出口量分别为2.5万吨、2.2万吨和1.1万吨（表14）。

表14 2010年中国主要食用油籽品种出口市场

单位：%

花生		大豆		葵花籽	
出口市场	占出口总量比重	出口市场	占出口总量比重	出口市场	占出口总量比重
日本	14.8	韩国	30.2	阿拉伯联合酋长国	17.0
韩国	6.4	日本	27.2	埃及	15.2
印度尼西亚	5.6	朝鲜	14.9	伊朗	7.4
西班牙	5.3	美国	8.6	越南	7.3
荷兰	4.5	越南	4.2	德国	7.0
小计	36.6	小计	85.1	小计	53.9

3. 价格变动

2010年中国食用油籽平均进出口价格均高于上年。中国作为全球主要的食用油籽进口国，进口价格与国际价格变动总体一致。上半年由于全球食用油籽供给较为充裕，国际价格总体稳定，下半年受玉米等大宗农产品价格大幅上涨的影响，国际食用油籽价格大幅走高。全年价格高于上年。

进口价格。2010年中国主要进口食用油籽产品价格均上涨，其中油菜籽价格涨幅最高，达14.8%，大豆和芝麻价格分别上涨3.7%和3.6%。从月度价格变化看，12月大豆最高进口价格为每吨532美元，比年内最低价的7月每吨高出110美元，上涨26.1%。12月油菜籽最高进口价格为每吨611美元，比年内最低价的3月每吨高出169美元，上涨38.2%（图12）。

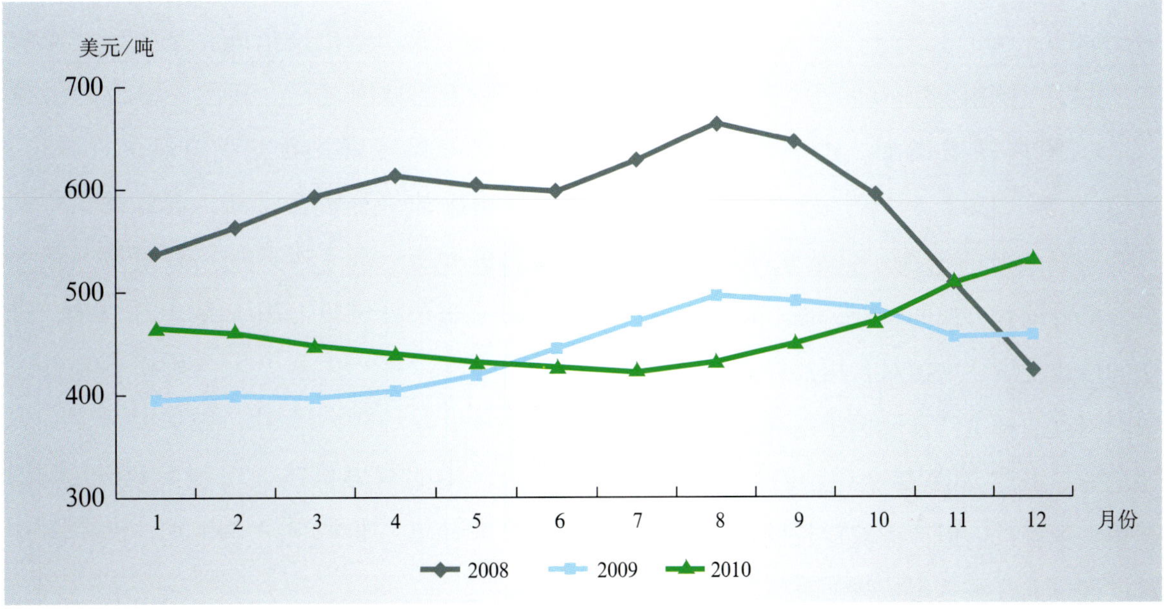

图12 2008—2010年中国大豆月度进口价格比较

出口价格。2010年花生、大豆和葵花籽的出口价格均上涨。其中花生的涨幅最大，达28.1%；葵花籽居次，上涨17.3%；大豆为5.5%（表15）。

表15 2010年中国主要食用油籽品种进出口价格

单位：美元/吨、%

产　品	进口平均价格	比上年增长	出口平均价格	比上年增长
大　豆	458	3.7	725	5.5
油菜籽	486	14.8	—	—
芝　麻	1 290	3.6	—	—
花　生	—	—	1 501	28.1
葵花籽	—	—	1 374	17.3

4. 自给率变动

2010年，受主产区大豆种植比较效益下降影响，大豆种植面积减少，但单产较高，总产量1 508万吨，与上年持平。全国油料种植面积1 389万公顷，增加23.7万公顷，产量3 230.1万吨，增产2.4%。食用油籽总产量4 738.1万吨，增产1.9%，净进口量5 616万吨。中国食用油籽自给率为45.8%，其中大豆自给率为21.5%。

（二）影响因素

1. 国内需求增加，进一步拉动大豆进口

随着人口的增加、生活水平的不断提高、畜牧饲养方式的转变，加上国内压榨行业的快速发展，中国对食用油籽需求增长较快。国内油籽生产发展仍难以满足需求的快速增加，虽然2010年全国油料产量连续第三年实现增长，但产需缺口长期存在，需要通过进口油籽和食用植物油来弥补。进口食用油籽以大豆为主，2010年大豆进口量占食用油籽进口量的96.1%。

2. 进口检疫措施实施和国际价格较高是中国油菜籽进口减少的主要原因

针对有害生物威胁，从2009年11月15日起，中国有关部门要求加拿大、澳大利亚官方检验检疫部门应对输华油菜籽实施油菜茎基溃疡病菌逐批检测，并在植物检疫证书附加声明栏中注明检测结果，对含有病菌的油菜籽在非主产区港口卸货加工。进一步严格检疫措施，是中国油菜籽进口减少的原因之一。其次，2010年加拿大、欧盟和乌克兰等主产国油菜籽减产，国际市场油菜籽价格走高，进口油菜籽到港完税价格远高于国内油菜籽价格，从而抑制了油菜籽进口。2010年3月以来，进口油菜籽价格一直高于国内价格，且价差呈逐月扩大趋势。12月，加拿大油菜籽到中国口岸的税后价格为每吨5 180元，湖北油菜籽进厂价每吨4 240元，价差高达940元。

食用植物油

（一）贸易概况

2010 年中国食用植物油进口量下降，受价格上升的影响，进口额高于上年，出口量额双双下降。全年共进口食用植物油 826.2 万吨，比上年减少 124.1 万吨，减幅 13.1%；进口额 71.6 亿美元，增长 7.3%。全年出口食用植物油 9.6 万吨，比上年下降 17.2%，为 2005 年以来的最低水平；出口额 1.3 亿美元，下降 17.1%。全年净进口食用植物油 816.7 万吨，下降 13%；贸易逆差 70.3 亿美元，增长 7.9%。

1. 产品结构

主要进口产品是棕榈油、豆油和菜籽油，三者进口量合计占食用植物油进口总量的 97.1%。主要出口产品是豆油、玉米油和花生油，合计占食用植物油出口总量的 84.1%（图 13）。

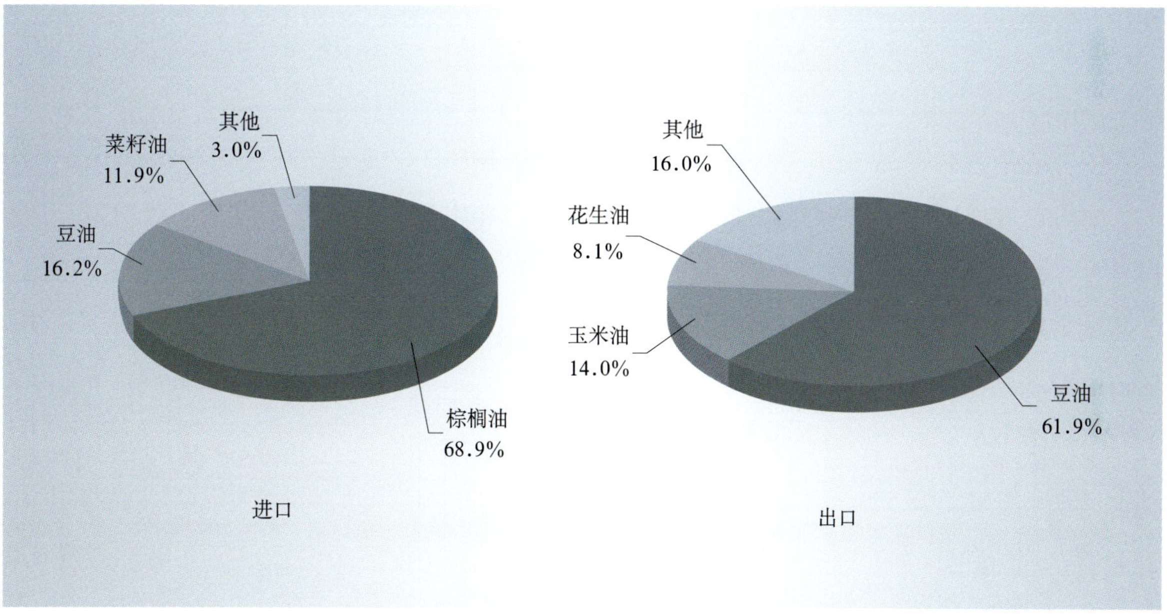

图 13　2010 年中国食用植物油进出口产品结构

（1）主要进口产品

棕榈油。全年进口 569.6 万吨，比上年减少 74.6 万吨，下降 11.6%；进口额 47.1 亿美元，增加 4.9 亿美元，增长 11.6%。其中，进口棕榈硬脂 138.2 万吨，增长 4.1%。

豆油。进口 134.1 万吨，比上年减少 105 万吨，下降 43.9%；进口额 12 亿美元，减少 6.4 亿美元，降幅 34.7%。

菜籽油。进口量一直较少，但 2010 年大幅增长，进口量达 98.5 万吨，创历史最高水平，增加 1.1 倍；进口额 9.2 亿美元，增加 1.4 倍（图 14）。

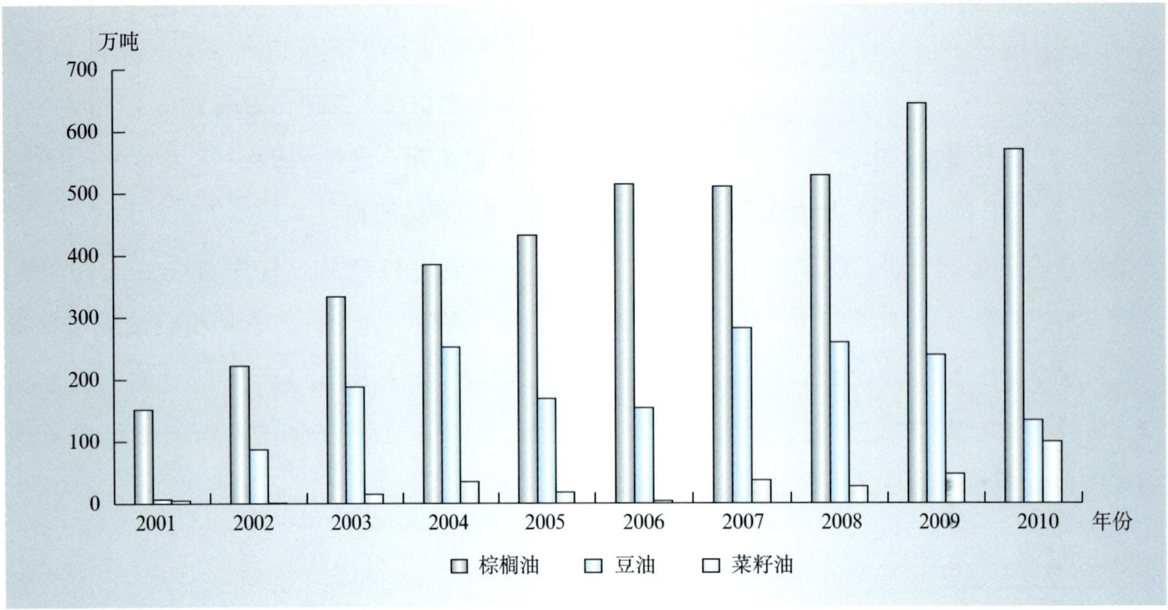

图 14　2001—2010 年中国主要食用植物油品种进口变化情况

（2）主要出口产品

豆油。出口 5.9 万吨，比上年减少 14.4%；出口额 0.6 亿美元，减少 13.7%。

玉米油。出口 1.3 万吨，减少 21.1%；出口额 0.2 亿美元，减少 21.8%。

花生油。出口 0. 8 万吨，减少 20.5%；出口额 0.2 亿美元，减少 22.2%（表 16）。

表 16　2010 年中国主要食用植物油品种进出口情况

单位：万吨、亿美元、%

产　　品	进口量	出口量	净进口量	净进口量比上年增长	进口额	出口额	净进口额	净进口额比上年增长
食用植物油	826.2	9.6	816.6	-13.0	71.6	1.3	70.3	7.9
棕榈油	569.6	0.2	569.4	-11.6	47.1	0.0	47.1	11.5
豆　油	134.1	5.9	128.2	-44.8	12.0	0.6	11.4	-35.6
菜籽油	98.5	0.4	98.1	114.1	9.2	0.0	9.2	151.2

2. 贸易区域

2010 年，食用植物油主要进口较为集中，来源地按进口量大小依次为马来西亚、印度尼西亚、加拿大、巴西、阿根廷和美国。出口市场主要在亚洲，依次为朝鲜、中国香港、新加坡、日本和越南（图 15）。

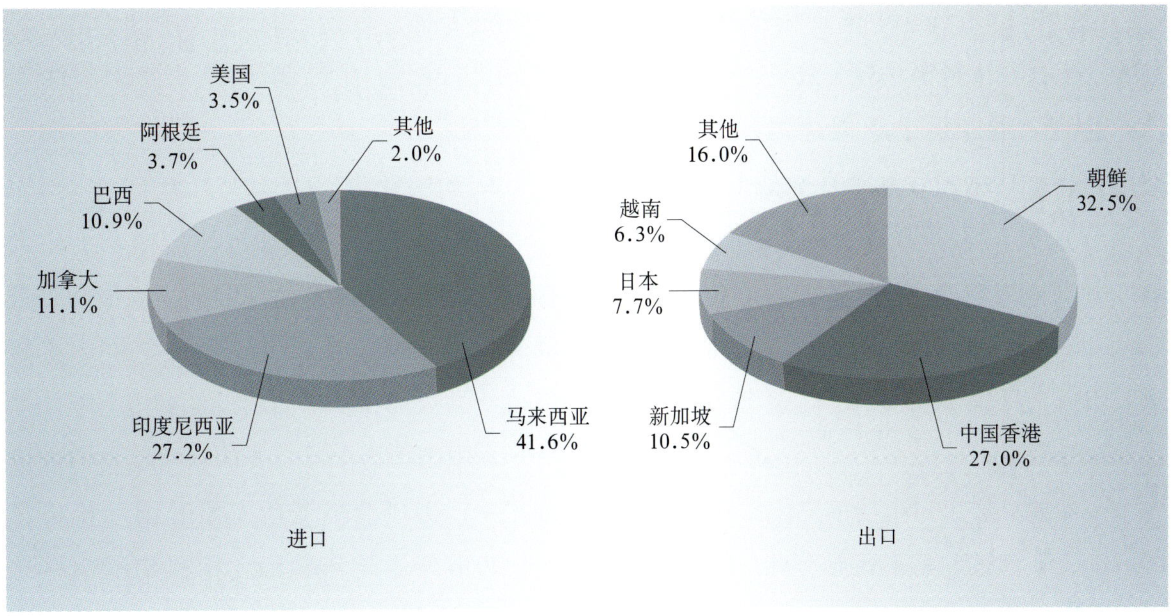

图 15　2010 年中国食用植物油进口来源地和出口市场结构

（1）进口来源地

棕榈油。从马来西亚和印度尼西亚的进口量均下降。其中从马来西亚进口 343.4 万吨，比上年减少 49 万吨，下降 12.5%，占进口总量的 60.3%；从印度尼西亚进口 224.5 万吨，减少 10.4%，占 39.4%。

豆油。从巴西和美国进口增加，巴西成为最大的豆油进口来源国，从阿根廷进口大幅减少。从巴西进口 90.3 万吨，增加 40.4 万吨，增长 80.9%，占进口总量的 67.3%，比上年提高 46.5 个百分点；从美国进口 28.2 万吨，增加 4.2 倍，占 21%；从阿根廷进口由上年的 183.5 万吨锐减至 15.5 万吨，减少 91.6%，所占比重降至 11.6%，比上年下降 65.1 个百分点。

菜籽油。从加拿大进口量大幅增加，共进口 91.3 万吨，比上年增加 1.1 倍，占进口总量的 92.7%。从阿拉伯联合酋长国进口 7 万吨，增加 3 倍，占 7.1%（表 17）。

表 17　2010 年中国主要食用植物油品种进口来源地

单位:%

棕榈油		豆　油		菜籽油	
进口来源地	占进口总量比重	进口来源地	占进口总量比重	进口来源地	占进口总量比重
马来西亚	60.3	巴西	67.3	加拿大	92.7
印度尼西亚	39.4	美国	21.0	阿拉伯联合酋长国	7.1
印度	0.2	阿根廷	11.6	美国	0.2
小计	99.9	小计	99.9	小计	100.0

（2）出口市场。中国食用植物油出口量非常小，且出口市场较分散。

豆油。出口集中在周边国家和地区。其中，朝鲜、中国香港和日本是主要市场，对其分别出口 3.1 万吨、1 万吨和 0.7 万吨，分别占出口总量的 52.1%、16.4% 和 12%。对朝鲜和中国香港出口大幅增加；对日出口大幅减少，出口量较上年减少 66.3%。

玉米油。居出口市场前三位的依次是中国香港、新加坡和马来西亚，对其分别出口 0.5 万吨、0.3 万吨和 0.2 万吨，分别占出口总量的 38.2%、25.8% 和 13%。

花生油。主要出口市场是中国香港，对其出口量为 0.6 万吨，占出口总量的 78.6%。

3. 价格变动

2010 年食用植物油进口价格较上年大幅上涨，主要进口产品棕榈油、豆油和菜籽油进口价格涨幅在 15% ~26% 之间，主要出口产品豆油和玉米油出口价格与上年基本持平。中国作为全球主要的食用植物油进口国之一，进口价格变动主要受国际价格影响，2010 年上半年国际食用植物油价格总体平稳，8 月开始，国际食用植物油价格上涨幅度较大（表 18）。

表 18　2010 年中国主要食用油进出口价格

单位：美元/吨、%

产品	进口平均价格	比上年增长	出口平均价格	比上年增长
棕榈油	827	26.2	—	—
豆油	897	16.4	1 104	0.8
菜籽油	935	15.7	—	—
玉米油	—	—	1 250	-0.9

从分品种月度价格变化看，1—7 月份棕榈油价格平稳，8 月开始，受其他农产品价格上涨和印度尼西亚棕榈油预计产量大幅下降影响，国际价格大幅上涨。12 月棕榈油价格最高，为每吨 978 美元，比年内最低价格的 1 月每吨高出 243 美元，上涨 33.1%（图 16）。1—7 月豆油国际价格总体平稳，8 月开始上涨，12 月进口价格最高，为每吨 966 美元，比年内最低价格的 1 月每吨高出 123 美元，上涨 14.6%。

（二）影响因素

1. 大豆进口大幅增长替代部分食用植物油进口

近年来，由于中国豆油和豆粕消费量持续增长，大豆进口大幅增长，2010 年进口大豆折油 986 万吨，增幅达 28.8%，使得国内豆油供应大幅增长，替代了部分豆油和棕榈油进口。

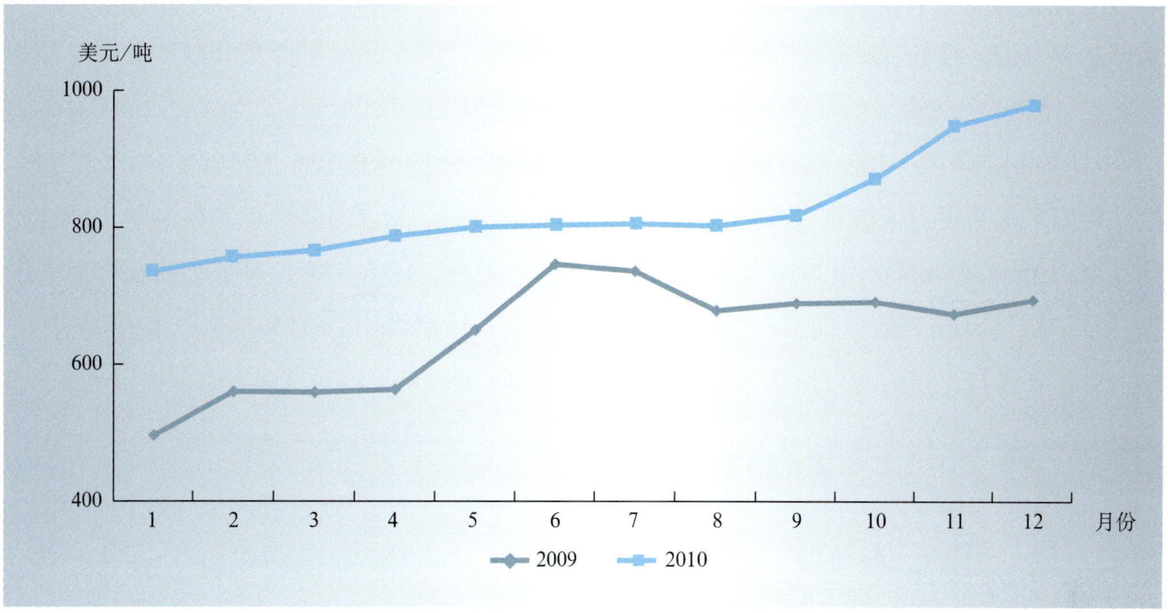

图 16　2009—2010 年中国棕榈油月度进口价格比较

2. 价格优势减弱导致中国棕榈油进口减少

由于价格优势明显，加上 2006 年取消进口配额，近年来棕榈油进口量快速增长，从 2001 年前的 100 多万吨猛增至 2009 年的 644 万吨，成为中国食用植物油主要进口产品，近年来进口量占食用植物油进口总量的 65% 以上。2010 年，国际棕榈油价格大幅上涨，减弱了其价格优势，扭转了进口逐年上升态势，进口量比 2009 年下降了 11.6%。2010 年进口的棕榈油价格有 7 个月比豆油每吨低 600 元以下，仅有 1 个月比进口豆油低 1 000 元以上，而 2009 年只有 2 个月比进口豆油低 600 元以下、5 个月比进口豆油低 1 000 元以上。此外，受对棕榈硬脂继续实行 2% 的暂定关税影响，2010 年棕榈硬脂进口增长。

3. 加强检疫措施使得豆油进口减少

从 2010 年 4 月 1 日起，对从阿根廷进口的毛豆油许可证，需重新申请并由中国商务部统一办理。同时，将按照进口毛大豆油货船的溶剂残留水平低于 100 毫克/千克标准，严格对进口毛豆油进行检验检疫。由于加强了检疫措施，使得从阿根廷进口豆油数量锐减 91.6%。虽然从巴西和美国的豆油进口量增加，但全年中国豆油进口量仍比上年减少 43.9%。

食　糖

（一）贸易概况

2010 年中国食糖①国际贸易延续上年进出口双双显著增长的态势，贸易规模进一步扩大。进口量 176.6 万吨，比上年增长

① 这里的食糖包括未加香料或色剂的甘蔗原糖、砂糖、绵白糖、其他精制糖、甜菜原糖、加香料或色剂的糖。

65.9%，进口额 9.1 亿美元，增加 1.4 倍。出口 9.4 万吨，增长 47.7%，出口额 6 386 万美元，增长 89.8%。

1. 产品结构

进口产品主要是未加香料或色剂的甘蔗原糖和砂糖，进口量分别为 156.5 万吨和 19.3 万吨，分别占进口总量的 88.6% 和 10.9%。还进口少量的绵白糖和未列名精制糖。与上年相比，所有食糖产品的进口都大幅增长。其中，甘蔗原糖和砂糖的进口分别增长 70.7% 和 31.2%，绵白糖和精制糖则分别增加 11.4 倍和 6.7 倍。

出口产品主要是砂糖和精制糖。砂糖出口 5 万吨，比上年增长 69%，占出口总量的 53%；精制糖出口 3.5 万吨，增长 18.2%，占 36.9%（表 19）。

表 19　2010 年中国食糖进出口情况

单位：万吨、%

产　品	进口量	比上年增长	出口量	比上年增长
食糖	176.6	65.9	9.4	47.7
甘蔗原糖，未加香料或着色剂	156.5	70.7	0.4	0.4
砂糖	19.3	31.2	5.0	69.0
绵白糖	0.7	1 141.8	0.5	1 828.6
未列名精制糖	0.2	669.0	3.5	18.2

2. 贸易区域

进口来源地。巴西、古巴、韩国是食糖进口主要来源地。其中，从巴西进口继续保持增长势头，扩大到 109 万吨，比上年增加 3.6 倍，占食糖进口总量的 61.7%，超过古巴成为中国最大的进口来源地；从古巴进口 37 万吨，下降 15.6%；从韩国进口 15.5 万吨，增长 25%；从澳大利亚进口 6.4 万吨，是上年的 16.8 倍。

此外，还从东盟和欧盟进口少量食糖。从东盟进口 2.2 万吨，比上年下降 85.3%；从欧盟进口 1.5 万吨（表 20）。

表 20　2010 年中国食糖主要进口来源地和出口市场

单位：万吨、%

主要进口来源地	进口量	所占比重	主要出口市场	出口量	所占比重
巴西	109.0	61.7	中国香港	3.0	31.9
古巴	37.0	21.0	印度尼西亚	1.2	12.8
韩国	15.5	8.8	印度	1.1	11.7
澳大利亚	6.4	3.6	马来西亚	1.0	10.6
危地马拉	4.6	2.6	蒙古	0.7	7.4
小计	172.5	97.7	小计	7.0	74.5

出口市场。主要出口市场是一些亚洲国家和地区。中国香港仍居出口市场第一位，出口量3万吨，与上年基本持平，占出口总量的31.9%，所占比重下降13.4个百分点；对印度尼西亚和印度的出口量分别达到1.2万吨和1.1万吨，而过去这两个国家并不是主要出口市场；对马来西亚、蒙古和新加坡等传统出口市场的出口规模也有所扩大，但都未超过1万吨。

3. 价格变动

2008年和2009年，进口价格呈现先低后高、逐步上涨的趋势。但是，2010年呈先高后低的特点，从1月的每吨552美元上涨到3月的每吨749美元，第一季度的平均价格为每吨642美元，分别是2009年和2008年同期价格水平的2.2倍和2倍。4月食糖进口平均价格回落到619美元，5月略有上涨。6月价格大幅下降到476美元，环比跌幅为33%。此后价格基本上保持在该水平。最后两个月价格冲高回落（图17）。

2010年全年进口食糖的平均价格达到每吨675美元，比上年增长32%，比2008年增长29%，处于历史较高水平。

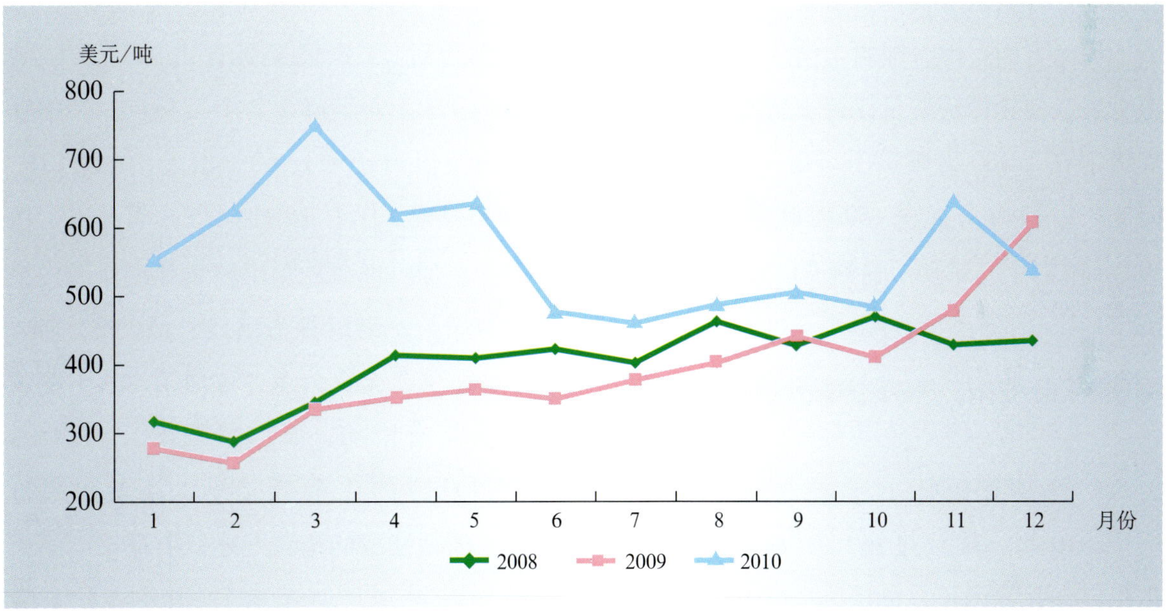

图17 2008—2010年中国食糖月度进口价格比较

4. 自给率变动

随着食品工业、饮料业、饮食业等用糖行业的快速发展，中国食糖消费呈现快速增长的态势。2010年中国糕点等含糖食品产量大幅增长，从而带动食糖消费量显著增加。

根据国家统计局数据，2010年中国成品糖产品为1 102.9万吨，比上年下降17.6%。全年食糖净进口167.2万吨。食糖自给率为87%，比上年下降6个百分点。

（二）影响因素[①]

国内糖料和食糖产量连续大幅下降，食

① 本节分析主要参考徐欣等“2009/2010榨季国内外食糖市场回顾与2009/2010榨季展望”，《农业展望》2010年第9期。

糖供给偏紧，供需缺口加大，是造成2010年食糖进口显著增长的主要原因。

据中国糖业协会统计，2009/2010 榨季全国共产糖 1 073.8 万吨，较上榨季减少 13.6%。其中，产甘蔗糖 1 013.8 万吨，减少 12.1%；产甜菜糖 60 万吨，减少 33.4%。截至2011年3月底，2010/2011 制糖期全国累计生产食糖980.4万吨，比上榨季同期减少51万吨。其中，甘蔗糖产量为901万吨，减少70.4万吨；甜菜糖产量为79.4万吨，增加19.4万吨。国内食糖产量的连续下降，造成食糖供给紧张。

另一方面，随着国内含糖产品生产的快速发展，使食糖消费量保持小幅增长，消费量稳定在1 400万吨以上。由于供给下降，因此产需缺口从过去150万吨左右扩大至300万吨以上，带动了食糖进口大幅增加。

蔬 菜

（一）贸易概况

2010年，蔬菜进出口贸易较快发展，进出口额大幅增长，贸易顺差扩大。全年蔬菜进出口总量为859.6万吨，贸易总额为102.6亿美元，比上年分别增长5.7%和45.3%。其中，出口量844.6万吨，增长5.1%，出口额连续12年保持增长，再创历史新高，达到99.9亿美元，增长45.2%，占全国农产品出口总额的20.2%，比上年增加2.9个百分点；进口量为15万吨，进口额为2.8亿美元，分别增长54.5%和54.6%；贸易顺差97.1亿美元，居农产品之首，比上年增长44.9%。

1. 产品结构

出口仍以鲜冷冻蔬菜和加工保藏蔬菜为主，两类产品出口量合计799万吨，占出口总量的94.6%，所占比重与上年基本持平；出口额合计77.8亿美元，占出口总额的77.9%，比上年下降2.5个百分点。其中鲜冷冻蔬菜出口额增长60%以上，占出口总额的45.7%，比上年增加4.5个百分点，稳居第一。加工保藏蔬菜出口量和出口额均呈两位数增长，出口额占出口总额的32.1%，比上年下降7个百分点，位居第二。干蔬菜出口量略有增加，而出口额增长67.4%，占出口总额的比重近几年以来首次超过20%。值得注意的是，上述三类蔬菜产品出口量均有增加，但蔬菜种子出口量下降9.3%，出口额占出口总额的比重不到1%（表21）。

表21　2010年中国蔬菜出口情况

单位：万吨、亿美元、%

产　品	出口量	比上年增长	出口额	比上年增长	占出口总额比重
合计	844.6	5.1	99.9	45.2	
鲜冷冻蔬菜	501.4	0.8	45.7	61.1	45.7
加工保藏蔬菜	297.6	13.8	32.1	19.1	32.1
干蔬菜	45.1	1.4	21.2	67.4	21.2

蔬菜进口大幅增长，进口量和进口额均较上年增长50%以上。进口种类以加工保藏蔬菜和蔬菜种子为主，两类产品进口额均首次超过1亿美元，分别增长66.2%和44.6%，加工保藏蔬菜进口额占进口总额的比重较上年增加2个百分点，而蔬菜种子所占比重下降了2个百分点。干蔬菜进口量及进口额增长幅度更大，增幅均在70%以上，占蔬菜进口总额的比重比上年增加约1个百分点。鲜冷冻蔬菜进口量和进口额虽呈两位数增长，但进口额所占比重与上年基本持平（表22）。

表22 2010年中国蔬菜进口情况

单位：万吨、亿美元、%

产 品	进口量	比上年增长	进口额	比上年增长	占进口总额比重
合计	15.0	54.5	2.8	54.6	
加工保藏蔬菜	9.8	65.5	1.1	66.2	39.3
蔬菜种子	0.8	12.9	1.1	44.6	39.3
干蔬菜	1.1	113.0	0.3	73.2	10.7
鲜冷冻蔬菜	3.3	28.5	0.3	43.4	10.7

按照出口额排序，前十大出口蔬菜产品依次是鲜或冷藏的蒜头、番茄酱罐头、干香菇、姜、干燥或脱水的大蒜、小白蘑菇（洋蘑菇）罐头、鲜或冷藏的洋葱、鲜或冷藏的胡萝卜及萝卜、干木耳、非用醋制作的酸竹笋及其他竹笋罐头。蔬菜出口产品的集中度较高，前十大产品出口量合计435万吨，占出口总量的51.5%，出口额合计55.4亿美元，占出口总额的55.4%。与上年相比，前十大产品中，只有鲜或冷藏的蒜头和姜的出口量下降，其他产品的出口量和出口额均呈不同程度增长。其中，干香菇增速最快，出口量和出口额均增加1倍以上；其次是干木耳，出口量和额的增幅也均在50%以上。鲜或冷藏的蒜头和干燥或脱水的大蒜出口额增幅超过一倍，鲜或冷藏的洋葱、姜和小白蘑菇罐头的出口额增幅都超过40%。前十大产品出口额的排序除鲜或冷藏的蒜头及番茄酱罐头稳居第一和第二位外，其他产品位次发生不同程度变化（表23）。

表23 2010年中国蔬菜出口额居前十位的产品

单位：万吨、亿美元、%

产 品	出口量	比上年增长	出口额	比上年增长	占出口总额比重
鲜或冷藏的蒜头	129.0	-15.9	21.6	113.6	21.6
番茄酱罐头	102.5	27.3	8.1	0	8.1
干香菇	4.6	112.9	6.9	149.6	6.9
姜	30.0	-11.8	4.4	54.7	4.4

（续）

产　　品	出口量	比上年增长	出口额	比上年增长	占出口总额比重
干燥或脱水的大蒜	16.0	9.7	3.6	136.7	3.6
小白蘑菇（洋蘑菇）罐头	26.5	15.6	3.5	44.1	3.5
鲜或冷藏的洋葱	61.7	22.6	2.3	59.9	2.3
鲜或冷藏的胡萝卜及萝卜	49.7	16.0	2.0	19.0	2.0
干木耳	1.2	56.5	1.6	98.3	1.6
非用醋制作的酸竹笋、其他竹笋罐头	13.8	5.2	1.4	8.0	1.4
小计	435.0	4.9	55.4	74.0	55.4

2. 贸易区域

蔬菜出口市场的区域集中度仍然较高，对亚洲和欧洲的出口额占蔬菜出口总额的80%。中国蔬菜在日本、韩国、东盟和中亚市场地位牢固，贸易规模稳中有升，对亚洲的出口额增幅达53.2%，占出口总额的63.8%；对欧洲出口额增长27.2%，出口量也增长8.8%；对北美洲、南美洲和大洋洲的出口额均呈两位数增长，其中南美洲增幅达到70.7%；对非洲的出口延续了上年出口量额均大幅增长的局面（表24）。

表24　2010年中国对各大洲蔬菜出口情况

单位：万吨、亿美元、%

区　域	出口量	比上年增长	出口额	比上年增长	占出口总额比重
亚　洲	560.0	4.0	63.7	53.2	63.8
欧　洲	150.1	8.8	17.0	27.2	17.1
北美洲	54.4	-0.5	8.7	32.9	8.7
南美洲	29.4	-2.3	4.7	70.7	4.7
非　洲	42.5	23.5	4.6	30.4	4.6
大洋洲	8.2	-2.3	1.1	17.5	1.1

按照出口额排序，居中国蔬菜出口市场前十位的国家（地区）依次是：日本、美国、韩国、马来西亚、印度尼西亚、越南、泰国、俄罗斯、中国香港和德国。日本仍是中国蔬菜最重要的出口市场，对日出口量比上年增长近17%，为实施肯定列表制度以来首次出现增长，出口额增长近30%，但是出口额占出口总额的比重从上年的21.8%下降到19.3%。对美国出口量略有下降，但出口额增幅达32.4%。对韩国、俄罗斯、中国香港和德国的出口量额齐增。在进入前十位的4个东盟国家中，除对泰国

出口量额双增外，对马来西亚、印度尼西亚、越南的出口量均小幅下降，而出口额则大幅增加，对越南出口额比上年增加1.8倍（表25）。

表25 2010年中国蔬菜主要出口国家和地区

单位：万吨、亿美元、%

国家（地区）	出口量	比上年增长	出口额	比上年增长	占出口总额比重
日本	132.3	16.9	19.3	28.7	19.3
美国	45.7	-0.7	7.5	32.4	7.5
韩国	82.1	26.3	7.1	72.4	7.1
马来西亚	57.7	-2.7	6.3	38.5	6.3
印度尼西亚	40.5	-6.1	6.2	114.8	6.2
越南	46.1	-8.0	5.3	181.2	5.3
泰国	27.9	26.1	4.2	61.3	4.2
俄罗斯	58.4	10.1	4.1	30.4	4.1
中国香港	63.7	5.1	3.0	51.1	3.0
德国	14.6	9.7	2.5	29.8	2.5

3. 价格变动

蔬菜出口平均价格比上年上涨38.2%，其中鲜冷冻蔬菜和干蔬菜价格涨幅较大，均达60%以上，而加工保藏蔬菜价格较平稳，涨幅低于5%。从具体品种看，鲜或冷藏的蒜头、干燥或脱水的大蒜出口价格飙升，涨幅均达到1倍以上，姜的出口价格涨幅达70%以上。在蔬菜主要出口产品中，只有番茄酱罐头价格出现回落，跌幅超两成（表26）。

表26 2010年中国部分蔬菜产品出口价格

单位：美元/吨、%

产　　品	出口价格	比上年增长
蔬菜	1 182	38.2
鲜冷冻蔬菜	912	60.0
其中：鲜或冷藏的蒜头	1 675	153.8
姜	1 450	75.3
加工保藏蔬菜	1 078	4.7
其中：番茄酱罐头	785	-21.7
小白蘑菇（洋蘑菇）罐头	1 339	24.7
干蔬菜	4 700	65.1
其中：干香菇	14 891	17.2
干燥或脱水的大蒜	2 259	119.9

（二）影响因素

1. 出口环境优化

一方面，中国蔬菜出口产业实力增强。高标准菜园的建设改善了生产条件，蔬菜出口企业规模化提升了加工和产品营销能力；与东盟等国签订的农产品贸易互惠协定、与邻国间日益改善的交通条件等为中国蔬菜出口提供了动力。另一方面，国际蔬菜贸易形势对出口有利。2010 年中国主要贸易伙伴的经济复苏势头良好，蔬菜消费需求增加，出口价格看涨。由于国际市场对姜蒜类产品的旺盛需求，导致出口价格大幅上涨。韩国、日本出现大白菜等主要蔬菜品种的季节性短缺，对韩国和日本出口大幅增加。

2. 质量水平不断提高

农业部门重点推广蔬菜标准化生产、病虫害绿色防控和安全用药技术，再加出口企业狠抓生产源头管理和加工过程的质量控制，产品质量稳步提高。质量技术监督部门狠抓出口基地备案监督、出口预警及出口检验工作，严把出关。由于蔬菜产品质量水平不断提高，出口通关检验检测加强，蔬菜出口受阻频率明显下降，确保了蔬菜出口持续增加。据日本厚生劳动省信息显示，2010 年中国输日蔬菜产品违反日本食品卫生法的次数与上年相比减少 19 次，下降 28%。

3. 出口企业规模扩大

蔬菜加工出口企业开始出现大型化趋势，基地和加工规模不断扩大，加工保藏蔬菜出口量和出口额不断增长。以番茄酱罐头为例，已形成了数家生产规模大于 10 万吨的出口企业，种植、加工和库存能力均达到较大规模，在国际番茄酱交易中占据较大份额，其抵御市场风险以及议价、定价能力有所提高，番茄酱罐头出口规模比上年扩大 27.4%。

另外，中国大蒜等大量减产，价格大幅上涨，出口价格也随之上涨。

水果坚果

（一）贸易概况

2010 年中国水果坚果贸易继续保持顺差。全年贸易量 822.8 万吨，比上年增长 1.6%，贸易总额 77.9 亿美元，增长 17.9%。其中出口量 532.1 万吨，下降 3.8%，出口额 52.9 亿美元，增长 14.6%；进口量 290.8 万吨，增长 14%，进口额 25 亿美元，增长 25.6%。贸易顺差 28 亿美元，增长 6.3%。

1. 产品结构

（1）水果出口。出口量 507.3 万吨，比上年下降 3.5%；出口额 43.6 亿美元，增长 13.6%。

从产品结构看，鲜冷冻水果出口量下降，出口额呈增长趋势，出口量 306.1 万吨，比上年下降 8%，出口额 21.8 亿美元，增长 8.2%，其中香蕉和桃出口量降幅较大，均在 30% 以上，苹果出口量降幅最小，低于 5%。水果汁出口量 88.3 万吨，与上年基本持平，出口额8.4亿美元，增长14.4%，其中柑橘汁出口量额均增10%以上，而菠萝汁出口量额则均大幅下降50%以上。水果罐头出口量62.4万吨，增长5.9%，出口额5.5亿美元，增长11.1%，在水果罐头产品中，唯有菠萝罐头出口量额齐降。其他加工水果出口量50.5万吨，增长9.9%，出口额8.4亿美元，增长24.1%，其中柿饼出口量额双增，增幅在30%以上，葡萄干和红枣为出口量下降而出口额则小幅增长（表27）。

表27 2010年中国主要水果产品出口情况

单位：万吨、亿美元、%

产品		出口量	比上年增长	出口额	比上年增长
鲜冷冻水果	苹果	112.1	-4.3	8.3	16.7
	柑橘	93.2	-16.2	6.2	3.9
	梨	43.8	-5.4	2.4	10.3
	葡萄	8.9	-10.7	1.0	22.3
	桃	2.8	-30.5	0.1	-20.6
水果汁	苹果汁	78.9	-1.4	7.5	14.0
	柑橘汁	2.3	11.6	0.2	14.1
水果罐头	柑橘罐头	33.6	4.9	2.8	7.6
	桃罐头	14.4	12.6	1.4	12.8
	梨罐头	5.7	6.0	0.5	7.6
	菠萝罐头	5.1	-21.7	0.4	-9.1
加工水果	葡萄干	4.0	-3.6	0.7	7.2
	红枣	0.8	-11.0	0.2	0.7
	柿饼	0.7	30.1	0.1	52.7

（2）水果进口。进口量275.4万吨，比上年增长12.8%，进口额20.3亿美元，增长23%。其中鲜冷冻水果进口量237.3万吨，增长14.7%，进口额15.9亿美元，增长24.9%。

进口鲜冷冻水果中，除荔枝进口量额均降和榴莲及葡萄进口量降额增外，其他主要进口品种均为进口量额双增，其中香蕉、苹果和猕猴桃的进口量和进口额的增幅均在20%以上。水果汁和水果罐头进口继续增长。加工水果中龙眼干、肉进口量额均大幅下降（表28）。

表 28　2010 年中国主要水果产品进口情况

单位：万吨、亿美元、%

产 品		进口量	比上年增长	进口额	比上年增长
鲜冷冻水果	香蕉	66.5	35.3	2.5	37.8
	龙眼	29.1	13.8	1.9	22.8
	火龙果	21.8	12.0	1.1	11.6
	榴莲	17.2	-12.2	1.5	20.3
	柑橘	10.5	14.9	1.1	43.0
	葡萄	8.2	-9.0	1.9	10.8
	苹果	6.7	23.7	0.8	40.8
	猕猴桃	3.3	23.6	0.4	35.5
	荔枝	3.1	-17.1	0.1	-38.6
水果汁	柑橘汁	7.1	10.1	1.1	3.1
	葡萄汁	1.7	91.2	0.3	91.5
水果罐头	菠萝罐头	0.8	16.6	0.1	13.7
	桃罐头	0.7	25.3	0.1	21.3
加工水果	葡萄干	1.4	18.7	0.2	26.5
	龙眼干、肉	6.2	-53.6	0.6	-28.0

（3）坚果出口。出口量 24.8 万吨，比上年下降 8.8%，出口额 9.3 亿美元，增长 19.6%；出口产品主要以瓜子、栗子和核桃为主，出口量合计占出口总量的 58.5%（表 29）。

（4）坚果进口。进口量 15.2 万吨，比上年增长 16%，进口额 4.7 亿美元，增长 38.2%；进口产品以开心果、腰果、核桃为主，进口量合计占进口总量的 63.4%（表 29）。

表 29　2010 年中国主要坚果进出口情况

单位：万吨、亿美元、%

出口					进口				
产品	出口量	比上年增长	出口额	比上年增长	产 品	进口量	比上年增长	进口额	比上年增长
瓜子	8.8	-25.1	2.9	9.4	开心果	5.3	144.8	2.0	162.3
栗子	5.1	-11.4	1.3	16.7	腰果	2.4	-34.0	0.7	-27.3
核桃	0.6	13.0	0.3	22.1	核桃	1.9	19.7	0.5	67.2

2. 贸易区域

（1）水果

出口市场。按出口量大小排序，居出口市场前五位的国家仍是美国、越南、俄罗斯、印度尼西亚和日本。出口量合计260.5万吨，比上年下降2.7%，占出口总量的51.3%；出口额21.9亿美元，增长14.7%，占出口总额的50.2%。

进口来源地。主要是越南、泰国、菲律宾、缅甸和美国，进口量合计占进口总量的86.8%（表30）。

表30 2010年中国水果主要出口市场和进口来源地

单位：万吨、亿美元、%

出口市场					进口来源地				
国家（地区）	出口量	比上年增长	出口额	比上年增长	国家（地区）	进口量	比上年增长	进口额	比上年增长
美国	75.7	3.2	7.8	10.7	越南	75.0	20.5	2.5	21.2
越南	59.8	-23.5	2.6	0.7	泰国	48.6	-19.5	5.0	0.5
俄罗斯	50.7	4.0	3.7	23.9	菲律宾	47.3	25.4	2.3	33.9
印度尼西亚	43.8	9.7	3.4	30.0	缅甸	39.4	31.6	0.5	67.1
日本	30.5	10.2	4.4	14.1	美国	24.2	11.8	3.4	30.9

分区域看，对东盟出口量减少，但出口额增加。对欧盟出口量和出口额继续下降，对北美贸易区出口量额增加（表31）。

表31 2010年中国与三大区域水果贸易情况

单位：万吨、亿美元、%

区域	出口				进口			
	出口量	比上年增长	出口额	比上年增长	进口量	比上年增长	进口额	比上年增长
欧盟	50.8	-11.2	5.2	-5.2	3.0	54.0	0.8	26.0
北美贸易区	90.2	2.5	9.2	9.8	24.8	11.1	3.5	28.2
东盟	175.7	-8.8	12.8	17.6	213.5	10.5	10.6	14.3

主要贸易方式是一般贸易、边境小额贸易和进料加工贸易。出口贸易中，三种贸易方式合计占出口总量的99.3%，占出口总额的98%；进口贸易中，三种贸易方式合计占进口总量的98.7%，占进口总额的97.2%（表32）。

表32 2010年中国水果主要贸易方式

单位：万吨、亿美元

贸易方式	出口量	出口额	进口量	进口额
一般贸易	363.5	33.1	163.2	16.6
边境小额贸易	100.4	4.9	106.3	2.5
进料加工贸易	39.7	4.7	2.4	0.6

（2）坚果

出口市场。主要是日本、韩国、德国、美国和荷兰。出口量合计11.4万吨，占出口总量的45.8%；出口额合计5亿美元，占出口总额的54%。

进口来源地。主要为美国、伊朗、越南、韩国和澳大利亚。进口量合计12.8万吨，占进口总量的83.6%；进口额合计4亿美元，占进口总额的85.6%（表33）。

表33 2010年中国坚果主要出口市场和进口来源地

单位：万吨、亿美元、%

出口市场					进口来源地				
国家（地区）	出口量	比上年增长	出口额	比上年增长	国家（地区）	进口量	比上年增长	进口额	比上年增长
日本	3.8	15.6	1.5	37.6	美国	5.2	19.3	1.6	38.5
韩国	2.3	15.5	0.3	23.0	伊朗	3.5	592.2	1.4	596.9
德国	1.8	12.0	1.0	32.6	越南	2.3	-35.9	0.7	-26.9
美国	1.7	-11.2	1.2	13.6	韩国	1.0	10.8	0.2	19.6
荷兰	1.7	12.8	1.1	52.1	澳大利亚	0.8	-5.7	0.1	7.2

主要贸易方式是一般贸易、进料加工贸易和来料加工装配贸易。出口贸易中，三种方式合计占出口总量的97.3%，占出口总额的98.1%；进口贸易中，三种方式合计占进口总量的82.9%，占进口总额的83.1%（表34）。

表34 2010年中国坚果主要贸易方式

单位：万吨、亿美元

贸易方式	出口量	出口额	进口量	进口额
一般贸易	21.2	7.5	6.4	2.3
进料加工	1.5	0.9	3.7	1.0
来料加工装配贸易	1.5	0.7	2.6	0.6

3. 价格变动

（1）水果。进出口价格全面上涨，平均出口价格每吨859美元，比上年上涨17.7%；平均进口价格每吨737美元，比上年上涨9%（表35）。

表 35　2010 年中国水果产品平均进出口价格

单位：美元/吨、%

产　品	出口		进口	
	平均价格	比上年增长	平均价格	比上年增长
水果平均	859	17.7	737	9.0
鲜冷冻水果	713	23.2	669	8.8
水果罐头	884	4.9	968	1.2
水果汁	836	14.3	1 654	-1.8
其他加工水果	1 547	4.4	982	19.8

（2）坚果。平均出口价格为每吨 3 764 美元，比上年上涨 31.1%。主要出口产品瓜子、栗子出口价格上涨 30% 以上。

平均进口价格每吨 3 038 美元，比上年上涨 19.1%，其中核桃进口价格涨幅达到 39.7%（表 36）。

表 36　2010 年中国主要坚果进出口价格

单位：美元/吨、%

出口			进口		
产　品	平均价格	比上年增长	产　品	平均价格	比上年增长
坚果	3 764	31.1	坚果	3 038	19.1
瓜子	3 301	46.2	开心果	3 852	7.2
栗子	2 480	31.7	腰果	2 972	10.1
核桃	4 920	8.0	核桃	2 509	39.7

（二）影响因素

1. 生产成本持续增加

水果生产成本继续上升，主要体现在生产资料投入成本、劳动力成本增加，加之交通运输价格上涨、人民币汇率升值，减弱了国际竞争力，制约了出口。

2010 年农业生产资料价格持续上扬，常规农药、化肥、农用柴油价格由于原材料价格上涨而涨价。劳动力成本比上年提高 10%～15%。人民币汇率比上年末升值 3%。柴油价格普涨，涨幅已超过原油涨幅，使公路长途运输成本大幅增加，运输费用相应上涨。以上因素变化使中国水果比较优势逐渐减弱，进口增加。据苹果产业技术体系在全国苹果生产地 15 个试验站观测数据显示，2010 年苹果生产总成本比上年增长 13.2%。其中，物质费用上涨 10.1%，人工成本增长 18.6%。

2. 异常气候导致产量减少

2010 年中国极端高温和强降水事件发生之频繁、强度之大、范围之广历史罕见，是本世纪以来中国气候最异常的一年。全年降水偏多，季节和区域分布不均，旱涝灾害交替发生。春季突如其来的倒春寒使南北方大部分果树已经萌发的花芽被冻伤或冻死。霜冻及持续的低温阴雨，使广东、江西尚未收获的柑橘出现了不同程度的果皮冻伤和落果，产量受到影响。受异常气候和地质灾害等因素影响，世界主产国水果产量也出现下降。

3. 国内价格上涨出口量减少

生产成本增加、产量下滑、需求增加，促使水果价格上扬。2010 年全国鲜果居民消费价格比上年上涨 15.6%。许多水果国内价格高于出口，使更多企业将市场定位在国内，出口量减少。

茶 叶

（一）贸易概况

2010 年，中国茶叶进口成倍增加，出口量与上年基本持平，出口额增长超一成。全年茶叶进出口总量 32.2 万吨，比上年增长 2.7%，其中出口量 30.9 万吨，与上年持平；进口量 1.4 万吨，增加近 2 倍；进出口总额 8.8 亿美元，增长 15.5%，其中出口额为 8.3 亿美元，增长 11.6%；进口额 5 720 万美元，增加 1.3 倍。贸易顺差 7.7 亿美元。

1. 产品结构

（1）出口产品。以绿茶为主，绿茶出口量额双增长，所占比重分别超过或接近 70%。红茶和乌龙茶出口量减额增，其中乌龙茶出口量降幅接近 20%，所占比重下降。花茶和普洱茶出口量和出口额增幅均超 20%，所占比重均比上年稍有提高（表 37）。

表 37　2010 年中国出口茶叶产品结构

单位：百吨、百万美元、%

产　品	出口量	比上年增长	出口额	比上年增长	占茶叶出口比重	
					出口量	出口额
合　计	3 087.4	-0.1	825.3	11.6		
绿　茶	2 341.7	2.1	566.8	8.1	75.8	68.7
红　茶	365.9	-8.7	79.8	24.0	11.9	9.7
乌龙茶	197.3	-18.2	71.4	6.8	6.4	8.6
花　茶	73.6	24.4	39.9	34.7	2.4	4.8
普洱茶	45.8	31.3	26.2	34.0	1.5	3.2
其　他*	63.1	5.9	41.2	17.9	2.0	5.0

* HS 第 21 章税号 21012000 以茶和马黛茶的萃取物为基本成分的制成品，加上马黛茶。

（2）进口产品。以红茶为主，进口量额较上年均增加 2 倍以上，分别占茶叶总进口的 82.9% 和 66.2%，所占比重分别增加 16 个百分点和 17 个百分点。乌龙茶进口量微降，但进口额成倍增加。绿茶进口量额均增加 50% 以上。茶叶进口产品中除红茶占比重大幅增加外，其余产品均下降　（表38）。

表38　2010年中国进口茶叶产品结构

单位：百吨、百万美元、%

产　品	进口量	比上年增长	进口额	比上年增长	占茶叶进口比重	
					进口量	进口额
合　计	135.3	187.1	57.2	134.2		
红　茶	112.1	259.1	37.9	215.9	82.9	66.2
乌龙茶	2.5	-1.4	5.1	107.9	1.9	8.9
绿　茶	11.0	54.5	3.6	61.7	8.1	6.3
花　茶	1.0	151.6	1.0	141.4	0.7	1.7
其　他*	8.7	48.7	9.6	31.5	6.4	16.9

* HS第21章税号21012000以茶和马黛茶的萃取物为基本成分的制成品，加上马黛茶、普洱茶。

2. 贸易区域

（1）出口市场。按出口额大小排序，居前五位市场与上年相同，为摩洛哥、欧盟、日本、美国和中国香港。对5市场出口额合计约4.2亿美元，占出口总额的一半，比上年增加2个百分点。对上述市场出口均有增长，其中对美国和中国香港出口额增幅较大，均达30%以上（表39）。对欧盟出口额增长15%，在欧盟市场中，对德国、英国和法国的出口额分别占对欧盟茶叶出口总额的39.4%、23.3%和17.4%，其中对德国和英国出口增长，对法国出口下降。

按出口量大小排序，前五大市场依次为摩洛哥、美国、欧盟、俄罗斯和日本，对上述市场出口量均在2万吨以上，均呈增长态势，其中对美国出口增幅最大，为28.6%。此外，对乌兹别克斯坦、中国香港、阿尔及利亚、毛里塔尼亚和东盟的出口量分别为1.9万吨、1.3万吨、1.2万吨、1.2万吨和1.1万吨。其中对乌兹别克斯坦和阿尔及利亚出口量下降，降幅分别为16.8%和6.8%。

表39　2010年中国茶叶出口主要市场

单位：百万吨、百万美元、%

出口市场	出口量	比上年增长	出口额	比上年增长	占比重	
					出口量	出口额
摩洛哥	612.3	4.7	156.7	9.7	19.8	19.0
欧盟	219.2	14.3	75.0	15.1	7.1	9.1
日本	201.8	2.3	64.0	10.7	6.5	7.8
美国	261.3	28.6	63.3	35.6	8.5	7.7
中国香港	128.4	14.8	56.6	31.7	4.2	6.8
小计	1 423.0	10.4	415.6	17.0	46.1	50.4

浙江、福建、安徽、湖南和广东居茶叶出口前五位，出口额合计约7亿美元，占出口总额的84.5%。其中浙江4.2亿美元，占51.2%，比上年下降3个百分点，其绿茶出口占中国绿茶出口总额的68.6%。福建出口额也超1亿美元，占出口总额的12.7%，乌龙茶为主，出口额占中国乌龙茶出口总额的3/4强。除浙江出口额增幅为5%外，其余4省均呈两位数增长，广东最大，为56.4%。

（2）进口来源地。与上年相比，居前五位的进口来源地位次均发生变化。自东盟、印度和斯里兰卡茶叶进口额成倍增加，斯里兰卡恢复第一的位置，日本则由第一降为第五，东盟由上年的第五升为第二（表40）。若按进口量排序，居前五位的依次为东盟、斯里兰卡、肯尼亚、印度和中国台湾，自东盟进口量占茶叶进口总量的近45%，但进口额却仅占进口总额的近20%。

表40　2010年中国茶叶进口主要来源地

单位：百吨、百万美元、%

进口来源地	进口量	比上年增长	进口额	比上年增长	占比重	
					进口量	进口额
斯里兰卡	24.0	96.6	13.3	189.4	17.7	23.2
东盟	60.1	448.6	11.3	458.4	44.4	19.7
印度	11.8	448.0	7.3	266.4	8.7	12.7
中国台湾	6.2	17.7	6.7	86.3	4.6	11.7
日本	3.8	62.1	6.2	33.8	2.8	10.8
小计	105.9	221.7	44.8	166.2	78.3	78.1

进口额前五位的依次为广东、上海、福建、安徽和浙江，合计5 272万美元，占进口总额的92.2%，其中广东、上海和福建均占25%以上。与上年相比，上述5省（直辖市）进口额均大幅增长，其中福建增加2.6倍，广东增加2.2倍，其余增幅也在50%以上。从进口量看，福建进口近6 500吨，位居第一位，比上年增加近5倍。值得注意的是，北京和江西进口量额均成倍增加，其中江西进口量增加10倍多。

3. 贸易方式

以一般贸易方式为主。一般贸易方式出口额占茶叶出口总额的93.5%，其次为进料加工贸易，占4%。一般贸易方式进口额占进口总额的69.4%，保税仓库进出境货物贸易占15.9%，进料加工贸易占7.3%，三种方式合计占92.6%。

4. 价格变动

（1）国际市场价格持续上涨。2010年国际市场茶叶拍卖价仍呈增长态势，但增幅小于上年，平均价格每吨2 902美元，较上年上涨6.6%，增幅下降近6个百分点。分月度看，除7月和9月国际市场茶叶拍卖价低于上年同期外，其余月份均高于上年同期，其中1月和2月价差较大，每吨均价高出上年同期700美元以上，涨幅均在30%以上（图18）。

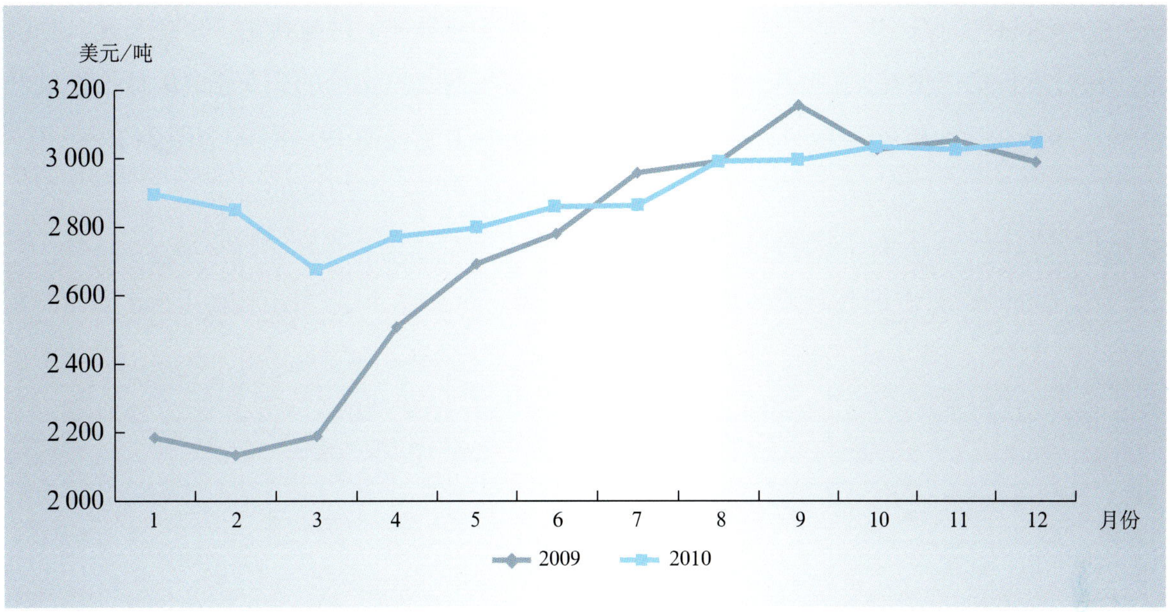

图 18　2009—2010 年国际市场茶叶月度拍卖价格比较

数据来源：世界银行商品价格数据库。

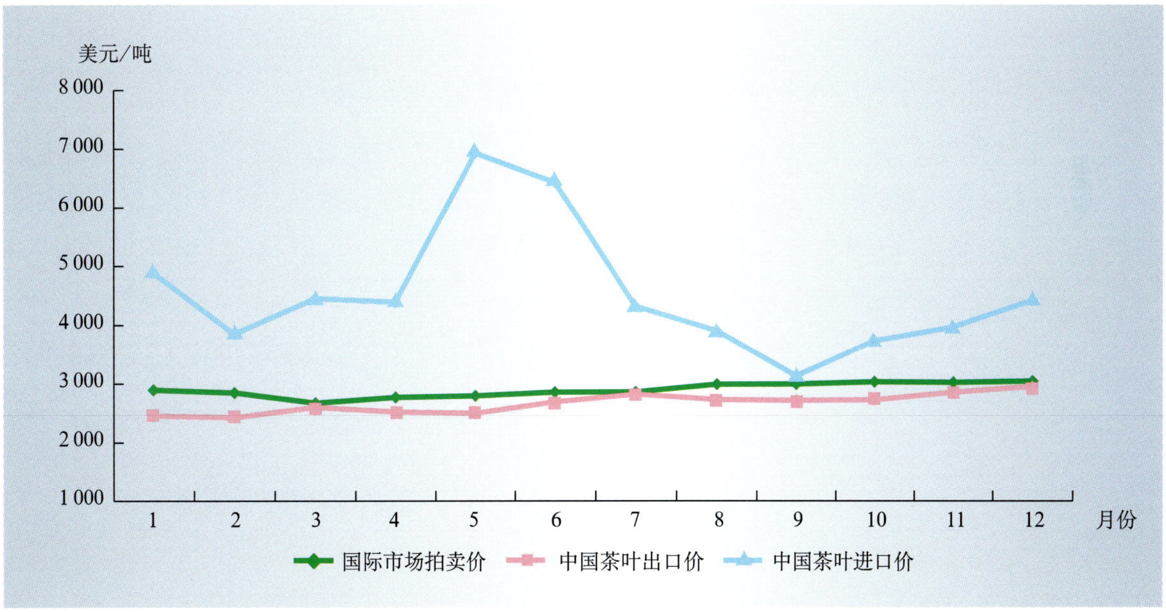

图 19　2010 年中国茶叶月度进出口价格与国际市场茶叶拍卖价格比较

数据来源：国际市场拍卖价数据源于世界银行商品价格数据库，中国茶叶进出口价格根据中国海关数据计算。

（2）中国茶叶出口价格上涨，进口价格下降。由于茶叶进出口品种、地区等方面的差异，致使进出口价格有较大差异。2010年茶叶出口价格平均每吨 2 673 美元，比上年上涨 11.6%，但低于同期国际市场拍卖价格 8%；茶叶进口价格每吨 4 226 美元，比上年下降18.4%，但高出同期国际市场茶叶拍卖价格45.6%。

从月度价格变化看，茶叶出口低于拍卖价格，其中1月价差最大为442美元，7月价差最低为41美元。进口均价波动较大，其中5月最高，每吨接近7 000美元，是国际市场茶叶拍卖价的2.5倍，9月价差最低为140美元（图19、图20、图21）。

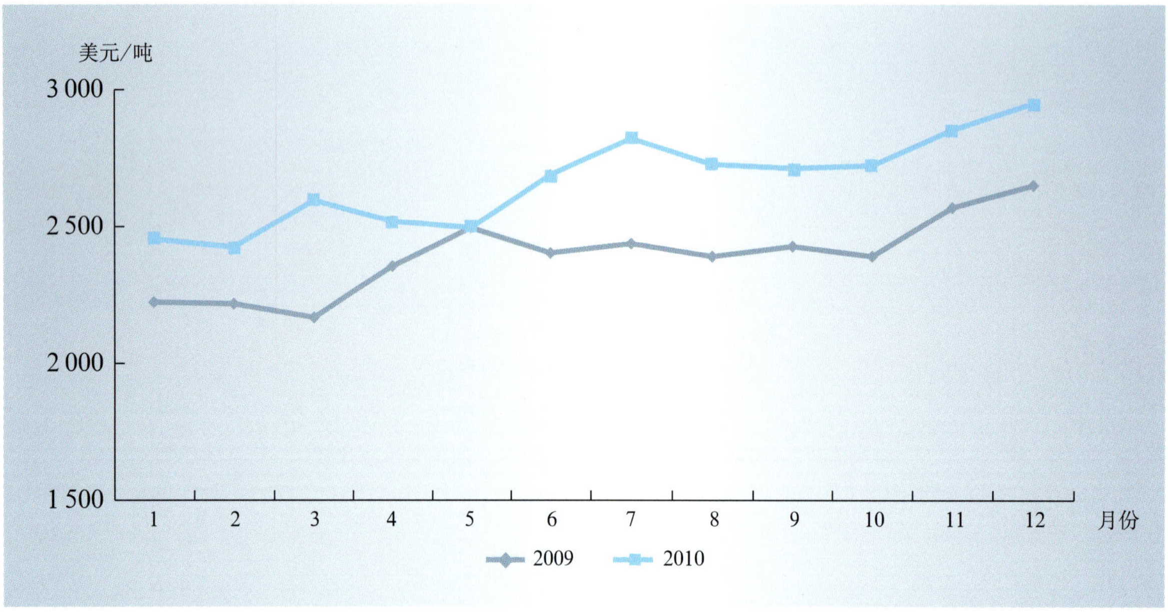

图20　2009—2010年中国茶叶月度出口价格比较

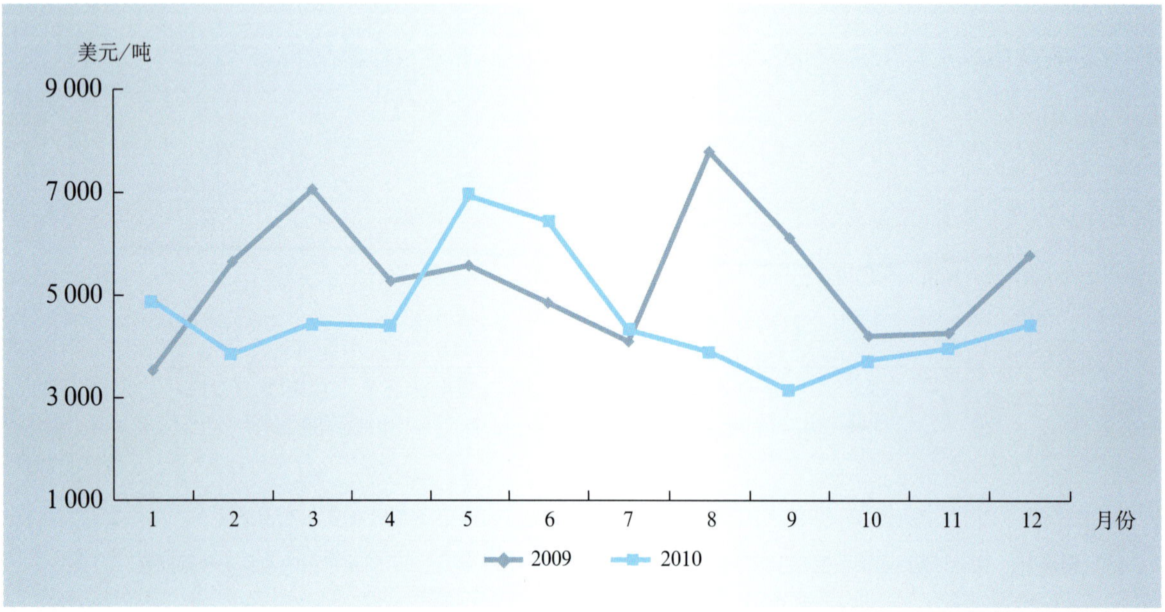

图21　2009—2010年中国茶叶月度进口价格比较

各品种出口价格均呈不同程度的增长，其中红茶和乌龙茶出口涨幅较大，均在

30%以上；主要进口品种红茶的进口价格降幅最大（表41）。

表41 2009—2010年中国茶叶产品进出口价格比较

单位：美元/吨、%

产品	出口价格			进口价格		
	2009年	2010年	比上年增长	2009年	2010年	比上年增长
茶叶均价	2 395	2 673	11.6	5 181	4 226	-18.4
绿茶	2 287	2 421	5.8	3 136	3 283	4.7
红茶	1 606	2 181	35.8	3 838	3 376	-12.0
乌龙茶	2 771	3 619	30.6	9 457	19 933	110.8
花茶	5 010	5 427	8.3	10 509	10 086	-4.0
普洱茶	5 611	5 726	2.0	0	0	0

（二）影响因素

2010年2—3月中国南方多数茶叶主产区遭受严重旱灾、冻灾等自然灾害的影响，但各级政府及时采取积极有效措施，全年茶叶产量达到147.5万吨，比上年增长8.6%。尽管茶叶产量增加，但出口量与上年基本持平，进口量则成倍增加，主要原因如下：

1. 需求持续增长

国际市场需求增加。随着人们健康消费观念的普及，茶叶正在被越来越多的人所接受。根据FAO预测，全球茶叶消费量年均增长3%~5%，其中红茶增长2%，绿茶增长5%左右，茶叶需求增长拉动价格持续上涨。

国内市场需求旺盛。近年来，随着人民收入的增加，生活水平明显改善，茶叶消费量不断提高，特别是中高档茶和品牌茶消费持续增长，红茶消费也明显上升，形成了新的消费热点。需求的增加一方面拉动了国内茶叶价格大幅上涨，2010年国内市场茶叶平均价格涨幅在20%左右，远高于出口均价11.6%的涨幅；另一方面促进茶叶进口成倍增加，2010年茶叶进口已超过万吨，创历史新高。由于国内市场茶叶销售价格涨幅大，且减少了因出口所需的检验费用，避免了企业的经营风险，企业效益增加，因此部分企业将出口贸易转向国内贸易。

2. 关税降低导致自东盟进口量骤增

中国—东盟自由贸易区全面建成，对茶叶进口实行零关税，导致进口均价下降。自东盟茶叶进口价格每吨为1 880美元，仅相当于自斯里兰卡进口价格的34%、中国台湾的17%、印度的30%和日本的11%。进口价格较低导致自东盟进口茶叶骤增，进口量达6 000多吨，较上年增加4.5倍。2010年仅自东盟的茶叶进口量就超出上年中国茶叶进口总量近1 300吨。

3. 出口成本大幅增加

随着国内经济的高速持续发展，劳动力成本不断增加，茶叶生产的原材料投入不断提高，茶叶平均收购价格上涨10%~15%，加之海运费上涨，茶叶的单位成本平均提高15%以上。2010年中国茶叶出口价格较上年仅上涨11.6%。成本增加的幅度大于出口价格上涨幅度，导致企业利润空间缩小，出口企业积极性下降。

4. 国外的质量安全要求更加严格

欧盟、日本和美国是中国茶叶的主要出口市场，而这些国家和地区对进口茶叶的检测标准更加苛刻。欧盟几乎每年都调整出台新的茶叶农残标准，而且标准越来越严；日本自"肯定列表制度"实施以来，对从中国进口茶叶实施严格的检查，特别自2009年4月起对绿茶进口检查比率已提高到50%。这些技术壁垒给中国茶叶出口企业增加了经营风险，制约了中国茶叶出口。

畜产品

(一) 贸易概况

2010年中国畜产品贸易总额144.1亿美元，比上年增长37.1%。其中出口额47.5亿美元，增长21.3%；进口额96.6亿美元，增长46.4%；贸易逆差49.1亿美元，比上年扩大82.5%。主要逆差产品有动物生皮、乳制品、动物毛、动物生毛皮、羊产品、牛产品、肉骨粉、遗传物质和马驴骡等，其中牛产品由上年贸易顺差转变为贸易逆差。保持贸易顺差的产品主要有家禽、羽毛、蜂、蛋、兔和生猪等产品（图22）。

1995—1999年，中国畜产品保持贸易

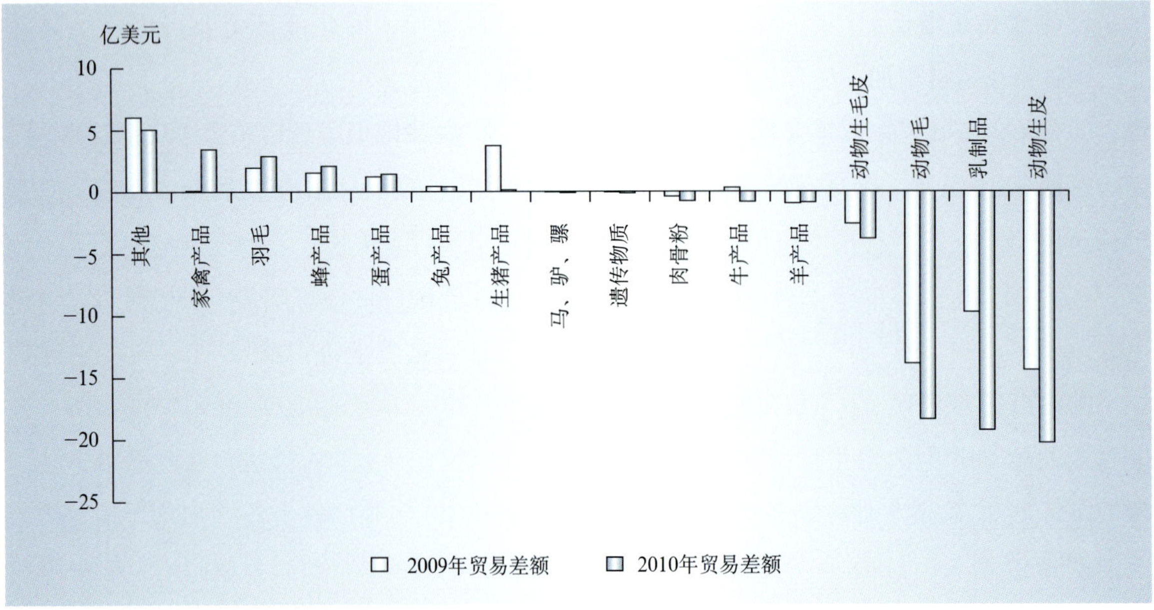

图22 2009—2010年中国畜产品进出口贸易差额变化情况

顺差；从2000年开始，畜产品进口额增速加快，贸易逆差逐渐加大，2010年贸易逆差再次突破历史记录，达到49.1亿美元（图23）。

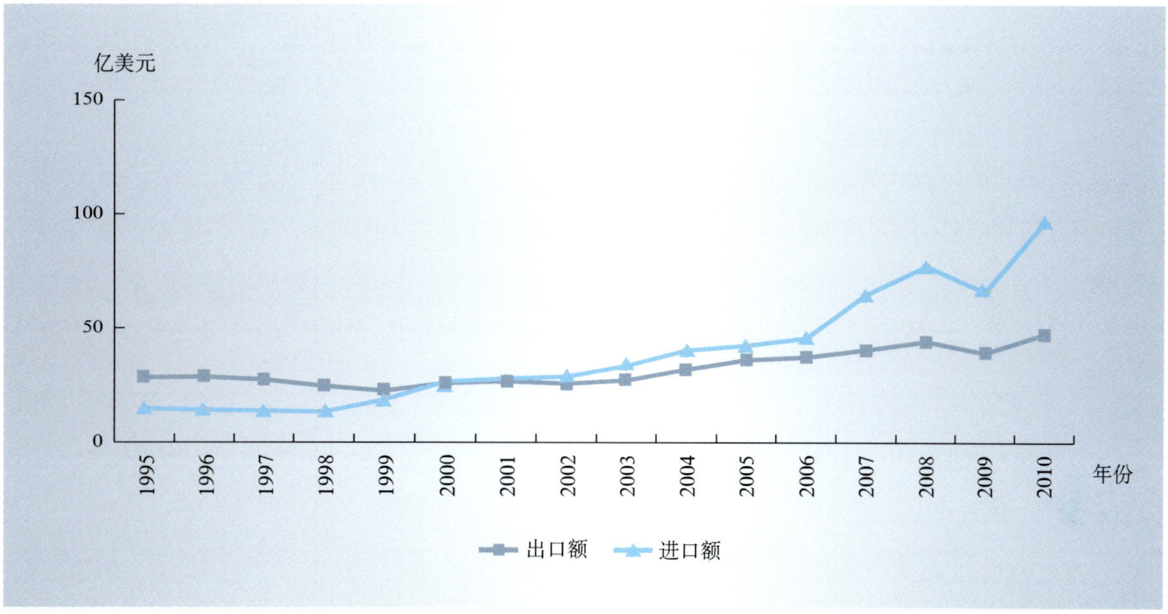

图23 1995—2010年畜产品进出口贸易额变化情况

1. 产品结构

2010年，贸易总额超过10亿美元的产品有5类，依次是家禽产品、动物毛、动物生皮、乳制品和生猪产品，5类产品贸易额合计106亿美元，比上年增长39.1%，占中国畜产品贸易总额的比重为73.6%，比上年提高1.1个百分点。

表42 2010年中国畜产品进出口额情况

单位：百万美元、%

类别	进出口			出口			进口		
	贸易总额	比上年增长	占贸易总额比重	出口额	比上年增长	占出口总额比重	进口额	比上年增长	占进口总额比重
畜产品合计	14 406.7	37.1	100.0	4 747.0	21.3	100.0	9 659.7	46.4	100.0
家禽产品	2 333.4	14.6	16.2	1 337.7	30.9	28.2	995.7	-1.8	10.3
动物毛	2 204.4	35.3	15.3	182.8	50.6	3.9	2 021.6	34.0	20.9
动物生皮	2 035.5	40.8	14.1	3.7	9.0	0.1	2 031.9	40.9	21.0
乳制品	2 013.6	85.2	14.0	43.9	-22.8	0.9	1 969.6	91.2	20.4
生猪产品	2 009.3	41.3	13.9	1 011.2	12.9	21.3	998.1	89.6	10.3
牛产品	521.7	73.5	3.6	219.0	32.2	4.6	302.7	124.3	3.1
羽毛	451.7	49.1	3.1	369.3	48.7	7.8	82.4	50.6	0.9

（续）

类　别	进出口			出　口			进　口		
	贸易总额	比上年增长	占贸易总额比重	出口额	比上年增长	占出口总额比重	进口额	比上年增长	占进口总额比重
动物生毛皮	384.1	47.1	2.7	1.6	219.9	0.0	382.5	46.7	4.0
羊产品	228.3	25.3	1.6	70.3	62.4	1.5	158.1	13.7	1.7
蜂产品	226.7	38.3	1.6	216.6	36.9	4.6	10.1	79.1	0.1
蛋产品	143.5	18.3	1.0	142.2	17.8	3.0	1.3	124.5	0.0
其他	1 854.5	19.0	12.9	1 148.7	6.7	24.1	705.7	46.6	7.3

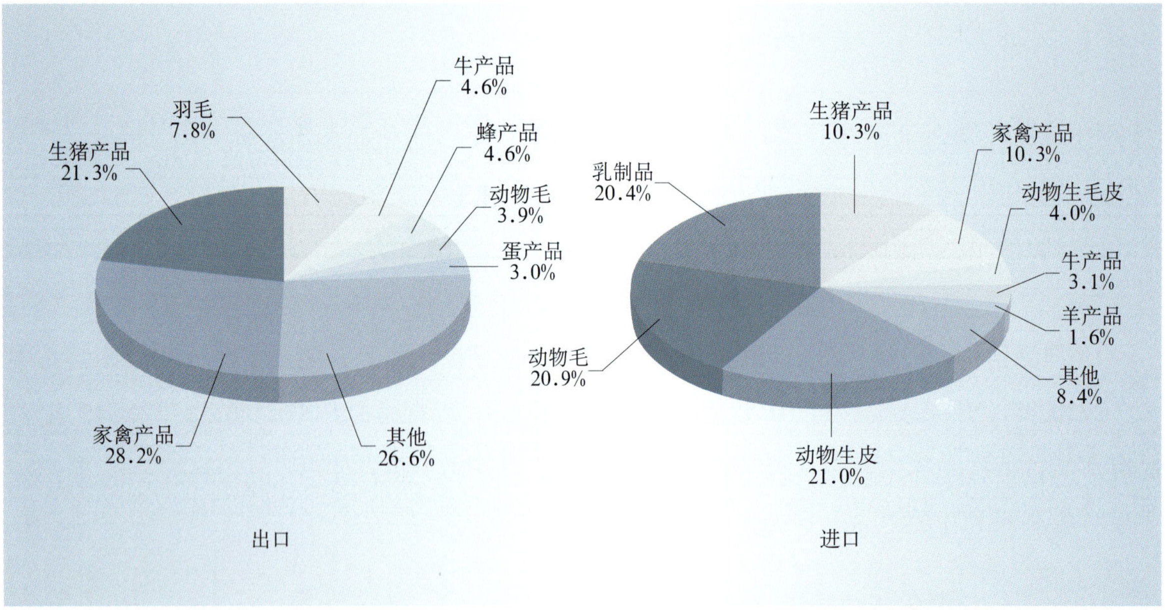

图 24　2010 年中国畜产品进出口结构

（1）出口产品。出口额超过 1 亿美元的是家禽产品、生猪产品、羽毛、牛产品、蜂产品、动物毛和蛋产品等 7 类产品，出口额合计 34.8 亿美元，占畜产品出口总额的 73.3%，其中家禽和生猪产品占 49.5%。与上年相比，16 类产品中有 13 类出口额增长，其中动物生毛皮、马驴骡、羊产品、动物毛、羽毛、蜂产品、牛产品和家禽产品增幅超过 30%，3 类产品出口额下降，依次为遗传物质、乳制品和兔产品，其中乳制品下降 22.8%（表 42、图 24）。

（2）进口产品。进口额超过 1 亿美元的是动物生皮、动物毛、乳制品、生猪产品、家禽产品、动物生毛皮、牛产品和羊产品等 8 类产品，进口总额为 88.6 亿美元，占畜产品进口总额的 91.7%。与 2009 年相比，进口额增幅超过 50% 的产品依次为遗传物质、马驴骡、蛋产品、牛产品、肉骨粉、乳制品、生猪产品、蜂产品和羽毛等9类；进口额下降的产品仅有家禽产品，降幅为1.8%。

（3）主要畜产品贸易

生猪产品。出口额10.1亿美元，比上年增长12.9%；进口额10亿美元，增长89.6%；贸易顺差1 304.1万美元。

在主要出口产品中，加工猪肉出口量10.3万吨，出口额3.4亿美元，比上年分别增长13.6%和13.1%；活猪出口量16.9万吨，出口额3.4亿美元，分别增长4%和1.9%；鲜冷冻猪肉出口量11万吨，出口额3.3亿美元，分别增长26%和26.3%。

猪杂碎仍是进口最多的产品。进口量70.2万吨，比上年增长78.8%，进口额7.8亿美元，增加1倍多，进口额占生猪产品进口额的比重由2009年的72.9%增加到78.3%。鲜冷冻猪肉进口也大幅增长，进口量20万吨，进口额2.1亿美元，分别增长47.8%和52.8%。

家禽产品。出口额13.4亿美元，比上年增长30.9%；进口额10亿美元，下降1.8%。贸易顺差3.4亿美元，扩大40多倍。

主要出口产品中，加工家禽出口量22.9万吨，出口额8.8亿美元，分别增长34.9%和33.8%；禽肉及杂碎出口量20.6万吨，出口额4.3亿美元，分别增长18.5%和27.4%；其他活家禽9 527.6吨，出口额与上年基本持平，为2 610万美元。

禽肉及杂碎是主要进口产品，进口量54.2万吨，进口额9.6亿美元，分别下降27.7%和2.1%，进口额占家禽产品进口总额的96.7%。

牛产品。进出口额均增长，但进口增幅是出口增幅的近4倍，再次出现贸易逆差，逆差额为8 366.7万美元。

2010年出口额2.2亿美元，增长32.2%。其中出口额最大的是鲜冷冻牛肉，出口量2.2万吨，出口额1.1亿美元，分别增长65.6%和78.5%；其次是加工牛肉，出口量1.4万吨，出口额6 291.9万美元，分别增长2.1%和9.3%。

进口额3亿美元，比上年增加1.2倍。其中进口鲜冷冻牛肉2.4万吨，进口额8 428.4万美元，分别增长67.4%和91.4%；进口种牛8.3万头，进口额2亿美元，分别增加1.2倍和1.4倍。进口牛杂碎9 098.7吨，进口额1 972.3万美元，分别增加1.6倍和1.3倍。

羊产品。出口额7 026.1万美元，比上年增长62.4%。其中出口羊肉1.3万吨，出口额6 897.7万美元，分别增长40.7%和64.7%。进口额1.6亿美元，增长13.7%。其中进口羊肉5.7万吨，下降14.3%，进口额1.6亿美元，增长12.5%。

蛋产品。进、出口额均有增长。其中出口额1.4亿美元，增长17.8%；进口额133.2万美元，增加1.2倍。

出口产品中，出口鲜蛋7.8万吨，出口额9 761.4万美元，出口额比上年增长24.2%；出口加工蛋26 691.9吨，出口额

4 428.2 万美元，出口额增长5.9%。

乳制品。进口19.7亿美元，比上年增长91.2%。其中进口奶粉41.7万吨，增长67.3%；进口额14亿美元，增加1.4倍。进口乳清粉26.3万吨，下降8.5%；进口额3.4亿美元，增长21.2%。进口鲜奶1.6万吨，进口额2 818.9万美元，分别增长24.2%和42.9%。出口乳制品4 394.2万美元，下降22.8%。其中出口鲜奶2.2万吨，出口额1 599.6万美元，分别增长12.3%和19.9%。出口奶粉6 413.2吨，出口额1 533.2万美元，分别下降52.2%和58.1%。贸易逆差19.3亿美元。

2. 贸易区域

（1）出口市场。2010年畜产品主要出口市场按出口额大小排序，依次为中国香港、日本、德国、美国和荷兰，出口额合计为34.2亿美元，占畜产品出口总额的72%。与上年相比，对各市场的出口均有不同程度的增长，其中对美国出口增长幅度最大，为26.3%（表43）。

表43 2010年中国畜产品出口主要市场

单位：百万美元、%

国家（地区）	出口额	比上年增长	占出口总额比重
合计	4 747.0	21.3	
中国香港	1 363.3	14.6	28.7
日本	1 310.2	24.6	27.6
德国	316.1	16.9	6.7
美国	298.0	26.3	6.3
荷兰	127.5	0.6	2.7
中国台湾	94.5	23.2	2.0
马来西亚	93.6	47.4	2.0
韩国	85.5	38.2	1.8
中国澳门	82.3	3.5	1.7
英国	79.7	69.2	1.7
其他	896.3	26.2	18.8

对中国香港地区出口畜产品13.6亿美元，比上年增长14.6%。主要出口生猪产品和家禽产品，出口额分别为6.7亿美元和4亿美元，两产品出口额合计占对中国香港畜产品出口总额的78.2%。其中出口活猪16万吨，出口额3.2亿美元，分别增长4.5%和2.8%；出口鲜冷冻猪肉产品8.3万吨，出口额2.5亿美元，分别增长18.4%和19%。出口加工生猪产品3万吨，出口额1亿美元，分别增长9.8%和10.3%。出口禽肉及杂碎产品15.7万吨，出口额3.2亿美元，分别增长15%和25.4%。

对日本出口畜产品13.1亿美元，增长24.6%。主要出口家禽和生猪产品。其中出口家禽产品18.5万吨，出口额7.2亿美元，比上年分别增长34%和31.8%，出口额合计占对日本畜产品出口额的55.1%。出口生猪产品4.3万吨，出口额1.6亿美元，分别增长8.4%和10.4%，出口额占12.5%。

（2）进口来源地。畜产品主要进口来源地依次为澳大利亚、新西兰、美国、巴西和丹麦，进口额合计占畜产品进口总额的72.2%（表44）。

表44 2010年中国畜产品进口主要来源地

单位：百万美元、%

国家（地区）	进口额	比上年增长	占进口总额的比重
合计	9 659.7	46.4	
澳大利亚	2 495.5	44.9	25.8
新西兰	1 765.2	88.7	18.3
美国	1 595.6	-11.0	16.5
巴西	563.6	1119.9	5.8
丹麦	559.2	74.8	5.8
加拿大	414.4	58.3	4.3
阿根廷	301.0	147.9	3.1
法国	257.3	11.5	2.7
南非	213.4	26.3	2.2
德国	188.6	113.8	2.0
其他	1 305.9	43.4	13.5

从澳大利亚进口畜产品25亿美元，比上年增长44.9%。主要是动物生皮、牛产品、动物毛和乳制品，4类产品进口额合计占自澳大利亚畜产品进口总额的87.1%。其中，进口动物生皮25.9万吨，下降12.1%；进口额4.3亿美元，增长58.9%。进口种牛5.5万头，进口额1.5亿美元，分别增加1.5倍和1.7倍。进口羊毛17.8万吨，下降2.1%，进口额14.3亿美元，增长33.7%。进口奶粉2.5万吨，增长37.5%，进口额8 733.2万美元，增加1.1倍。

从新西兰进口畜产品17.7亿美元，增长88.7%。主要是乳制品和动物毛，进口额合计占自新西兰畜产品进口总额的84.2%。进口乳制品38.1万吨，增长53.9%，进口额13亿美元，增加1.2倍。其中奶粉进口33.7万吨，增长64.8%，进口额11.4亿美元，增加1.4倍。进口羊毛5.1万吨，进口额1.9亿美元，分别增长14.7%和42.1%。

从美国进口畜产品16亿美元，下降11%。主要是动物生皮、生猪产品、家禽产品和乳制品，4类产品进口额合计占自美国畜产品进口总额的88.7%。其中进口生牛马皮35.5万吨，下降19.6%，进口额7.8亿美元，增长29.6%。进口猪杂碎15.4万吨，进口额2亿美元，分别增加1.8倍和2.5倍。进口禽肉及杂碎10.8万吨，进口额1.7亿美元，分别下降83.1%和79.6%。进口乳制品15.9万吨，进口额1.8亿美元，分别增长7.6%和74.4%。

3. 价格变动

2010年，除乳制品、遗传物质、蜂产品、动物生皮及生毛皮出口价格回落外，其他主要畜产品进、出口价格均上涨。

（1）生猪产品。出口猪肉平均每吨3 015美元，比上年上涨0.3%；出口加工猪肉每吨3 308美元，下降0.4%；出口猪杂碎每吨1 199美元，上涨48%。进口猪杂碎平均每吨1 112美元，上涨13.8%；进口猪肉每吨1 041美元，上涨3.4%。

（2）牛产品。出口牛肉平均每吨4 926美元，比上年上涨7.8%；出口加工牛肉每吨4 438美元，上涨7.1%；出口牛杂碎每吨1 383美元，上涨12.9%。进口牛肉每吨3 556美元，上涨14.3%；进口加工牛肉每吨4 166美元，下降10.4%；进口牛杂碎每吨2 118美元，下降13.5%。

（3）羊产品。除活羊、种羊外的羊肉进口、出口平均价格分别为每吨2 745美元和5 117美元，分别增长31.3%和17.1%。

（4）家禽产品。出口加工家禽平均每吨3 868美元，比上年下降0.8%；出口禽肉及杂碎每吨2 077美元，上涨7.5%。进口禽肉及杂碎每吨1 776美元，增长35.4%；进口加工家禽每吨2 923美元，下降32.1%。

（5）蛋产品。出口鲜蛋平均每吨1 245美元，出口加工蛋每吨1 659美元，出口种用禽蛋每吨15 383美元；进口鲜蛋每吨14 935美元，进口加工蛋每吨3 772美元。

（6）乳制品。奶粉进口价格每吨3 344美元，上涨42.3%；乳清粉进口价格每吨1 288美元，上涨32.5%；鲜奶进口价格每吨1 774美元，上涨15.1%。

（7）动物毛、动物毛皮。动物毛进口价格每吨6 051美元，上涨27.7%；动物生皮进口价格每吨1 651美元，上涨46.5%。

（二）影响因素

1. 贸易救济措施对白羽肉鸡进口影响显著

2010年，中国商务部裁定对美国白羽肉鸡产品征收为期5年的反补贴和反倾销税。来自美国的禽肉及杂碎进口额比上年下降80%。

2. 食品安全担忧导致乳制品进口大幅增加

自2008年中国发生三聚氰胺事件以来，中国奶业遭遇严重的信任危机，进口奶粉纷纷抢占中国市场。2010年中国奶粉进口量高达40多万吨，是2008年之前的4倍多，而出口量不及2008年之前出口量1/10。

3. 国内奶业恢复带动种牛进口快速增长

2010年中国奶类产量3 748万吨，增长0.4%，已恢复到2008年水平。中国奶业的迅速恢复，增加了对种牛进口需求。自2008年以来，中国种牛进口额已连续2年翻番，到2010年达到2亿美元，占牛产品进口总额的65%以上。

4. 国外生皮产量下降导致进口价格上升

由于中国生皮主要来源地美国和澳大利亚饲养成本高、自然灾害频发，牛羊出栏量锐减，生皮产量下降，导致中国进口价格上升，贸易逆差进一步加大。

水产品

（一）贸易概况

2010年中国水产品①贸易量716.4万吨，贸易额203.8亿美元，比上年分别增长6.8%和26.9%。其中，出口量334.1万吨、出口额138.4亿美元，分别增长12.6%和28.1%；进口量382.3万吨、进口额65.4亿美元，分别增长2.2%和24.3%。贸易顺差73亿美元，比上年增加17.7亿美元。出口额继续位居农产品出口首位，占农产品出口总额的28%，较上年提高0.7个百分点。

1. 产品结构

（1）出口产品。从加工方式看，各大类产品出口基本保持了上年的格局，制作或保藏品和初级冻鱼及鱼片仍是水产品最主要的出口产品，占出口总额的64.1%。活鱼出口量增加3.8%，出口额增加16.6%，占出口总额的3.3%。

从产品来源看，国内自产资源水产品出口占出口总额的68.1%，进口原料加工再出口占出口总额的31.9%，所占份额下降3.2%。

国内自产资源中，对虾、贝类、罗非鱼、鳗鱼和大黄鱼等名优养殖水产品仍是主要出口品种，出口额合计占水产品一般贸易方式出口总额的49.9%，出口额均呈两位数增长。其中，对虾出口量21.6万吨，出口额15.4亿美元，分别比上年增长15.2%和24.6%，仍为第一大出口品种。贝类出口量26.1万吨，出口额11.6亿美元，分别增长18.6%和39.2%；罗非鱼出口量32.3万吨，出口额10.1亿美元，分别增长24.6%和41.6%；鳗鱼出口量4.5万吨，出口额7.9亿美元，分别增长5.9%和49%；大黄鱼出口量5万吨，出口额2.1亿美元，分别增长5.1%和43%。另外，养殖珍珠出口额增长17.6%，达到2.6亿美元。

进口原料加工再出口贸易中，进料加工贸易所占比重进一步增加。进料加工出口量82.6万吨、出口额32.1亿美元，比上年分别增长18%和24.2%；来料加工出口量27万吨、出口额12亿美元，分别下降5.6%和0.5%。

（2）进口产品。供国内食用水产品进口量148.6万吨、进口额24.3亿美元，比上

① 水产品贸易总量中仅包括数据库中以吨为单位进行统计的水产品进口量和出口量，不包括以千条（个）等为单位统计的极少数水产品的进口量和出口量，而水产品贸易总额则包括水产品全部进口额和出口额。

年分别增长30.2%和40%。来进料加工原料进口量129.8万吨、进口额24.5亿美元，分别增长0.5%和9.7%。鱼粉进口量减额增，进口量103.8万吨，下降20.6%；进口额16.6亿美元，增长27.8%。

2. 贸易区域

出口市场。中国水产品出口国家和地区达到170个，日本、美国、欧盟、韩国等发达国家和地区依然是中国最重要的出口市场，对这些市场出口额均呈两位数增长。其中对日本出口额增长20.6%，美国增长26.2%，欧盟增长18.1%，韩国增长31.6%，对4市场出口额合计占出口总额的比重逐年下降，2010年已降至66.9%，比上年减少2.9个百分点。对中国台湾出口6.3亿美元，增长64%。另外，对中南美洲、非洲和大洋洲一些国家和地区出口增幅明显，对墨西哥出口2.6亿美元，增长51.2%；澳大利亚1.7亿美元，增长44.9%；巴西1.4亿美元，增加3.7倍。

进口来源地。俄罗斯、美国、东盟、挪威、日本等是可食用水产品和来进料加工原料主要进口来源地，其中从美国、东盟、挪威和日本进口额均呈两位数增长，从挪威进口增幅最大为45.9%。秘鲁和智利依然是最重要的鱼粉进口国，从秘鲁进口71.5万吨，比上年减少16.5%，进口额10.9亿美元，增长38.8%；从智利进口量20.5万吨，进口额4.2亿美元，分别下降49.9%和19.6%（表45）。

表45　2005—2010年中国水产品主要出口市场和进口来源地变化

单位：亿美元

国家（地区）		2005	2006	2007	2008	2009	2010
出口市场	日本	29.2	30.6	29.4	27.8	26.9	32.4
	美国	12.9	17.8	17.6	20.5	20.6	26.0
	欧盟	10.6	14.3	15.7	17.8	17.7	20.9
	韩国	10.0	11.4	11.4	11.0	10.1	13.3
	东盟	3.6	4.0	3.8	6.4	7.7	10.3
	中国香港	5.3	4.9	5.9	6.5	7.4	9.8
	中国台湾	1.0	1.2	1.7	2.0	3.8	6.3
进口来源地	俄罗斯	11.2	12.5	13.9	13.0	12.4	13.6
	秘鲁	7.4	6.2	6.0	9.9	7.9	10.9
	美国	4.1	5.0	5.6	6.4	6.7	8.5
	智利	2.7	6.0	3.2	4.1	5.2	4.2
	东盟	2.0	2.3	3.4	3.9	3.8	5.9
	挪威	1.6	1.6	1.8	1.9	2.8	4.1
	日本	1.8	2.5	2.2	1.9	2.2	3.2

注：由于数据库调整，表中个别数据与前几年本系列报告中的数据稍有出入。

3. 价格变动

出口综合平均价格每吨4 141美元，比上年增长13.8%。几大养殖品种出口价格均有不同幅度上涨，其中鳗鱼价格上涨40.7%，大黄鱼价格上涨36.1%，贝类价格上涨17.4%，斑点叉尾鮰价格上涨16%，罗非鱼价格上涨13.6%，对虾价格上涨8.2%。

进口综合平均价格每吨1 709美元，比上年上涨21.6%。其中鱼粉价格每吨1 603美元，增长61%；来进料加工原料进口价格每吨1 885美元，上涨9.1%；供国内食用的进口水产品价格每吨1 635美元，上涨7.8%。

（二）影响因素

2010年水产品出口额达到138.4亿美元，增长28.1%。主要影响因素如下：

1. 金融危机后国际水产品消费需求增加

2010年世界水产品市场走出金融危机阴影，国际水产品消费需求增加，进出口贸易活跃。不仅是中国，主要出口国家如泰国、挪威、越南等水产品出口额均有大幅度增长。2010年水产品出口延续了2009年第四季度的增长势头，呈恢复性增长。而且金融危机后主要发达国家和地区高端水产品消费有所下降，中低端产品消费增加，中国自产出口的水产品如鱿鱼、罗非鱼、蟹肉罐头、鱼糜制品等，恰好迎合了金融危机后发达国家对这类产品的需求。

2. 全球渔业产量增幅低于需求增幅

近十年来，世界捕捞渔业产量相对稳定，全球捕捞渔业产量一直在9 000万吨左右徘徊，对水产品不断上升的需求主要依靠水产养殖产量满足。但是世界可以发展水产养殖的水域有限，水产养殖产量增速正在放缓。另外，随着全球人口增长和消费水平提高，水产品需求持续增长，造成在国际市场部分水产品供应相对紧张，价格随之上涨。

3. 海峡两岸经济合作框架协议（ECFA）的签署和中国—东盟自由贸易区（CAFTA）建设，促进水产品贸易快速增长

2010年中国大陆对台湾省出口水产品6.3亿美元，比上年增长64%；中国对东盟出口水产品10.3亿美元，增长33.9%。ECFA签署后，两岸贸易往来更为紧密。一些水产企业直接在台湾设立办事处，收购原料回到大陆加工，产品再运回台湾销售或转口其他国家和地区。台湾岛内一些水产加工企业涉足水产品转口贸易业务，利用其资金及成熟销售渠道等优势，从大陆采购产品出口到其他国家和地区。

4. 主产国的鱼粉产量急剧减少导致鱼粉价格大幅上涨

由于近年来用于生产鱼粉的渔获量持续下降以及2010年初智利强震对智利南部主要鱼粉工厂破坏严重，全球鱼粉产量降低。据国际鱼粉鱼油协会（IFFO）统计，2010年全球鱼粉产量为215.6万吨，比上年下降14.5%。2010年，占世界鱼粉市场70%份额的秘鲁鱼粉出口量为108.4万吨，比上年减少29.4%。智利出口31.9万吨鱼粉，减少47.3%。由于世界鱼粉价格居高不下，中国全年鱼粉进口量下降20.6%，但是进口额仍增长27.8%。

5. 受鳗苗资源制约，鳗鱼产量下降价格上涨

自2009年起，欧洲鳗纳入华盛顿公约保护范围，中国欧洲鳗苗进口量大幅减少，同时日本鳗苗和美洲鳗苗资源衰退，其他品种鳗鱼的养殖技术还未取得突破，亚洲的养殖鳗鱼产量连年下降，廉价鳗鱼的时代已经基本结束。台湾养鳗业萎缩，养殖鳗鱼产量从1991年的55.6万吨下降至现在的2万吨左右。日本国内鳗鱼养殖产量也从1991年的3.9万吨下降至现在的2万吨左右。中国鳗鱼年产量从最高峰的15万吨下降到目前6万吨左右。同时饲料、鳗苗、水电及工资等价格大幅度上升导致鳗鱼养殖成本大幅度上升，也促进了鳗鱼价格的上涨。

其他农产品

（一）贸易概况

2010年，中国其他农产品[①]进出口大幅增长。出口额126.6亿美元，比上年增长19.5%，占中国农产品出口总额的25.6%。进口额115.6亿美元，增长48%，占进口总额的15.9%（表46）。

表46 2010年中国其他农产品主要类别产品贸易情况

单位：亿美元、%

类别名称	出口			进口		
	出口额	比上年增长	占比重	进口额	比上年增长	占比重
其他农产品合计	126.6	19.5	100.0	115.6	48.0	100.0
粮食制品	14.7	18.0	11.6	6.6	52.2	5.7
干豆（不含大豆）	8.4	2.4	6.6	2.7	99.6	2.4
药材	6.2	31.1	4.9	0.6	91.0	0.5
酒精及酒类	5.3	36.6	4.2	15.7	49.5	13.6
饼粕	4.8	-22.8	3.8	5.2	253.4	4.5
蚕茧及丝	3.7	39.8	2.9	0.1	192.0	0.1
花卉	2.0	8.9	1.6	1.0	14.0	0.9
精油	1.9	59.1	1.5	1.2	6.3	1.0
调味香料	1.2	7.4	1.0	0.1	17.6	0.1
薯类	0.2	-3.0	0.1	12.0	35.4	10.4

（二）产品结构

1. 粮食制品

进出口量价齐增。出口142万吨，较上年增长10.2%，为11年来出口次高；出口额14.7亿美元，增长18%，占其他农产品出口总额的11.6%，与上年基本持平；出口均价每吨1 035美元，上涨7.1%。进口97.2万吨，增长4%，为11年来新高

① 本章“其他农产品”指本报告10大类主要农产品外的所有农产品。

（图 25）；进口额为 6.6 亿美元，增长 52.2%；占其他农产品进口总额的 5.7%，与上年基本持平；进口均价每吨 675 美元，上涨 46.4%。

面食和淀粉继续居粮食制品出口和进口之首。面食出口 46.5 万吨，增长 8.2%，占粮食制品出口总量的 32.7%，较上年略有提高；出口额 6.3 亿美元，较上年增长 13.4%。淀粉进口 89.2 万吨，增长 2.5%，占粮食制品进口总量的 91.8%，较上年减少 1.4 个百分点；进口额 4.1 亿美元，增长 58%。出口 43.1 万吨，增长 15.8%；出口额 2 亿美元，增长 44.9%。

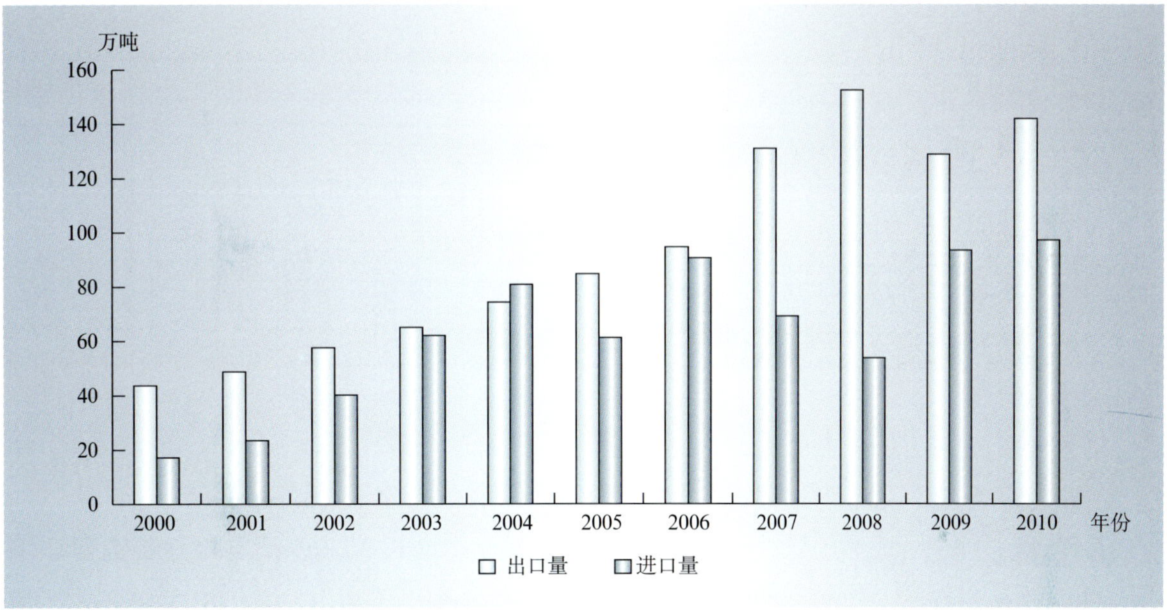

图 25　2000—2010 年中国粮食制品进出口变化

2. 干豆

中国干豆（不含大豆，下同）出口量减价涨，进口量价同增。出口 100.1 万吨，比上年下降 8.8%；出口额 8.4 亿美元，增长 2.4%；出口均价每吨 836 美元，上涨 12.3%。进口 68.5 万吨，增长 62.6%；进口额 2.7 亿美元，增加近 1 倍；进口均价每吨 399 美元，上涨 22.8%。

芸豆居中国干豆进出口之首。芸豆出口 75.8 万吨，增长 8.8%，占干豆出口总量的 75.7%，较上年提高 12.2 个百分点；绿豆产品出口 12.2 万吨，下降 55.6%，占 11.1%，下降 13.9 个百分点；豌豆进口 55.3 万吨，增长 48.3%，占 80.7%，减少 7.8 个百分点。

3. 饼粕

出口量减价涨，进口量价同增。出口 124.5 万吨，较上年下降 25.5%；出口额 4.8 亿美元，下降 22.8%；出口均价为每吨 389 美元，上涨 3.7%。进口 209.7 万吨，较上年增加 1.6 倍，进口量连续第四年增长，为 11 年来最高（图 26）。进口额 5.2

亿美元，增加2.5倍；进口均价每吨247美元，上涨36.3%。

菜籽粕和豆粕分居饼粕进出口之首。菜籽粕进口121.8万吨，比上年增加3.9倍，占饼粕进口总量的58.1%，较上年提高27.5个百分点。豆粕出口101.6万吨，下降9.5%，占饼粕出口的81.6%，较上年提高14.4个百分点。

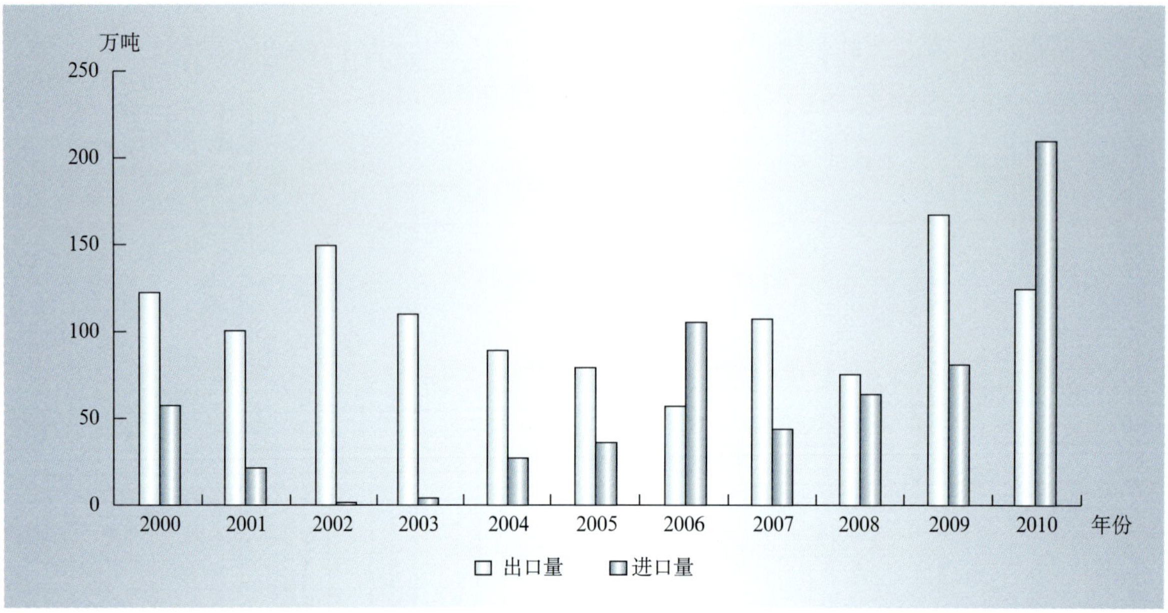

图26　2000—2010年中国饼粕进出口变化

4. 药材

进出口量价同增。出口22.4万吨，比上年增长13.5%；出口额6.2亿美元，增长31.1%；出口均价为每吨2 762美元，上涨15.5%。进口3万吨，增长59.9%；进口额6 296万美元，增长91%；进口均价每吨2 095美元，上涨19.5%。

茯苓为主要出口产品，出口量1.5万吨，比上年增长24.3%，占药材出口总量的6.6%；甘草为主要进口产品，进口量增长58%，占药材进口总量的13.3%。

5. 酒精及酒类①

出口量价均增，进口量增价跌。出口4.1亿升，比上年增长7.6%；出口额5.3亿美元，增长36.6%；出口均价为每千升1 282美元，上涨27%。进口4亿升，增长53%；进口额15.7亿美元，增长49.5%；进口均价每千升3 979美元，下跌2.2%。

葡萄酒②和啤酒分居酒精及酒类进出口量之首。其中，葡萄酒进口3.1亿升，比上年增长62.7%，占酒精及酒类进口总量的77.1%，较上年提高约4个百分点；进口额

① 本文中的酒精及酒类涉及的HS税号为2203－2208。

② 本文中所指的葡萄酒为HS第22章税号22042100，22042900和HS第22章税号22082000合计的葡萄酒。

13.3亿美元，增长53.6%。啤酒出口1.9亿升，下降7.7%，占中国酒精及酒类出口总量的47.3%，较上年减少7.9个百分点；出口额1.1亿美元，下降8.5%。

6. 调味香料

出口量跌价涨，进口量增价跌。出口5.8万吨，比上年下降22.3%；出口额1.2亿美元，增长7.4%；出口均价每吨2 103美元，上涨38.1%。进口0.3万吨，增长36.7%。

枯茗子（孜然）为最主要的出口调味香料，占中国调味香料出口总量的12.3%。

7. 薯类

出口量价均降，进口量减价涨。出口3.1万吨，比上年下降2.8%；出口额1 654万美元，下降3%；出口均价每吨534美元，与上年基本持平。进口576.6万吨，下降5.6%；进口额12.1亿美元，增长35.4%，进口均价每吨209美元，上涨43.5%。

木薯和甘薯仍分居中国薯类进出口之首。木薯进口576.3万吨，比上年下降5.6%，占薯类进口总量的99.9%（图27）；进口额12亿美元，增长35.3%。甘薯出口2.6万吨，下降1.9%，占薯类出口总量的82.6%，与上年基本持平；出口额1 026万美元，下降2.7%。

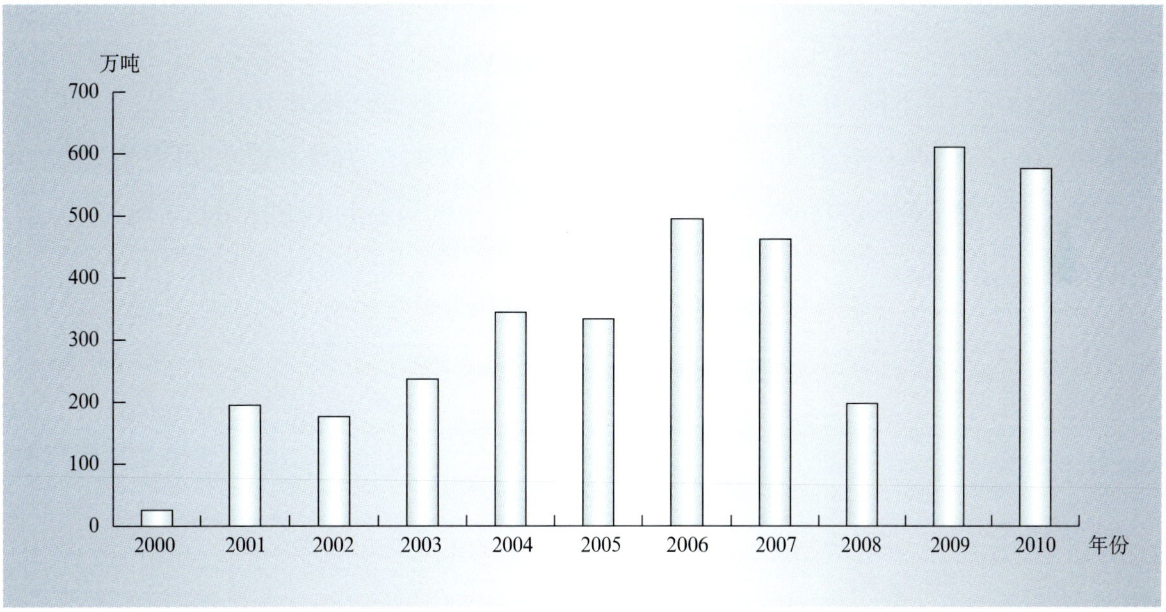

图27 2000—2010年中国木薯进口量变化

8. 蚕丝、花卉和精油

蚕丝出口量9 984吨，比上年下降5.3%；出口额3.7亿美元，增长39.8%；出口均价每吨36 815美元，上涨47.6%。进口980吨，下降42%；进口额418.7万美元，增长4.2%；进口均价每吨4 273美元，上涨79.7%。

精油出口量1.5万吨，比上年增长16.2%；出口额1.9亿美元，增长59.1%；出口均价为每吨12 908美元，上涨36.8%。

进口量8 203吨，增长4.9%；进口额1.2亿美元，增长6.3%；进口均价为每吨14 720美元，上涨1.3%。

花卉出口额为2亿美元，比上年增长8.9%。进口额为1亿美元，增长14%。

（三）贸易区域

1. 粮食制品

东盟仍是粮食制品贸易第一大伙伴。对东盟出口53.1万吨，比上年增长32.1%，占粮食制品出口总量的37.4%，较上年提高约6个百分点。对中国香港出口15.5万吨，增长2.8%；对韩国出口14.8万吨，下降13.5%。对上述3市场出口合计占出口总量的58.8%。

进口来源地仍高度集中。自东盟进口75.8万吨，比上年下降10.4%，占粮食制品进口总量的78.0%，较上年减少12.5个百分点。其中，自泰国进口60.1万吨，增长9.7%，占中国自东盟进口粮食制品的79.3%；自越南进口13.7万吨，下降51.6%，占东盟的18.1%。

2. 干豆

欧盟是第一大出口市场，由上年的第二位升为第一位，出口14.7万吨，比上年下降8.5%；出口额1.3亿美元，增长4.6%。其次为印度，出口8.7万吨，下降46.5%；出口额6 181万美元，下降52.1%。南非由上年的第五位上升到第三位，对南非出口8.2万吨，增长1.2%；出口额5 379万美元，增长13.4%。对以上3市场出口合计占出口总量的31.5%。

自加拿大进口继续增长，为第一大进口来源地。进口48.1万吨，增长34.9%，占干豆进口总量的70.2%，较上年提高18.2个百分点。2000年以来，自加拿大进口的干豆量呈波浪式上升，2010年达到11年来最高（图28）。

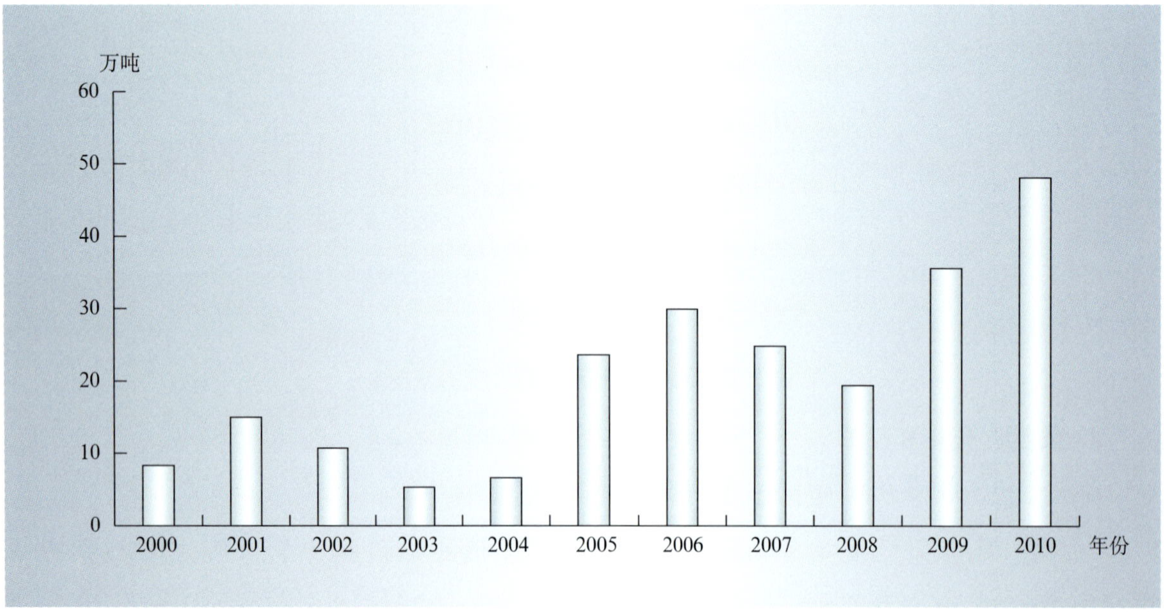

图28　2000—2010年中国自加拿大干豆进口量变化

3. 饼粕

出口市场仍高度集中在亚洲。对日本出口 81.2 万吨，与上年基本持平，占中国饼粕出口总量的近 2/3，较上年提高 16.4 个百分点；出口额 3.3 亿美元，与上年基本持平。对韩国出口 18.6 万吨，下降 45.9%；出口额 5 217 万美元，下降 46%。对东盟出口 14.4 万吨，下降 64.9%；出口额 4 766 万美元，下降 66.3%。对 3 市场出口合计约占出口总量的 90%。

从加拿大进口饼粕激增，跃居进口来源地首位，进口 74.8 万吨，是上年的 4.7 倍，占饼粕进口总量的 35.7%。自东盟进口 65.1 万吨，增长 63.7%；自印度进口 57.2 万吨，增长 46.1%。从 3 地区进口占进口总量的 94%。

4. 药材

出口市场仍集中在中国香港、东盟和韩国。对中国香港出口 10.9 万吨，比上年增长 33.7%，占药材出口总量的 48.6%，较上年提高 7 个百分点；出口额 1.7 亿美元，增长 47.4%。对东盟出口 3.5 万吨，下降 4.9%；出口额 1.2 亿美元，增长 7.2%。对韩国出口 2.9 万吨，增长 20.4%；出口额为 8 133 万美元，增长 67.6%。对 3 市场出口占出口总量的 77.2%。

5. 酒精及酒类

出口市场主要集中在亚洲，依次为韩国、东盟和中国香港。对韩国出口 9 437.5 万升，比上年增长 43%，占酒精及酒类出口总量的 23%，较上年提高约 6 个百分点；出口额 6 071 万美元，增长 52.4%。对东盟出口 8 505.2 万升，增长 25.4%；出口额 7 889 万美元，增长 41.2%。对中国香港出口 7 352 万升，下降 27.3%；出口额 2 亿美元，增长 49.3%。对 3 市场出口合计占出口总量的 61.6%。

进口来源地依次为欧盟、澳大利亚和智利。自欧盟进口 2.2 亿升，增长 91.8%，占酒精及酒类进口总量的 55.7%，较上年提高 11.5 个百分点。自澳大利亚进口 5 731.7 万升，增长 47.6%。自智利进口 5 560.4 万升，增长 12.1%。

6. 调味香料

出口市场较为分散，对主要市场出口均下降。对孟加拉国出口 7 425.8 吨，比上年下降 2.9%，占调味香料出口总量的 12.9%；出口额 1 095 万美元，增长 32.9%。对印度出口 7 015.5 吨，下降 54.7%；出口额为 1 347 万美元，下降 37.6%。对阿联酋出口 6 231.9 吨，下降 23.4%；出口额 923.3 万美元，与上年基本持平。对 3 国出口合计占出口总量的 35.8%。

7. 薯类

出口主要市场是日本，占薯类出口总量的 4 成多。

东盟仍为薯类进口主要来源地。自东盟进口 576.3 万吨，比上年下降 5.6%，占薯类进口总量的 99.9%，与上年持平；进口额 12 亿美元，增长 35.4%。其中自泰国进口 459.7 万吨，增长 19%，占东盟进口总量的80%；进口额9.7亿美元，增长66.1%。自越南进口103.6万吨，下降50.5%；进口额2.1亿美元，下降26.5%。

8. 蚕丝、精油和花卉

蚕丝的主要出口市场为印度和欧盟。对印度出口5 409.7吨，比上年下降18.4%，占中国蚕丝出口总量的一半多；出口额2.1亿美元，增长24.6%。对欧盟出口1 914.8吨，增长48.1%，占蚕丝出口总量的1/5。

精油的主要出口市场是欧盟和东盟。对欧盟出口6 750万美元，比上年增长77.7%。对东盟出口4 446万美元，增长88.8%。

花卉主要出口到日本和欧盟。对日本出口7 610万美元，增长3.9%。对欧盟出口4 406万美元，增长12.3%。主要进口来源地是荷兰，占花卉进口总额的一半多。

分地区农产品贸易

分区域农产品贸易

中国农产品贸易仍以东部地区①为主，东部和中部地区的贸易比重略有提高，西部和东北地区的贸易比重稍有下降。分地区看，2010年东部地区农产品出口额为343.4亿美元，占全国农产品出口总额的69.5%，比上年提高1.1个百分点；进口额602.1亿美元，占83%，下降0.8个百分点。中部地区出口额37.2亿美元，占7.5%，提高0.6个百分点；进口额22.6亿美元，占3.1%，提高0.2个百分点。西部地区出口额54.9亿美元，占11.1%，下降0.5个百分点；进口额49亿美元，占6.7%，基本与上年持平。东北地区出口额58.7亿美元，占11.9%，下降1.2个百分点；进口额52亿美元，占7.2%，提高0.6个百分点（图29）。

东部地区水产品、蔬菜、畜产品和水果出口额分别占全国同类产品出口总额的81.3%、71.1%、65.5%和61.2%，水产品、蔬菜和水果所占比重分别比上年提高0.7个百分点、2.2个百分点和1.3个百分点，畜产品所占比重下降1.4个百分点；饮品类下降3.6个百分点。东部地区前五大进口产品为食用油籽、畜产品、食用植物油、棉麻丝和水产品，其进口额均占全国同类产品进口总额的75%以上。

中部地区药材出口占全国药材出口总额的16.7%，比上年提高1.2个百分点；畜产品占14.8%，提高0.8个百分点；谷物占11%，下降1.4个百分点。棉麻丝进口增加2.2倍。

---

① 东部地区包括7个省3个直辖市，分别为河北、山东、江苏、浙江、福建、广东、海南、天津、北京、上海；中部地区包括6个省，分别为山西、河南、安徽、湖北、湖南、江西；西部地区包括6个省5个自治区1个直辖市，分别为陕西、甘肃、青海、四川、云南、贵州、西藏、广西、内蒙古、新疆、宁夏、重庆；东北地区包括3个省，分别为辽宁、吉林、黑龙江。

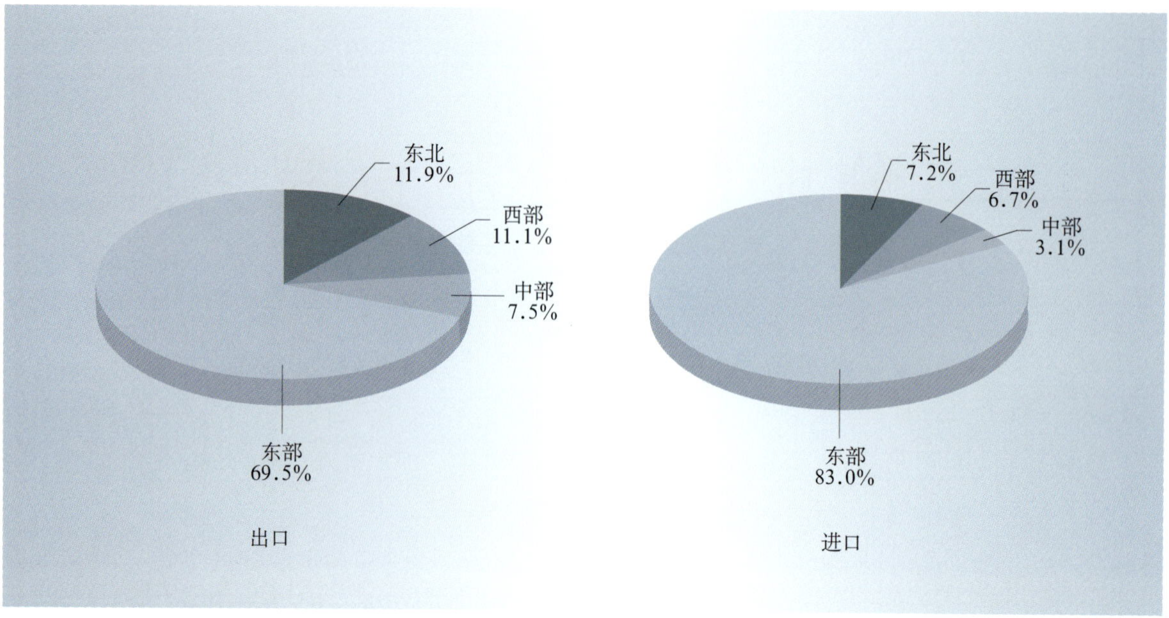

图 29 2010 年中国各区域农产品贸易比重

西部地区药材出口占全国药材出口总额的33.1%，下降0.8个百分点；水果出口占22.8%，比上年下降1.4个百分点。进口产品中棉麻丝和水产品进口增长较快，同比分别增加4.8倍和1.4倍。

东北地区干豆、谷物和坚果出口分别占全国同类产品出口总额的69.2%、55.7%和49.1%，干豆的比重比上年略有下降，谷物和坚果分别提高3.6个百分点和2.7个百分点。水产品进口占全国水产品进口总额的19.1%，比上年下降3个百分点；食用油籽进口高速增长（表47）。

表 47 2010 年中国各区域主要农产品进出口情况

单位：亿美元、%

地区	出口				进口			
	产品	总额	比上年增长	占全国同类产品出口额比重	产品	总额	比上年增长	占全国同类产品进口额比重
东部地区	农产品小计	343.4	26.8	69.5	农产品小计	602.1	36.3	83.0
	水产品	112.6	29.2	81.3	食用油籽	203.9	24.7	76.8
	蔬菜	71.0	49.9	71.1	畜产品	84.8	46.0	87.8
	畜产品	31.1	19.0	65.5	食用植物油	66.7	6.0	93.1
	水果	26.7	16.4	61.2	棉麻丝	53.9	138.6	85.1
	饮品类	15.8	12.2	72.8	水产品	49.1	25.5	75.1
	粮食制品	11.8	17.7	80.2	饮品类	21.9	52.9	97.4
	糖料及糖	9.1	38.9	85.9	水果	17.7	23.7	87.0

（续）

地区	出口 产品	总额	比上年增长	占全国同类产品出口额比重	进口 产品	总额	比上年增长	占全国同类产品进口额比重
中部地区	农产品小计	37.2	36.3	7.5	农产品小计	22.6	46.5	3.1
	蔬菜	10.8	82.6	10.9	食用油籽	8.8	39.8	3.3
	畜产品	7.0	28.5	14.8	畜产品	4.2	33.7	4.4
	水果	4.1	16.3	9.5	棉麻丝	4.1	222.7	6.4
	水产品	3.8	29.0	2.7	薯类	0.6	237.0	5.3
	饮品类	1.9	18.1	8.9	水产品	0.4	-13.4	0.6
	药材	1.0	41.4	16.7	食用植物油	0.4	-5.6	0.5
西部地区	农产品小计	54.9	19.3	11.1	农产品小计	49.0	38.7	6.7
	蔬菜	14.0	14.7	14.0	食用油籽	26.7	12.2	10.0
	水果	9.9	7.3	22.8	食用植物油	4.3	47.3	6.1
	畜产品	4.8	16.1	10.2	棉麻丝	4.3	480.0	6.8
	饮品类	3.1	39.6	14.3	水产品	3.4	138.7	5.1
	水产品	2.5	60.1	1.8	畜产品	2.9	93.3	3.0
	药材	2.1	27.8	33.1	薯类	1.2	44.4	10.0
东北地区	农产品小计	58.7	12.8	11.9	农产品小计	52.0	50.6	7.2
	水产品	19.5	19.4	14.1	食用油籽	26.1	96.6	9.8
	干豆（不含大豆）	5.8	2.2	69.2	水产品	12.5	7.9	19.1
	坚果	4.6	26.7	49.1	畜产品	4.7	44.5	4.9
	畜产品	4.5	34.0	9.5	水果	1.6	27.2	7.7
	蔬菜	4.1	24.0	4.1	糖料及糖	1.4	174.2	12.9
	谷物	3.9	0.2	55.7	棉麻丝	1.0	58.9	1.6

各地区农产品贸易均以一般贸易为主，其次为进料加工贸易，其他贸易方式还有来料加工装配贸易、保税区仓储转口货物和保税区仓库进出境货物。西部地区和东北地区，边境小额贸易也是主要贸易方式之一（表48）。

表48　2010年中国各区域农产品贸易方式结构

单位：亿美元

贸易方式	东部 出口额	东部 进口额	中部 出口额	中部 进口额	西部 出口额	西部 进口额	东北 出口额	东北 进口额
总计	343.4	602.1	37.2	22.6	54.9	49.0	58.7	52.0
一般贸易	278.6	470.4	34.2	19.0	44.9	43.1	39.4	38.6
进料加工贸易	45.6	46.6	1.3	2.8	3.9	1.1	12.3	6.6
来料加工装配贸易	12.3	10.9	0.5	0.3	0.0	0.0	3.2	2.0

（续）

贸易方式	东部		中部		西部		东北	
	出口额	进口额	出口额	进口额	出口额	进口额	出口额	进口额
保税区仓储转口货物	2.8	52.6	0.2	0.1	0.1	0.0	0.2	1.4
保税仓库进出境货物	1.8	18.8	0.1	0.2	0.0	1.5	0.3	2.8
边境小额贸易	1.7	2.2	0.8	0.1	5.8	3.3	3.2	0.6
其他	0.6	0.6	0.1	0.1	0.2	0.0	0.1	0.0

分省农产品贸易

（一）贸易规模变化

农产品贸易额超过50亿美元的有山东、广东、江苏、福建、辽宁、浙江、上海和天津，8省（直辖市）贸易额合计占全国农产品贸易总额的78.1%；农产品贸易额10亿~50亿美元的有11省（自治区、直辖市），贸易额占全国的17%；贸易额在10亿美元以下的有12个省（自治区、直辖市），贸易额占全国的近4%（图30）。

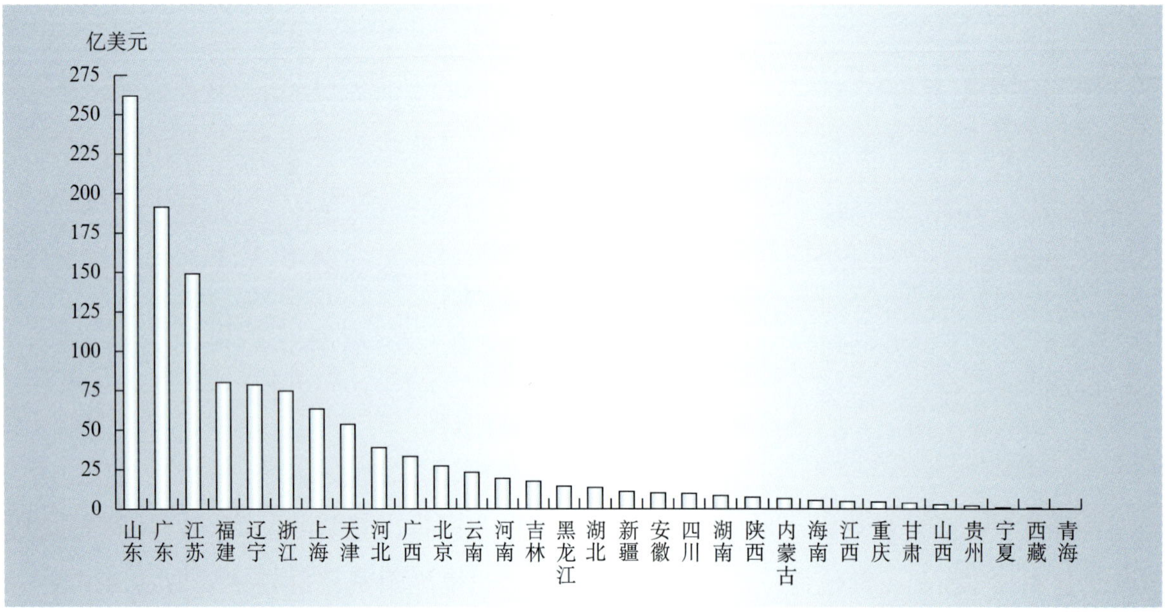

图30　2010年各省（自治区、直辖市）农产品贸易额

2010年出口额居前五位的省份依次是山东、广东、福建、浙江和辽宁，排位与上年相同。5省出口额合计占全国出口总额的62.6%。进口额居前五位的依次是广东、山东、江苏、上海和天津，与上年相比，山东超过了江苏由第三位升至第二位。5省（直辖市）进口额合计占全国的66.6%。

各省（自治区、直辖市）农产品贸易额均比上年增长，其中16省（自治区、直辖市）增速超过30%。增速位于前3位的省份是：宁夏增长82.5%，湖北61%，内蒙古59.7%。除黑龙江和重庆外，全国其他省（自治区、直辖市）农产品贸易额比上年增长10%以上（图31）。

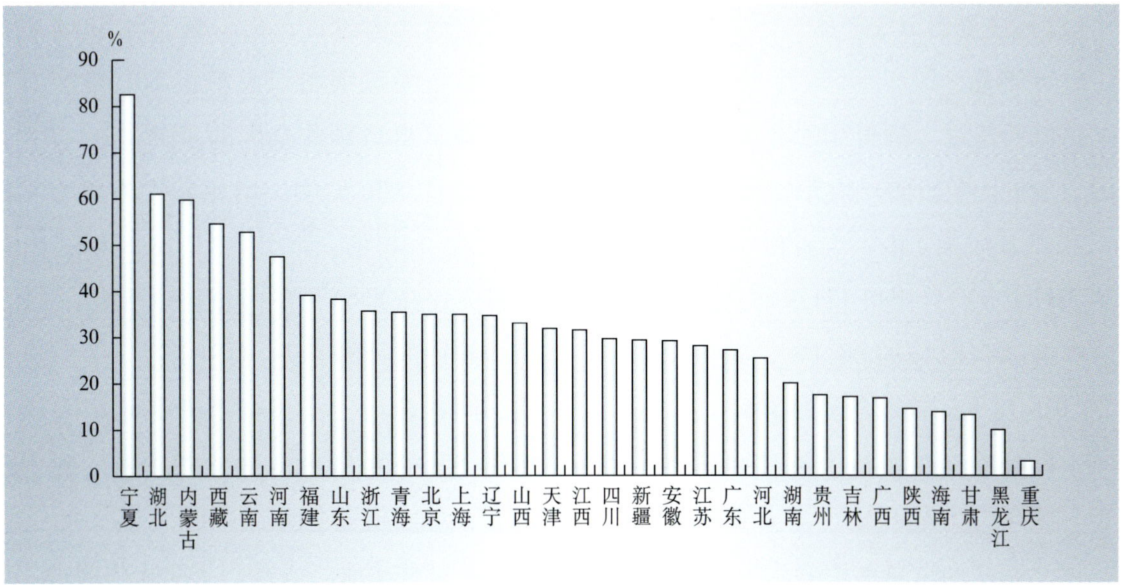

图31 2010年各省（自治区、直辖市）农产品贸易额增速

除新疆外，全国其他省（自治区、直辖市）农产品出口额均比上年增长，其中宁夏、西藏、湖北、内蒙古、河南和福建增幅在40%以上，宁夏高达86.2%。

除湖南和西藏外，29省（自治区、直辖市）进口额增长，其中青海增加4.8倍，新疆增加2.6倍，江西增加2倍，湖北增加1.3倍，内蒙古增加1.1倍。进口额增幅在50%以上的地区还有云南、甘肃、山西、浙江和辽宁。

20省（自治区、直辖市）农产品贸易额占各自省份（自治区、直辖市）贸易总额比重高于全国平均水平，广西、云南、山东、河南和吉林在10%以上（图32）。

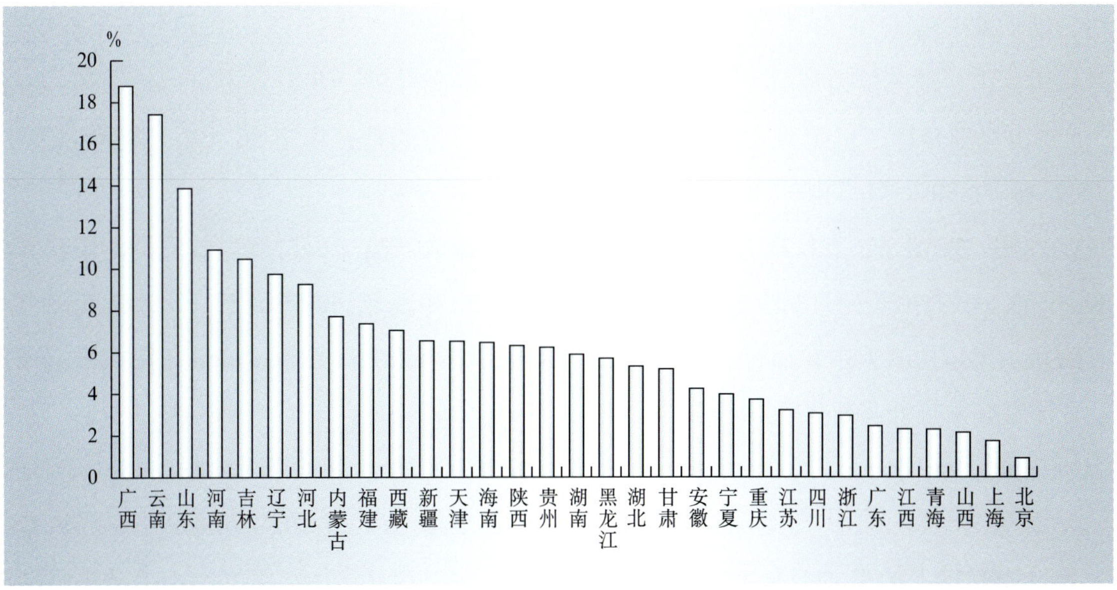

图32 2010年各省（自治区、直辖市）农产品贸易额占其贸易总额比重

（二）主要出口农产品

1. 水产品

出口额超过1亿美元的有11个省（自治区），与上年相同。山东、福建、广东、辽宁和浙江居前五位，5省出口额均在15亿美元以上，合计出口121.9亿美元，占全国水产品出口总额的88.1%，其中山东出口39.9亿美元，接近全国的30%。

水产品出口额增长的省（自治区、直辖市）由15个增至21个。其中福建、广西、河北和江西出口额增幅均超过40%。

对虾。出口额超过1亿美元的有广东和福建，两省合计出口11.9亿美元，占全国对虾出口总额的近4/5，其中广东出口8.9亿美元，比上年增长26.7%，占全国的60%。

罗非鱼。出口集中在广东、海南、广西和福建，4省（自治区）出口额合计10亿美元，占全国罗非鱼出口总额的99.4%。4省（自治区）出口均增长，其中福建增长最快，增加1.1倍。

鱿鱼。出口前三位的是山东、福建和浙江，3省出口额合计7亿美元，占全国鱿鱼出口总额的80%多。山东出口额增长80.6%，福建增长74.2%，浙江增长88.6%。

鳗鱼。出口主要集中在福建、广东和江西，3省出口额合计7.5亿美元，占全国鳗鱼出口总额的93.3%。

2. 蔬菜

出口额超过1亿美元的有18省（自治区、直辖市）。其中山东、福建、江苏、湖北和云南居前五位，出口额合计68.4亿美元，占全国蔬菜出口总额的68.5%；其中山东蔬菜出口额占全国的40%。18省（自治区、直辖市）中，增幅较大省份有：湖北增加1.1倍、河南增长92.7%、山东69.7%、江苏63.8%和云南53.5%。

鲜或冷藏的蒜头。以山东为主，江苏居次，两省合计占全国同类产品出口总额的90%；其中山东出口16.8亿美元，较上年翻番，总额超过全国的3/4。

番茄酱罐头。新疆、天津和内蒙古位居出口额前三位，3个自治区（直辖市）合计出口占全国的80%；其中新疆出口3.8亿美元，比上年略有下降，占全国近一半；天津比上年增长32.6%，内蒙古下降15.9%。

3. 畜产品

出口额超过1亿美元的省（直辖市）有15个。前五位是山东、广东、江苏、浙江和湖南，出口额合计26.4亿美元，占全国畜产品出口总额55.7%。15省（直辖市）中，除湖北外，其余省份出口均增长。增幅居前三位的是：辽宁56.4%，湖南45.7%，浙江37.9%。

家禽产品。出口额居首的是山东，其次是广东和辽宁，3省合计10亿美元，占全国家禽产品出口总额的3/4。其中，山东出口5.7亿美元，比上年增长41.1%，广东略有增长，辽宁增长67.3%。

生猪产品。广东、湖南和山东居出口额前三位，合计5.7亿美元，占全国生猪产品出口总额的55.8%。与上年相比，3省出口额均增长，增幅依次为 2.3%、41.3% 和 17.5%。

肠衣。江苏、上海和浙江居前三位，出口额合计 4.2 亿美元，占全国肠衣出口总额的一半。与上年相比，江苏出口额略有下降，上海略有增长，浙江增长 15.1%。

4. 水果

出口额超过 1 亿美元的有 11 个省（自治区），前五位是山东、陕西、福建、浙江和广东，5 省合计出口 27.9 亿美元，占全国水果出口总额的 64.1%。11 省（自治区）中，除广西和黑龙江外，其余地区出口额均增长；云南、河北和山东出口额均比上年增长 20% 以上。

鲜苹果。以山东省为主，出口额 5 亿美元，比上年增长 24.8%，占全国的 3/5。陕西出口额也近 1 亿美元，增长近 3%。

苹果汁。以陕西和山东两省为主，出口额合计 5.3 亿美元，占全国的 7 成。两省出口额分别比上年增长 32.6% 和 10.3%。

柑橘。以福建省为主，出口额 2.9 亿美元，比上年减少 4.5%，占全国的近一半；广西居次，比上年下降 13%；江西大幅增长。

5. 粮食制品

出口额超过 1 亿美元的省份依次是广东、山东和江苏，合计出口 8.7 亿美元，占全国粮食制品出口总额的 60%。3 省出口额均比上年增长，山东增长 27.1%，江苏 14.4%，广东 10.7%。辽宁和福建出口额也接近 1 亿美元。

6. 油籽

出口额超过 1 亿美元的是山东和天津，出口额合计 8.5 亿美元，占全国油籽出口总额的 68.4%。与上年相比，两省（直辖市）出口额均增长，天津增长 52.8%，山东 18.1%。

花生。出口以山东为主，2010 年出口额 7 亿美元，占全国的 90%，出口额比上年增长 17.4%。

（三）主要进口农产品

1. 油籽

进口额超过 1 亿美元的有 16 个省（自治区、直辖市），居前五位的是山东、江苏、广东、辽宁和广西，5 省（自治区）进口额均超过 20 亿美元，合计 182.1 亿美元，占全国油籽进口总额的 68.6%，合计进口量 3 941.1 万吨，占全国的 69.1%。与上年相比，16 个省（自治区、直辖市）中，除江苏和重庆外，进口额均比上年增长，其中吉林增长最快，比上年增加 1 倍。

大豆。9 省（自治区）进口额超过 10 亿美元。山东、江苏、广东、广西、辽宁居进口前五位，5 省（自治区）进口额均超过 20 亿美元，合计 174.2 亿美元；进口量均超过 450 万吨，合计 3 799.7 万吨；5 省（自治区）进口额与进口量均占全国总进口的 70%。与上年相比，9 省（自治区）进口额均增长，增幅居前三位的依次为：辽宁 82.9%、山东 51.1%、天津 46.6%。

2. 植物油

进口额超过 1 亿美元的有 11 个省（自

治区、直辖市)。江苏、广东和天津居前三位，进口额均超过10亿美元，合计进口59.8亿美元，占全国同类产品进口总额的72.7%。与上年相比，11个省（自治区、直辖市）中，除广西、上海和福建减少外，其余地区进口额均增长。云南增长最快，增加了1.1倍。

棕榈油。居进口额前三位的是江苏、广东和天津，进口额合计34.1亿美元，占全国棕榈油进口总额的72.5%。此外，山东、云南、福建、广西、上海和浙江的进口额也超过1亿美元。与上年相比，9省（自治区、直辖市）中，云南增加1倍，山东、天津、江苏和广西增长10%以上，其余则下降。

豆油。进口以江苏和天津为主，进口额合计9亿美元，占全国豆油进口总额的74.8%。与上年相比，两省（直辖市）进口额均下降，降幅分别为26.3%和40.2%。

3. 畜产品

进口额超过1亿美元的有13个省（自治区、直辖市)，前五位的是广东、江苏、浙江、天津和上海，合计进口67.5亿美元，占全国畜产品进口总额的69.9%。与上年相比，13个省（自治区、直辖市）的进口额均增长，其中内蒙古增长最快，增加了1.4倍。

动物生皮。居进口额前三位的是浙江、山东和广东，合计11.2亿美元，占全国动物生皮进口总额的一半多。河南、河北、江苏和福建的进口额也超过1亿美元。与上年相比，7省的进口额均增长，河南、山东、河北和江苏的增幅均超过50%。

动物毛。进口以江苏为主，进口额11.6亿美元，占全国同类产品进口总额的57.6%。进口额超过1亿美元还有浙江、北京和上海。与上年相比，4省（直辖市）进口额均增长。

乳制品。居进口额前三位的是天津、广东和上海，合计11.8亿美元，占全国乳制品进口总额的60%。浙江、山东和北京的进口额也超过1亿美元。与上年相比，除山东外，其余5省（直辖市）的进口额均大幅增长，天津和浙江增长最快，增加了1.4倍；北京增加1.1倍。

生猪产品。进口以广东为主，进口额5.5亿美元，占全国同类产品进口总额的54.8%。天津1.7亿美元，居第二位。与上年相比，广东进口额增加1.2倍，天津增长53%。

4. 水产品

居进口额前五位的是山东、辽宁、广东、上海和福建，5省（直辖市）合计进口53.5亿美元，占全国水产品进口总额的81.8%。与上年相比，进口额超过1亿美元的9个省（直辖市）均增长，其中云南增幅最大，增加了2.5倍。

饲料用鱼粉。广东、福建、云南、上海和辽宁进口额均超过1亿美元，合计进口12.7亿美元，占全国同类产品进口总额的76.3%。与上年相比，除广东外，其余4省进口额均增长，其中云南增幅最大，增加了

3.8 倍，上海和北京也增加 1 倍多。

冻鳕鱼。以山东和辽宁为主，两省合计进口 5.2 亿美元，占全国冻鳕鱼进口总额的 98.6%，其中山东进口 4.2 亿美元，占全国的 4/5。与上年相比，山东增长 31.8%，辽宁下降 14.5%。

5. 棉麻丝

进口额超过 1 亿美元的省（自治区、直辖市）由 6 个增加到 11 个。居前五位依次为山东、江苏、上海、浙江和新疆，合计进口 47.8 亿美元，占全国同类商品进口总额的 3/4 多。与上年相比，11 省（自治区、直辖市）进口均大幅增长，增幅居前三位的为：新疆增加 7.5 倍、河北 5.4 倍、浙江 2.9 倍。

棉花。居进口额前三位的是山东、江苏和上海，合计进口 38.6 亿美元，占全国棉花进口总额的 65.9%，其中山东进口 21.9 亿美元，占全国的 37.4%。与上年相比，进口额超过 1 亿美元的 10 省（自治区、直辖市）进口额均大幅增长，其中新疆增加 7.7 倍，河北 6 倍，浙江 3.8 倍。

部分省（直辖市）农产品贸易

根据区域平衡和代表性，选择东部地区的山东和福建、中部地区的湖北、西部地区的重庆和甘肃、东北地区的黑龙江，分别概要介绍其农产品贸易发展和贸易促进情况。

（一）山东省

2010 年，山东省农产品进出口贸易总额 261.9 亿美元，比上年增长 38.2%。其中，出口额 134 亿美元，增长 31.5%，占全国农产品出口总额的 27.1%，连续 11 年居全国首位；进口额 127.9 亿美元，增长 46%。贸易顺差 6.1 亿美元。农产品贸易额占全省外贸总额的 13.9%。

蔬菜、水产品、水果、畜产品和油籽是山东主要出口农产品。蔬菜出口 40.6 亿美元，比上年增长 70%，其中鲜或冷藏的蒜头占蔬菜出口的 41.3%，生姜占 8.8%；水产品 40 亿美元，增长 18.2%，其中鲜冷冻鱼占 54.4%；水果 13.5 亿美元，增长 22.3%，其中鲜苹果占 36.9%，苹果汁占 16.5%；畜产品 9 亿美元，增长 31.5%，其中家禽产品占 63.1%；油籽 7.5 亿美元，增长 18.1%。

油籽、水产品、棉麻丝、畜产品和植物油是山东主要进口农产品。其中油籽进口额为 55 亿美元，比上年增长 42.9%；水产品 23.8 亿美元，增长 23.8%；棉麻丝 22.3 亿美元，增长 93%；畜产品 7.4 亿美元，增长 37.4%；植物油 5.2 亿美元，增长 10.6%（图 33）。

传统出口市场日本、欧盟、东盟、韩国、美国均保持增长。对日本出口 34.6 亿美元，比上年增长 23.2%，占全省农产品出口额的 25.8%；欧盟 22.3 亿美元，增长 18.8%；东盟 19.1 亿美元，增长 58.9%；韩国 12.8 亿美元，增长 38.1%；美国 12.7

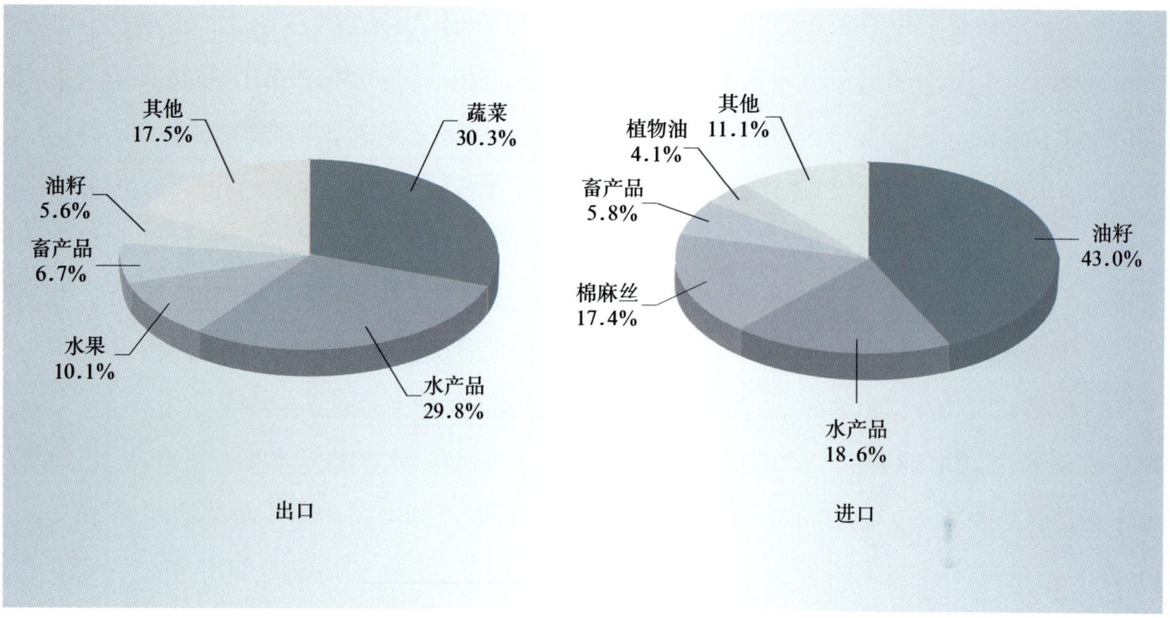

图33　2010年山东省进出口农产品结构

亿美元，增长25.8%。对5市场出口额合计占全省农产品出口总额的75.9%。新兴市场中，俄罗斯、巴西等增幅较大，分别出口4.7亿美元和2.2亿美元，增长37.5%和95.3%。

主要进口来源地是美国、巴西、阿根廷、俄罗斯、印度和东盟。美国进口额42.9亿美元，比上年增长51.4%；巴西19.9亿美元，增长44.4%；阿根廷11.8亿美元，增加1.49倍；俄罗斯9亿美元，增长16.4%；印度7.8亿美元，增加1.6倍；东盟6.9亿美元，增长14.6%（图34）。

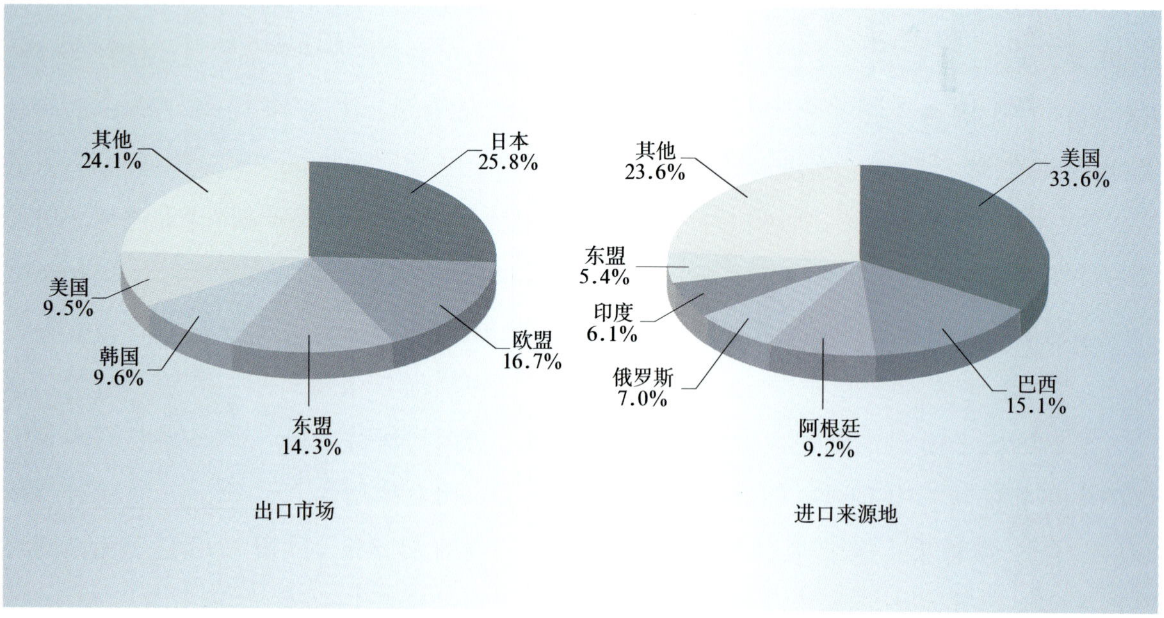

图34　2010年山东省农产品出口市场和进口来源地结构

2010年，山东省农产品出口企业3 940家，比上年增加88家。其中出口100万美元以上的企业1 731家，出口额占全省农产品出口总额的94.9%；出口500万美元以上的企业615家，出口额占74.3%；出口1 000万美元以上的企业296家，出口额占56.6%；出口5 000万美元以上的企业21家；超过亿美元的企业4家。

山东省促进农产品出口的主要政策和措施：

（1）发展高效特色产业，夯实出口产业基础。2010年，山东在稳定粮食生产的同时，以市场为导向，以发展高效特色农业为目标，组织实施了新一轮果、菜、菌产业振兴计划。省级财政投入专项资金建设了67个国家园艺作物标准园。同时，全省继续实施农业产业化贷款贴息等措施，引导和鼓励农业龙头企业发展农产品精深加工，农产品出口优势产业的基础更加扎实。

（2）抓好出口基地建设，确保农产品质量安全。继续组织实施“农产品质量安全提升工程”，鼓励和支持出口龙头企业扩大基地建设规模、完善基地设施条件、规范土地承包关系以及开展国际质量认证等；引导和督促企业全面推行标准化种植养殖技术和管理措施，落实良好农业操作规范。2010年，全省出口农产品生产备案基地已达20多万公顷。出口农产品生产基地的规范健康发展，从源头上切实保障了出口农产品质量安全。

（3）搭建信息交流平台，强化行业组织建设。围绕出口型企业的实际需要，积极搭建农产品贸易信息交流与合作平台。2010年，先后举办了3期共600余人的“出口型农业龙头企业负责人培训班”。同时，配合农业部有关单位先后在省内组织了中韩自贸区农产品贸易座谈会和中欧农产品进出口质量标准研讨会，为加强与欧洲、韩国的农产品贸易提供了重要信息和商机。

（4）密切部门协调配合，强化工作联动机制。省农业、商务、出入境检验检疫三部门协调合作，齐抓共管。在这一联动工作机制推动下，全省各地积极开展出口农产品质量安全示范区建设，以企业为龙头、基地为依托、标准为核心、品牌为引领、市场为导向的“五位一体”示范区发展模式已由县级向市级推进。目前，全省通过考核验收的出口农产品质量安全示范区已达24个。

（二）福建省

2010年，福建省农产品贸易总额80.1亿美元，比上年增长39.1%。其中出口46.9亿美元，增长43%；进口33.1亿美元，增长33.9%。农产品出口增幅比全省外贸出口增幅高8.8个百分点。农产品贸易额占全省外贸总额7.4%。

出口农产品以水产品、蔬菜为主，其次还有水果、饮品类和粮食制品。水产品出口25.4亿美元，比上年增长66.3%，占全省农产品出口总额的54.2%，其中鲜冷冻鱼占34%；蔬菜10.8亿美元，增长27.3%，其中蘑菇占13.6%；水果4.52亿美元，增长6.9%，其中鲜冷冻水果占79.1%，柑橘占64.8%；饮品类1.3亿美元，增长16%，其中茶叶占81.8%，乌龙茶占42.5%；粮食制品1亿美元，增长15.4%。

油籽、水产品、植物油、畜产品和饮品类是主要进口农产品。其中油籽进口额18.5亿美元，比上年增长53.3%，其中大豆占90%；水产品4.7亿美元，增长2.7%，其中饲料用鱼粉占69.2%；植物油2.1亿美元，下降27.3%，其中棕榈油占94.2%；畜产品1.7亿美元，增长7.8%，其中动物生皮占71.7%；饮品类1亿美元，增长63.7%，其中葡萄酒占47%（图35）。

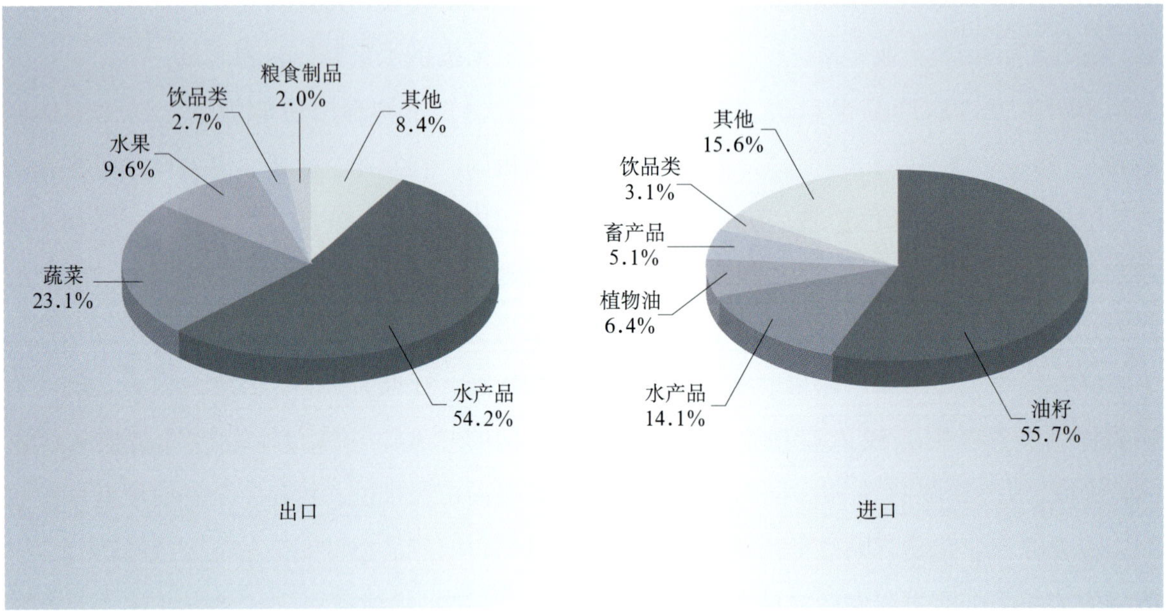

图35 2010年福建省进出口农产品结构

在出口市场中，对东盟和日本的出口增长强劲。依次为：东盟11.5亿美元，比上年增长28.3%；日本8.7亿美元，增长36.4%；美国6亿美元，增长47.9%；中国台湾5亿美元，增长73.6%；欧盟4.3亿美元，增长21.4%。对以上5市场出口额合计占全省农产品出口总额的75.6%。

农产品进口来源地主要是美国，其次是阿根廷、东盟、巴西和加拿大。自美国进口额12.1亿美元，比上年增长67%；阿根廷5.1亿美元，增加近1.2倍；东盟4.4亿美元，下降4.2%；巴西3.05亿美元，下降33.2%；加拿大2.4亿美元，增加4.1倍（图36）。

福建省多数农业企业出口规模不大，但平均出口额呈逐年递增趋势。2010年，全省农产品出口企业1 550家，比上年增长2.4%，平均每家企业出口额319.6万美元，增长41.4%。其中出口额小于500万美元的企业有1 345家，出口额占全省农产品出口总额的21.1%；出口额在500万~1 000万美元之间的有90家，占13.3%；1 000万~5 000万美元的企业有101家，占39.6%；5 000万~10 000万美元的有10家，占14.5%；超过1亿美元的4家，占11.5%。

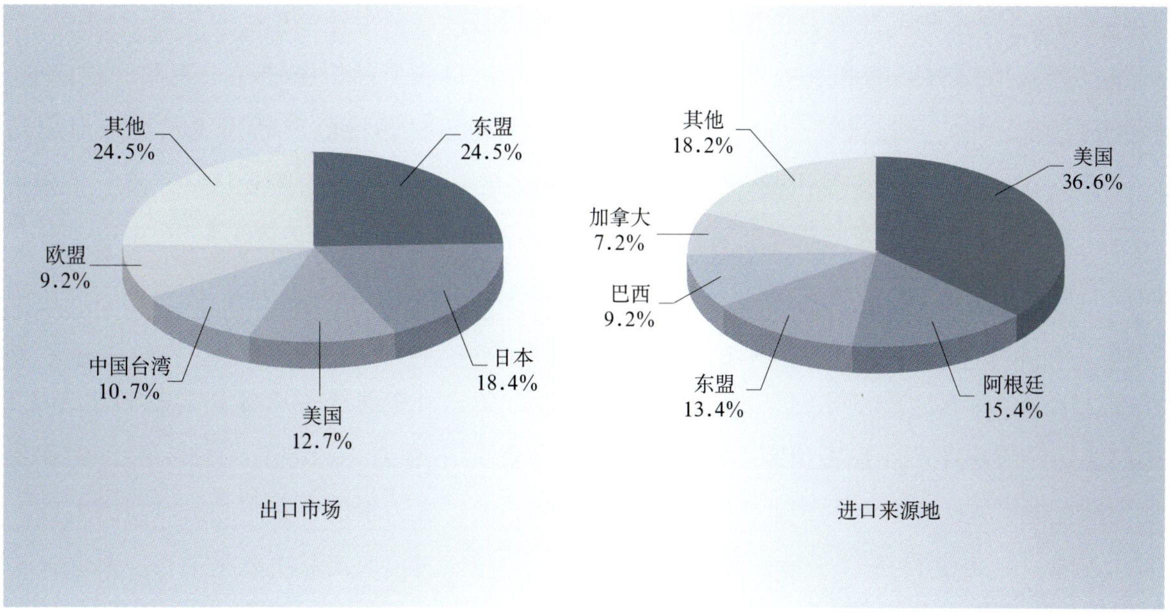

图36 2010年福建省农产品出口市场和进口来源地结构

福建省促进农产品出口的主要政策和措施：

（1）完善相关政策，加强出口支持力度。近年来，福建省相继出台了《关于促进福建省农产品扩大出口的意见》、《关于促进食品农产品出口贸易发展的若干措施》，制定了《福建省农业厅贯彻实施〈国务院关于支持福建省加快建设海峡西岸经济区的若干意见〉方案》等，切实在政策、资金、服务、市场开拓等方面加强支持和服务力度，努力提升农产品质量安全水平和国际市场竞争力，进一步促进了农产品扩大出口。

（2）建设基地，提升出口农产品质量安全水平。为从源头控制好质量安全关，促进全省优势农产品扩大出口，2010年，福建省扶持了12个GAP标准农产品出口示范基地建设，涉及蔬菜、水果、茶叶、槟榔芋、食用菌等共约1000公顷。基地建设项目提升了出口企业的农产品质量安全水平，促进了农产品出口。据福建出入境检验检疫局统计，2010年全省植物源性食品、动物、动物产品、动物源性食品、深加工食品的合格率全部在99.6%以上。

（3）组织出口企业赴境外展销，积极拓展农产品国际市场。2010年，福建省农业厅组织了11批次260家农产品生产、加工、出口企业赴法国、日本、俄罗斯等国家及中国台湾、香港等地区参加国际展会，积极开展全省优势出口农产品境外宣传、推介活动，取得了显著成效。

（4）积极开展调研工作，加强贸易形势分析。2010年先后对全省农产品出口情况、中国—东盟自贸区实施情况、“海峡两岸经济合作框架协议”（ECFA）签署后海峡两岸农业合作等问题开展专题调研，形成《促进福建农产品出口研究》、《中国—东盟自由贸易区的启动对福建农产品出口的影响与对策》、《海峡两岸经济合作框架协议对福建农产品出口的影响和农业产业损害分析》等报告。

（5）建立产业损害预警机制，维护农产品生产安全。根据福建省热带水果种植情况及产品进出口情况，确定了香蕉、蔗糖、龙眼作为全省重点监测的品种，南安、南靖、长泰、华安、漳浦、平和等6个县作为定点监测县，开展农业产业损害预警工作。先后制定并报送了《2009年贸易产业损害监测预警体系建设地方支持项目实施方案》、福建省2005—2007年监测数据汇总及香蕉、龙眼、蔗糖产业损害监测预警分析报告。

（三）重庆市

2010年，重庆市农产品贸易额4.6亿美元，较上年增长3.2%。其中出口额1.8亿美元，增长8.1%；进口额2.8亿美元，与上年基本持平。贸易逆差1亿美元。农产品贸易额占全市外贸总额的3.7%。

出口农产品以畜产品、蔬菜、棉麻丝、饮品和药材等特色产品为主。畜产品出口1.2亿美元，比上年增长14%，其中生猪占37.2%；蔬菜出口2 203.8万美元，增长14%；棉麻丝出口1.3亿美元，下降31.2%；饮品出口583.6万美元，下降43.1%，其中红茶占96%；药材出口379.5万美元，增加10.6倍，其中冬虫夏草占88.3%，成为重庆市农产品出口新的亮点。

重庆进口农产品主要是油籽，其余还有棉麻丝、水产品、饼粕和饮品等。油籽进口额2.2亿美元，比上年下降14.3%；棉麻丝进口3 515.6万美元，增加5.8倍，其中棉花占80.3%；水产品进口1 274.1万美元，增加1.3倍，其中饲料用鱼粉占85.1%；饼粕进口297.7万美元，全部为2010年新增进口（图37）。

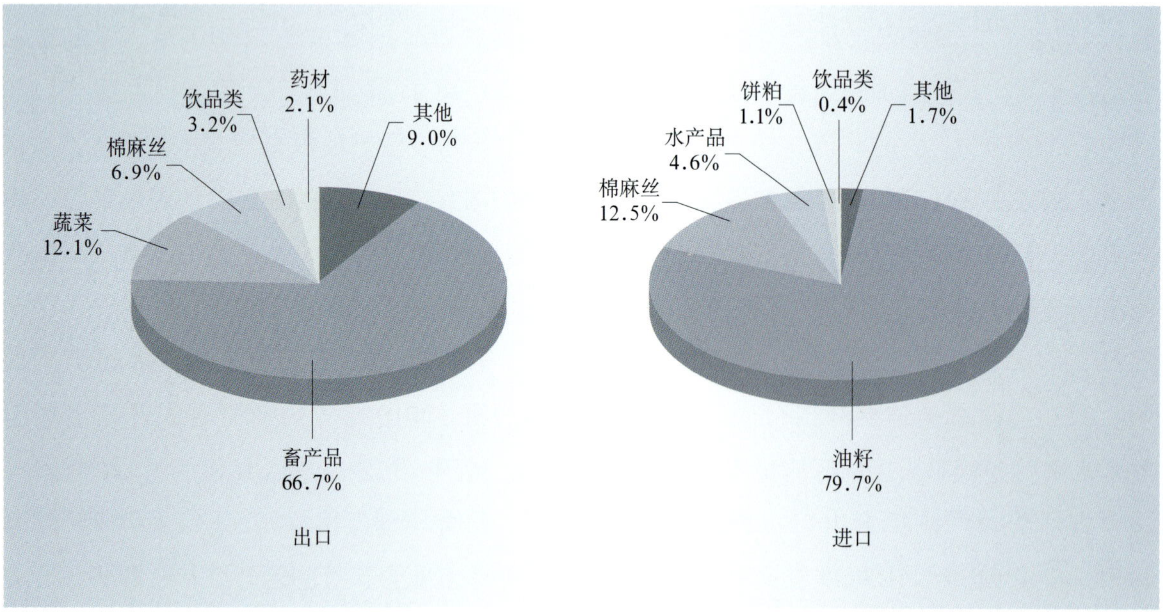

图37　2010年重庆市进出口农产品结构

出口市场主要集中在亚洲和欧洲。前五大出口市场是：欧盟 4 524.1 万美元，比上年下降 10.1%；中国香港 4 092.6 万美元，增长 33.4%；东盟 2 061.4 万美元，增长 29%；韩国 1 213.2 万美元，下降 14.1%；日本 1 154.1 万美元，增长 24.3%；中国台湾 1 134.5 万美元，增加 1.2 倍。5 市场出口额合计占全市农产品出口总额的 50.4%。

进口主要来源地是美国、巴西、阿根廷、东盟和印度。从美国进口 9 510 万美元，比上年下降 11.1%；巴西 8 617.9 万美元，下降 44.1%；阿根廷 5 492.5 万美元，几乎全部为新增进口；东盟 1 381.4 万美元，增长 47%；印度 1 039.3 万美元，基本为新增进口（图 38）。

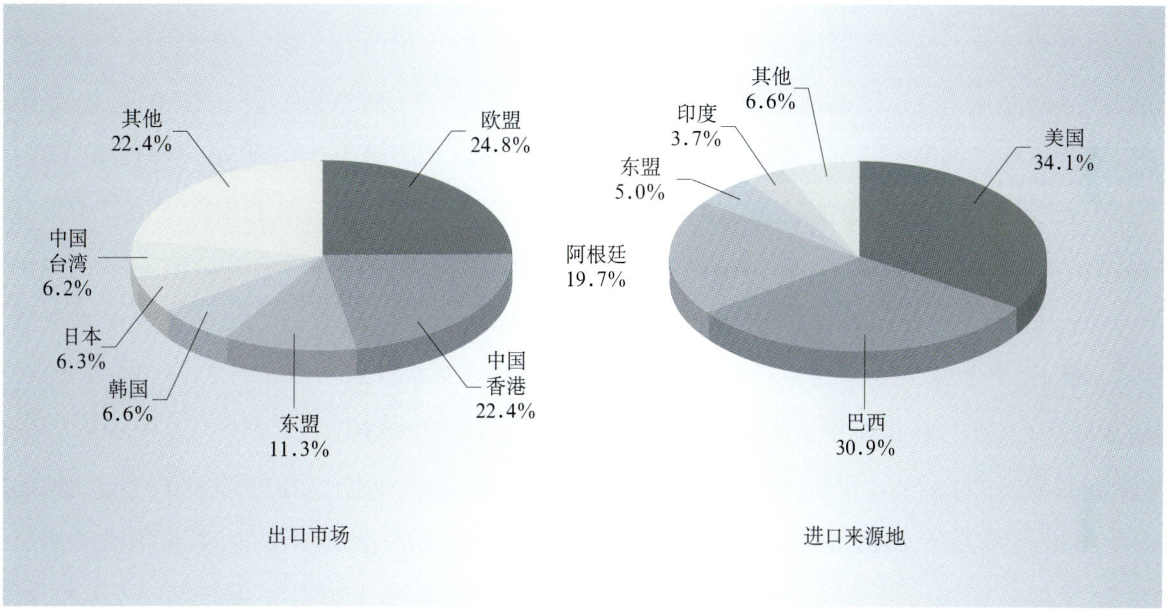

图 38　2010 年重庆市农产品出口市场和进口来源地结构

2010 年，重庆农产品出口企业 212 家，比上年增加 36 家。出口实绩在 100 万美元以上的有 53 家，占全市农产品出口总额的 89.7%，出口 500 万美元的 18 家，占 60%；出口 1 000 万美元的企业 9 家，占 47.8%。

重庆市促进农产品出口的主要政策和措施：

（1）强化组织协调，出台支持政策。重庆市委市政府高度重视抓好农业对外开放工作，与农业部签订了《关于合作共建现代农业示范区》等协议，并设立了内陆第一个保税港区。市政府专门成立了由多部门参加的全市“走出去”工作领导小组，建立了促进农产品出口定期联席会议机制，同时加大财政投入力度，在农产品出口标准化基地建设、国际市场开拓、出口企业主体培育、外向型人才培育等关键环节给予专项补贴，推动特色农产品出口。

（2）加大促销力度，拓宽贸易渠道。大力开拓国际市场，制定专项贸易促进计划，引导和鼓励企业积极开拓国际市场。定期举办“重庆·中国西部国际农产品交易会”，组织龙头企业参加广交会、中国国际农产品交易会、美国夏季食品展、马来西亚国际食品及饮料展、中国香港美食博览等境内外知名展会。

（3）狠抓质量安全，提高竞争能力。一是完善农产品质量安全监控体系建设。建立重大动植物疫病防控、应急和信息发布制度，以及重点农产品质量溯源制度。二是强化农产品标准化出口示范基地建设。重点建设生猪、柑橘、蚕桑、花卉、茶叶、有机农产品生产、烤烟和长毛兔的特色农产品基地。大力提升生猪制品、茶叶、蚕丝、榨菜、中药材等优势传统农产品出口。重点发展柑橘、中药材、菌类等特色产业农产品，开拓肝素钠、茉莉花醛、青蒿素等科技含量相对较高的农产品，形成初级产品、加工产品和高科技产品并重的农产品出口格局。

（4）切实转变方式，投资贸易并举。鼓励企业“走出去”，积极探索建立贸工农一体化的海外农业产业经营体制，延伸贸易产业链。一是企业通过在境外建基地、搞示范，走“市场＋基地＋农户”路子，促进科技含量高的农资产品出口。二是多元化开展贸易。在国外建立“基地建设＋仓储加工物流＋农业投融资＋国际贸易”一体的生产加工基地，探索建立从基地生产、物流加工、品牌打造、市场营销到餐桌的一个完整的产业链条，促进了贸易的良性往来。

（四）湖北省

2010 年，湖北省农产品进出口贸易总额 13.8 亿美元，比上年增长 37.9 %。其中，出口额 10.7 亿美元，增长 32.1%；进口额 3.1 亿美元，增长 55.6%。贸易顺差 7.6 亿美元。农产品贸易额占全省外贸总额的 5.3%。

蔬菜、水产品、畜产品、水果和饮品是湖北省主要出口农产品。蔬菜出口 5.5 亿美元，比上年增加 1.9 倍，其中干蔬菜占 91.3%；水产品 1.5 亿美元，增长 14.6%；畜产品 1.1 亿美元，与上年持平，其中蛋和蜂产品分别占 36.4% 和 36.3%；水果 6 594.6 万美元，增长 25.5%，其中水果罐头占 80.7%；饮品 2 000.5 万美元，增长 2.8%，其中绿茶占 35.7%。

棉麻丝、油籽、植物油、畜产品和饮品类是湖北主要进口农产品。其中棉麻丝进口额 1.6 亿美元，比上年增加 2.7 倍；油籽 4 077.6 万美元，增加 1.5 倍，其中大豆占 95.9%；植物油 1 499.7 万美元，增长 70%，其中豆油占 68.4%；畜产品 1 327.5 万美元，增长 54.5%，其中牛产品占 44.9%；饮品 592 万美元，增长 33.4%，其中啤酒占 77.4%（图 39）。

东盟、中国香港、欧盟、美国和日本等前五大出口市场的出口额均保持增长。对东盟出口 3.9 亿美元，比上年增加 1.1 倍，占全省农产品出口额的 36.8%；中国香港 1.7 亿美元，增长 42.8%；欧盟 1.6 亿美元，增长21.5%；美国1亿美元，增长21.7%；日本0.5亿美元，增长5.6%。以上五大市场出口额合计占全省农产品出口总额的81.1%。

主要进口来源地是美国、巴西、印度、澳大利亚和欧盟。其中自美国和巴西进口额骤增，较上年分别增加2.4倍和1.2倍（图40）。

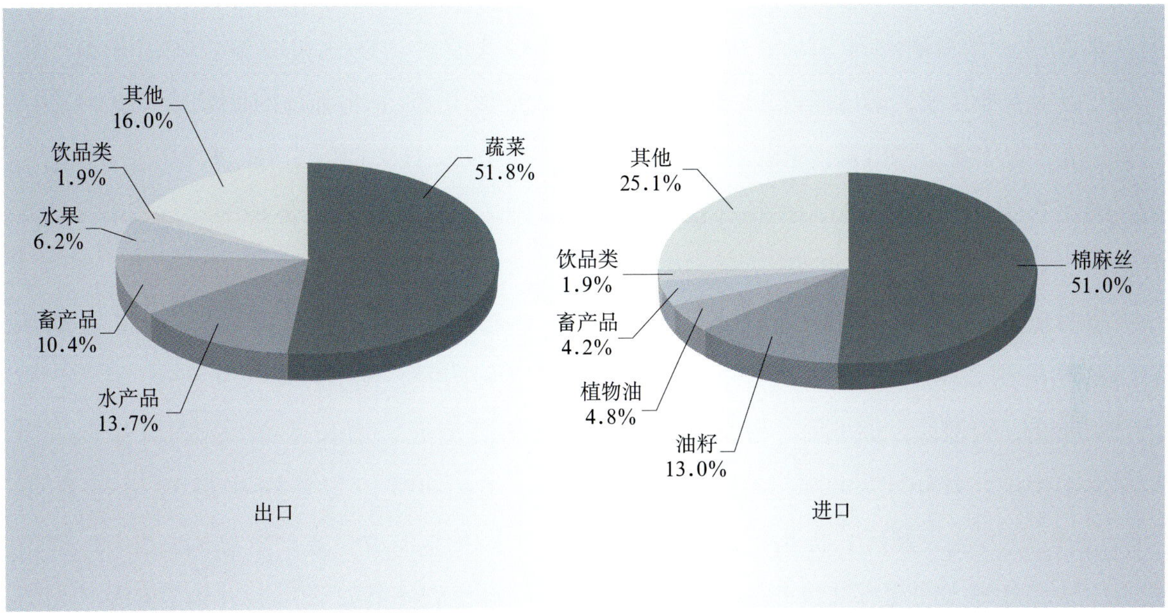

图39　2010年湖北省进出口农产品结构

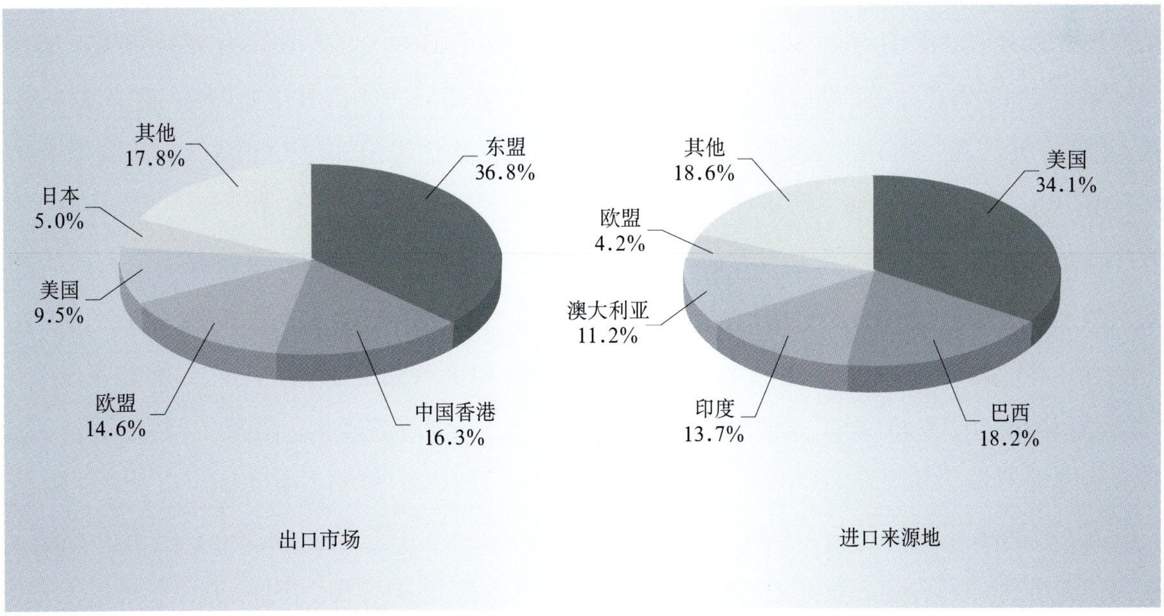

图40　2010年湖北省农产品出口市场和进口来源地结构

2010年，湖北省农产品出口企业276家，比上年增加28家。其中出口100万美元以上企业108家，出口额占全省农产品出口总额的96.16%；500万美元以上企业43家，出口额占82.3%；出口1 000万美元以上企业27家，出口额占71.27%；出口5 000万美元以上企业4家，出口额占30.57%；过亿美元的企业1家，出口额占10.38%。

湖北省促进农产品出口的主要政策和措施：

（1）初步建立湖北省农业“走出去”部门协调机制。2010年2月，建立由农业厅、发改委、财政厅、商务厅、农垦局和国家开发银行湖北省分行等七部门参加的农业“走出去”联席会议制度，提出的促进农产品出口工程已纳入湖北省加快开放型经济发展战略的政策体系。

（2）建设高质量的农产品出口基地。建设一批特色鲜明、集中连片、规模较大、与国际标准接轨的农产品出口生产基地。重点扶持食用菌、水产品、蜂产品、水果、蔬菜、茶叶、中药材、茧丝绸、禽蛋、活猪等十大优势农产品基地建设。形成传统产业、重点产业与新兴产业互相促进、协调发展的出口格局。

（3）打造高附加值的精品名牌。以“扬子江蜂蜜”、“安琪酵母”等传统品牌为骨干，不断开发新品牌，实行品牌共享和合力开发，不断提升品牌价值。积极引导农产品出口企业延伸和优化产业链，切实转变农产品外贸增长方式。

（4）加强出口农产品质量安全管理。不断加强与检验检疫部门的合作，加大农产品质量安全示范基地建设力度，支持企业在生产基地推广适合出口的优质品种，实行良好农业操作规范，建立种养履历，形成“公司+基地+农户”的产业化一条龙经营模式。鼓励和引导农产品出口龙头企业建立健全自检自控体系，支持企业开展ISO、HACCP、GAP、GMP等国际质量管理体系认证，获得各种国际市场准入证。

（五）黑龙江省

2010年，黑龙江省农产品贸易总额14.5亿美元，比上年增长9.9%。其中出口12.3亿美元，增长5.9%；进口2.2亿美元，增长40%。贸易额顺差10.1亿美元。农产品贸易额占全省外贸总额的5.7%。

出口农产品以干豆、谷物、蔬菜、坚果及水果为主。干豆出口3.3亿美元，比上年增长4.6%；谷物2.1亿美元，增长29.6%，其中大米占65.4%；蔬菜1.3亿美元，增长33.9%，其中鲜冷番茄占18.4%；坚果1.2亿美元，增长30.9%；水果1.1亿美元，下降1.6%，其中苹果占33.7%。

居进口前五位的产品依次为：畜产品进口1.5亿美元，比上年增长69.6%，其中乳制品和牛产品分别占1/4；棉麻丝3 304.6万美元，增长2.5%；蔬菜1 324.9万美元，增长37.7%；糖料及糖405.1万美元，增长28.6%，其中乳糖占60.8%；坚果365.2万美元，下降41.7%（图41）。

农产品出口市场不断多元化，继续拓展欧美市场，不断开辟非洲和大洋洲等新兴市

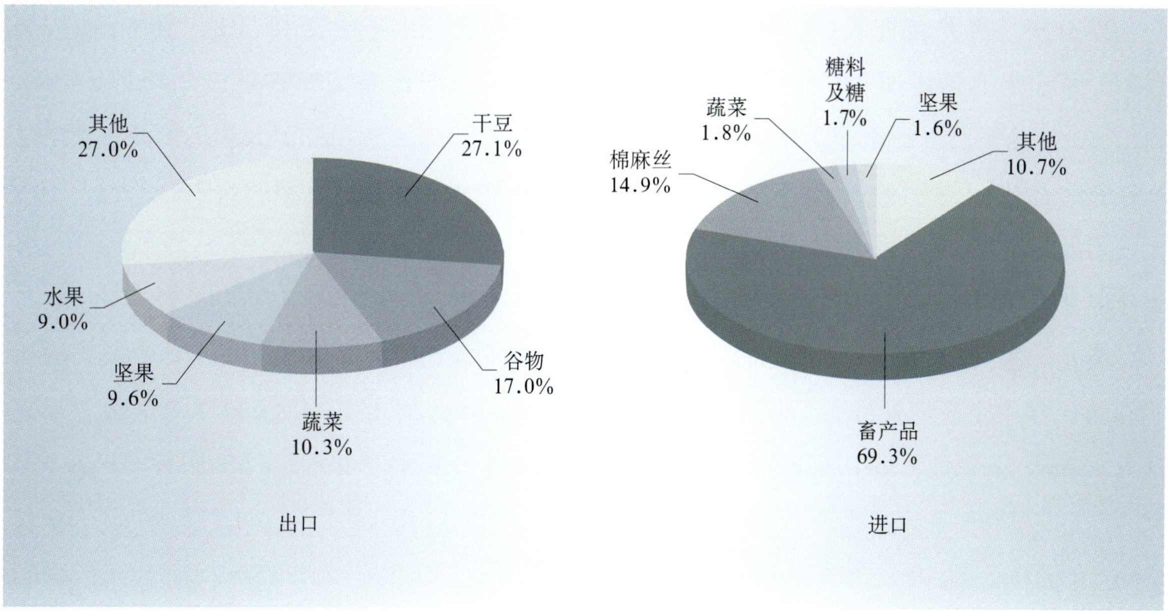

图41 2010年黑龙江省进出口农产品结构

场。2010年前五大出口市场是俄罗斯、韩国、欧盟、日本和东盟。对俄罗斯出口2.4亿美元，比上年增长16.8%；韩国1.5亿美元，增长12.5%；欧盟1.4亿美元，增长12.7%；日本1.2亿美元，增长16.4%；东盟0.7亿美元，下降7.5%。

主要进口来源地依次为：自欧盟进口9 600.7万美元，比上年增长12.7%；新西兰3 675.6万美元，增长20%；澳大利亚3 572.5万美元，增长58.1%；乌拉圭1 739.7万美元，下降41.3%；美国1 466.4万美元，下降21.5%（图42）。

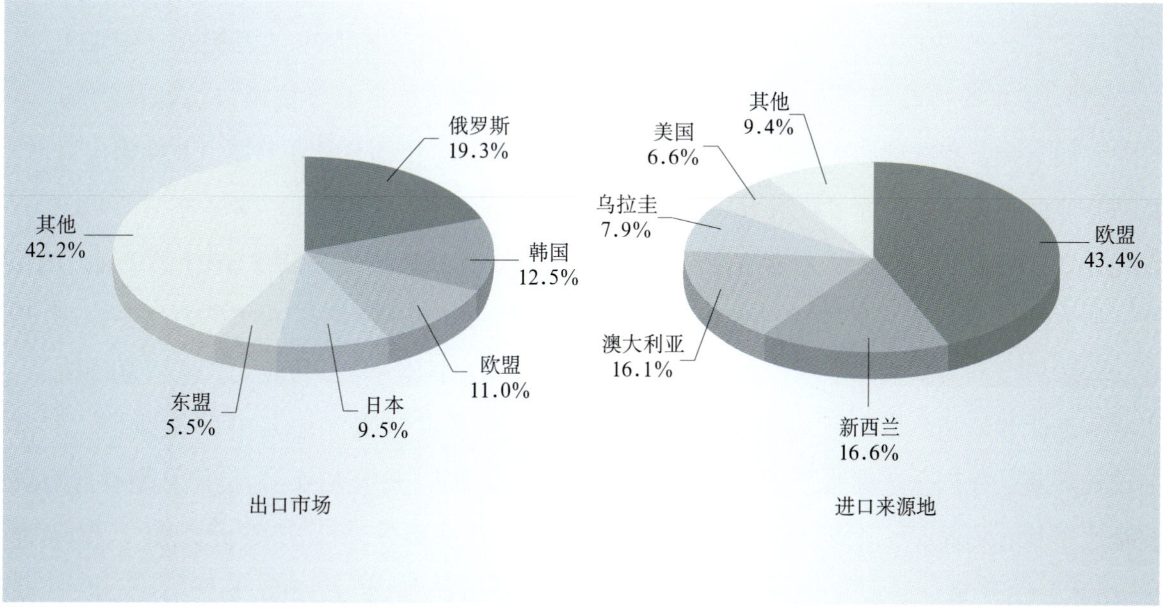

图42 2010年黑龙江省农产品出口市场和进口来源地结构

2010年，黑龙江省农产品出口企业达到571家，比上年增加22家。其中：出口额5 000万美元以上的企业2家，出口额占全省农产品出口总额的5.9%；2 000万美元以上的18家，出口额占29.3%；1 000万美元以上的50家，出口额占54.9%。

黑龙江省农产品进出口贸易促进措施：

（1）组织企业海外推介。组织企业参加日本、韩国、新加坡、马来西亚和比利时等国家的食品展览和商务洽谈活动，分别建立了稳定的互助合作关系，出口市场不断扩大。

（2）打造优质品牌。依托独特的生态环境和丰富的黑土资源，坚持“打绿色牌，走特色路”，打造出优良、健康、安全的有机、绿色和无公害农产品品牌；增强农产品加工企业质量安全意识，不断加强技术引进和产品研发，大力开发精深加工系列产品，延长产业链条，改进产品包装，加强对外宣传和推介，使产品质量标准和市场知名度大幅度提高。

（3）落实扶持政策。逐年增加外向型农业发展资金，有效调动了生产加工和出口贸易企业的积极性，发挥了政策引导和促进作用。2010年，扶持出口企业31家。同时，加大了标准化出口基地建设推进力度，联合检验检疫局共同召开了现场会，举办了果菜标准化栽培技术培训班，切实加强农产品产地环境、生产全过程监管，农产品质量安全水平稳步提高。

（六）甘肃省

2010年，甘肃省农产品贸易总额3.8亿美元，比上年增长13.2%。其中出口3.6亿美元，增长10.7%；进口2 152万美元，增长79.3%。贸易顺差3.4亿美元。农产品贸易额占全省外贸总额的5.2%。

蔬菜、水果、干豆（不含大豆）、坚果、油籽是主要出口农产品。蔬菜出口1.2亿美元，比上年下降4.8%，其中蔬菜罐头占25.5%；水果出口8 042.1万美元，增长12.7%，其中苹果汁占55.5%；干豆（不含大豆）出口2 750.1万美元，增长27.3%；坚果出口1 857.7万美元，增长5.6%；油籽出口1 737.9万美元，增长77.3%。

谷物、干豆（不含大豆）、畜产品、棉麻丝、粮食制品是甘肃主要进口农产品。谷物进口875.4万美元，几乎全部为新增进口，其中小麦占99.6%；干豆（不含大豆）599.6万美元，比上年增长30.6%；畜产品232.6万美元，下降21.3%；棉麻丝151.4万美元；粮食制品59.7万美元（图43）。

甘肃省农产品主要出口市场是欧盟、东盟、美国、中国台湾和日本。对欧盟出口1.3亿美元，比上年增长23.7%；东盟6 401.6万美元，增长0.5%；美国5 364.1万美元，增长11.2%；中国台湾1 489.2万美元，增长49.9%；日本994.3万美元，增长40.3%。

主要进口来源地是哈萨克斯坦、加拿大、美国、澳大利亚和印度。其中自哈萨克斯坦进口872.2万美元，比上年增加16.7倍；加拿大308.1万美元，下降26.5%；美国296万美元，增长93.2%；

澳大利亚269.2万美元，增长24.4%；印度138.5万美元（图44）。

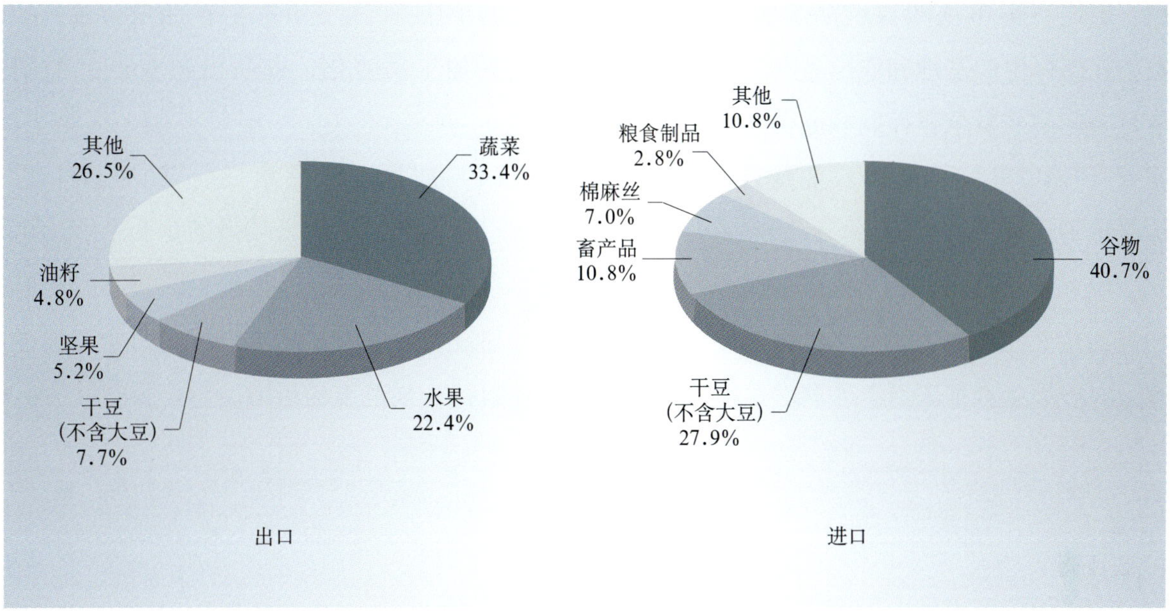

图43 2010年甘肃省进出口农产品结构

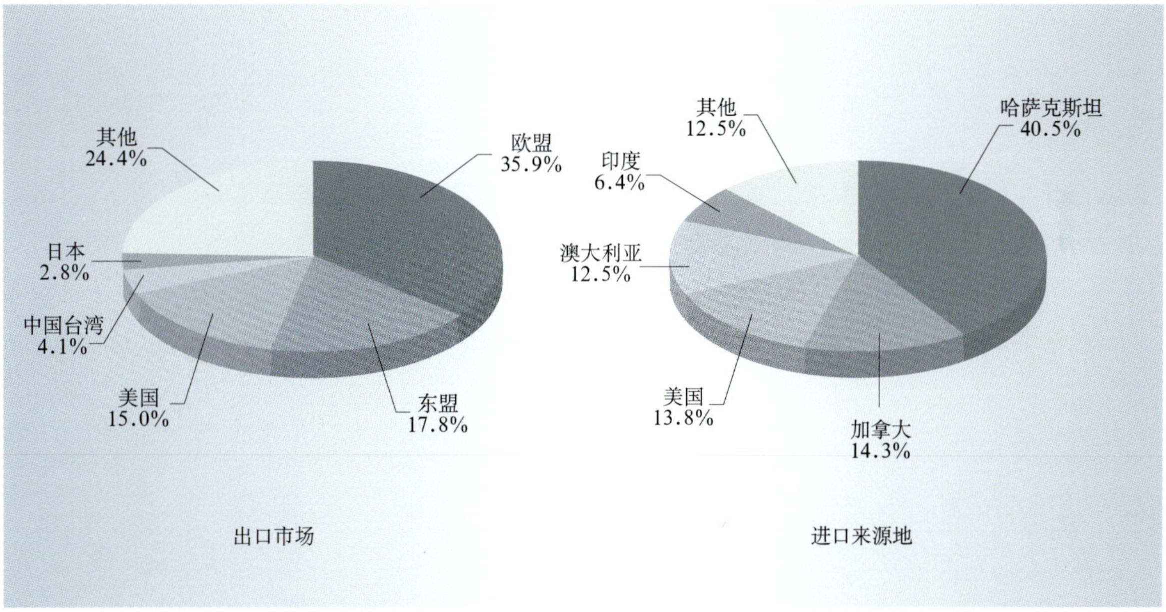

图44 2010年甘肃省农产品出口市场和进口来源地结构

甘肃省促进农产品出口的主要政策和措施：

（1）建设出口农产品和加工原料生产基地。一是在现有优势特色农产品生产基地的基础上，选择最佳的区域规划建设一批专供国外市场的出口农产品生产基地和出口原料生产基地。二是对出口农产品全面实行标准化管理。

（2）加强出口农产品质量安全体系建设。根据目标市场的农产品质量标准和规定，在出口生产基地和农产品出口企业全面推行农产品质量全程控制和危害分析关键控制点（HACCP）及良好农业规范（GAP）等质量管理规范。

（3）培育发展农产品出口龙头企业。积极支持外向型农业企业引进种植养殖新技术、农产品生产加工新工艺和农业经营管理新理念，在技术改造、原料生产基地建设等方面给予扶持，促进出口农产品由初级产品向精深加工品转化，提高出口农产品的附加值。

（4）加强农产品出口行业协会建设。以出口能力和带动能力较强的龙头企业为主体，在平等、自愿、非赢利原则下，由政府主导建立甘肃省农产品出口行业协会，加强企业自律，规范市场行为。

主要贸易伙伴

2010年，中国农产品主要进口来源地按进口额大小依次为美国、东盟、巴西、阿根廷和欧盟，进口额合计509.6亿美元，占中国农产品进口总额的70.3%，进口集中度有所下降。与上年相比，自美国、东盟和巴西进口农产品所占比重分别下降0.9个百分点、1.5个百分点和1.2个百分点；自阿根廷和欧盟进口农产品所占比重分别增加1.3个百分点和0.3个百分点。主要出口市场依次为日本、东盟、欧盟、美国和中国香港，对上述5市场出口额合计339.2亿美元，占农产品出口总额的68.6%。与上年相比，对日本、欧盟、美国和中国香港的出口份额分别下降0.8个百分点、0.3个百分点、0.2个百分点和0.4个百分点；对东盟的出口份额增加1.6个百分点（表49）。

表49 2010年中国农产品主要进口来源地和出口市场

单位：亿美元、%

进口来源地			出口市场		
国家（地区）	进口额	占中国农产品进口总额比重	国家（地区）	出口额	占中国农产品出口总额比重
美国	186.5	25.7	日本	91.7	18.6
东盟	109.4	15.1	东盟	74.8	15.1
巴西	107.3	14.8	欧盟	69.1	14.0
阿根廷	57.0	7.9	美国	58.5	11.8
欧盟	49.4	6.8	中国香港	45.1	9.1
小计	509.6	70.3	小计	339.2	68.6

美 国

(一) 生产

美国是世界第一大玉米生产国，2010年玉米种植面积和产量分别占世界的20.5%和38.8%，出口量占产量的15.3%。2010年，美国玉米收获面积比上年增加2.6%，但夏季的异常气候导致东部玉米带单产降低，总产量下降4.9%。美国是小麦生产和出口大国，2010年产量占世界总产量的9.3%，出口量占产量的57.7%。美国也是世界重要的大豆生产和出口国，大豆产量占世界总产量的34.6%，出口量占产量的46.6%。中国进口的大豆50%左右来自于美国，是美国大豆的最大出口市场。

美国是世界第三大棉花生产国、第一大棉花出口国。2010年，得克萨斯州等主要产棉区降雨充沛，光、热充足，气候条件适宜，加之需求强劲拉动棉花价格上涨，使得棉花播种面积大幅提高，棉花产量较上年增长50.3%，达到近三年来最高值。全年棉花产量达390多万吨，比上年增长近16%。

此外，美国是畜牧业生产大国，其中肉牛业是最大的生产部门。2010年美国牛肉产量1 204.8万吨，占世界总产量的21%(表50)。

表50 2010年美国主要农产品产量及进出口量

单位：万吨、%

产 品	产 量	占世界总产量比重	进口量	出口量	出口量占产量比重
小 麦	6 010.3	9.3	299.4	3 470.0	57.7
玉 米	31 616.5	38.8	63.5	4 826.2	15.3
大 豆	9 060.9	34.6	40.8	4 218.4	46.6
棉 花	394.2	15.8	0.1	337.5	85.6
牛 肉	1 204.8	21.0	104.2	104.3	8.7

数据来源：美国农业部FAS数据库预测数据。

(二) 贸易

美国是中国农产品最大的进口来源地。2010年，中国从美国进口186.5亿美元，占中国农产品进口总额的25.7%，进口额前五位农产品分别是油籽、棉麻丝（主要是棉花）、畜产品、水产品和谷物，共占从美国农产品进口总额的86.9%，其中油籽占60.9%。与上年相比，棉麻丝进口额大幅增加1.7倍，而畜产品进口额下降11%。近三年，美国大豆出口量持续增长，2010年增长5.9%。大豆出口增长主要是因为来自中国等主要市场的进口需求持续增长，数种主要货币兑美元的升值也提升了美国大豆的出口价格竞争力。由于全球经济复苏拉动纺织品和服装的消费，促进了中国等重要棉花进口国的需求，2010年美国棉花出口大幅增长30.8%。其中，对中国出口的棉花分别占其棉花产量和出口总量的26.3%和30.7%。

美国是中国第四大农产品出口市场。2010年，中国对美国出口农产品58.5亿美元，占农产品出口总额的11.8%。前五位出口产品是水产品、水果、蔬菜、畜产品和糖料及糖，占中国对美国农产品出口总额的78.3%。其中，水产品占44.5%，水果和蔬菜分别占13.4%和12.8%。与上年相比，除糖料及糖出口额基本持平外，其他4类产品出口额均大幅增长。美国的水产品进口主要来自中国、泰国、加拿大和印度尼西亚，从4国进口的水产品占其水产品进口总量的50%以上。中国是美国最大的水产品进口来源国，2010年中国对美国出口水产品56万吨，占中国水产品出口总量的16.8%（表51）。

表51 2010年中国进出口美国的主要农产品

单位：亿美元、%

出口产品	出口额	所占比重	进口产品	进口额	所占比重
水产品	26.0	44.5	油籽	113.6	60.9
水果	7.8	13.4	棉麻丝	20.2	10.8
蔬菜	7.5	12.8	畜产品	16.0	8.6
畜产品	3.0	5.1	水产品	8.5	4.6
糖料及糖	1.5	2.5	谷物	3.8	2.0
小计	45.8	78.3	小计	162.1	86.9

（三）贸易政策

关税调整。2010年1月，美国开始实施修改后的《2010年美国协调关税表》。美国政府在普惠制免税目录中增加了埃及的冷冻豆和冷冻混合蔬菜这两个项目，从2010年7月开始这两个项目产品可以享受普惠制免税进入美国。

技术性贸易措施。2010年1月起，美国农业部动植物健康检验局允许来自中国（包括香港）及其他受口蹄疫等影响地区的熟猪皮进口，但条件十分苛刻，而且进口产品须附上规定的证明文件。12月美国总统签署了《亚洲鳙鱼控制和保护法》，该条将鳙鱼添加到有害物质名单中，并规定禁止进口或运送鳙鱼到美国境内。美国农业部食品健康和检验局宣布，从2012年1月1日起，包括碎肉及碎禽肉在内的40种肉及禽肉产品的标签需标注营养成分表，或者在该类产品的销售点提供营养成分信息。

检验检疫制度。2010年10月，美国批准了《2010年农业、农村发展、食物和药物管理以及相关机构拨款法》，该法案修改了对中国禽肉进口的条款，规定对任何中国厂家充分熟制的禽肉输美之前进行检验、审查，对任何中国屠宰和加工厂家、实验室进行至少每年一次的实地考察或其他控制行动。12 月美国通过《食品安全现代化法案》，将对外国进口食品，特别是对来自中国等国家的食品实施更加严格检查，进口商必须证明其进口到美国的食品是安全的。

欧　盟

（一）生产

欧盟生产的主要农产品是谷物、畜产品、酒、水果和糖。2010 年，虽然欧盟的谷物播种面积基本没有变化，但部分西部国家受到 8 月份热浪侵袭、东部遭受了过量降雨，对作物的单产有一定影响，总产量接近过去 5 年的平均水平。其中，小麦产量为 13 576.3 万吨，占世界小麦总产量的 20.9%；玉米产量为 5 546.7 万吨，占世界的 6.8%。由于欧洲大部分地区受严重干旱以及持续高温天气影响，农作物受灾严重，油菜籽歉收，产量比上年下降 126.6 万吨，降幅为 5.9%，占世界总产量的 35.2%。

牛肉是欧盟的主要农产品之一，2010 年欧盟 27 国牛肉产量为 808.5 万吨，占世界牛肉总产量的 14.1%（表 52）。

表 52　2010 年欧盟 27 国主要农产品产量和进出口量

单位：万吨、%

产　品	产　量	占世界总产量比重	进口量	出口量	出口量占产量比重
小　麦	13 576.3	20.9	450.0	2 200.0	16.2
玉　米	5 546.7	6.8	650.0	100.0	1.8
油菜籽	2 065.1	35.2	220.0	22.0	1.1
大　豆	107.5	0.4	1 400.0	5.0	4.7
牛　肉	808.5	14.1	43.6	33.6	4.2

数据来源：美国农业部 FAS 数据库预测数据。

（二）贸易

欧盟是中国第五大农产品进口来源地。2010 年中国从欧盟进口农产品 49.4 亿美元，占中国农产品进口总额的 6.8%。主要进口产品有畜产品、饮品类、水产品、棉麻丝和粮食制品，5 大产品进口额合计占中国从欧盟进口农产品总额的 77.4%，其中，畜产品和饮品类合计占 65%。欧盟是全球最大的葡萄酒生产地和出口地，2010 年欧盟对中国出口葡萄酒 17 万吨，占中国葡萄酒进口总量的 55.6%。

欧盟是中国农产品第三大出口市场。2010 年中国对欧盟出口农产品 69.1 亿美元，比上年增长 21.7%，占中国农产品出口总额的 14%，与上年基本持平。出口的主要农产品有水产品、蔬菜、畜产品、水果和坚果，5 大产品出口额合计占中国对欧盟农产品出口总额的 71.2%，其中水产品和蔬菜分别占30.2%和17.4%。中国对欧盟出口的水产品主要是冻鱼片，还有一部分观赏鱼、冷冻的黄鱼、鲳鱼和少量的带鱼以及虾蟹类产品；出口蔬菜以鲜蔬菜为主，其次是冷冻蔬菜（表53）。

表53　2010年中国进出口欧盟的主要农产品

单位：亿美元、%

出口产品	出口额	所占比重	进口产品	进口额	所占比重
水产品	20.9	30.2	畜产品	18.6	37.7
蔬　菜	12.0	17.4	饮品类	13.5	27.3
畜产品	8.2	11.9	水产品	2.5	5.0
水　果	5.2	7.5	棉麻丝	2.4	4.8
坚　果	2.9	4.2	粮食制品	1.3	2.6
小　计	49.2	71.2	小计	38.3	77.4

（三）贸易政策

关税调整。2009年12月欧盟修订获暂停征收部分或全部进口关税的产品名单。规定：从2010年1月1日起，欧盟地区内因供应量不足而未能满足需求的产品可以暂时以零关税或较低关税进口，增加了87种产品进入暂停征税产品名单，同时也撤销了一部分产品的免税资格。6月欧盟再次修订获暂停征收部分或全部进口关税的产品名单，对12种产品的归类描述做了重新规定。

技术性贸易措施。2010年3月欧盟发布了《规定许可进口某些动物和新鲜肉类的第三国、地区或区域清单及兽医证书要求的委员会法规（EU）No 206/2010》，规定了活牛、绵/山羊、猪等动物的进口兽医要求。8月欧盟官方公报颁布《关于修改动物来源食品内药理学活性物质的清单及其最高残余限量的（EU）No 37/2010号法规附件的（EU）No 890/2010号法规》，针对羊物种使用的兽用医疗产品的药理学活性物质设立了最高残余限量。10月欧盟官方公报颁布《关于修改动物来源食品内药理学活性物质的清单及其最高残留限量的（EU）No 37/2010号法规附件中水杨酸钠的（EU）No 914/2010号法规》，将火鸡列为可口服兽用医疗品水杨酸钠的动物之一，并为火鸡类来源食品列出了暂行的最高残留限量。

进出口政策调整。2010年1月1日，欧盟（EC）158/2009号理事会指令生效，对欧盟区域内以及来自第三国的禽肉和孵化蛋的进口要求和程序做了规定，只有列入进口国名单的国家方可向欧盟出口禽肉和孵化蛋，而且还须满足一定的要求和程序。

东　盟

（一）生产

水稻是大部分东盟成员国的主要作物，

产量在千万吨以上的水稻生产国有印度尼西亚、越南、泰国和菲律宾，2010 年 4 国的稻谷产量均处于历史高位，分别为 3 690 万吨、2 525.1 万吨、2 026.2 万吨和 1 035 万吨。除泰国、越南、柬埔寨和缅甸 4 个国家的大米生产能够基本满足本国消费外，其余东盟国家均需要进口大米。菲律宾是世界最大的大米进口国，2010 年进口大米 120 万吨，占世界大米进口总量的 4.1%。泰国是世界上最大的大米出口国，2010 年泰国出口大米 1 000 万吨，占世界大米出口总量的 31.8%，占其大米产量的 49.4%（表 54）。

表 54 2010 年东盟稻谷产量及进出口量

单位：万吨、%

国 家	产 量	占世界总产量的比重	进口量	占世界进口总量比重	出口量	占世界出口总量比重
印度尼西亚	3 690.0	8.2	175.0	5.9	—	—
越南	2 525.1	5.6	60.0	2.0	620.0	19.7
泰国	2 026.2	4.5	20.0	0.7	1 000.0	31.8
菲律宾	1 035.0	2.3	120.0	4.1	—	—

数据来源：美国农业部 FAS 数据库预测数据。

近年来，东盟各国还根据本国气候和土壤等条件，种植多种经济作物，产量较多的是棕榈油和热带水果。印度尼西亚是全球最大的棕榈油生产国，其次是马来西亚，两国的棕榈油产量合计占世界棕榈油总产量的 80% 以上。2010 年两国棕榈油产量分别为 2 360 万吨和 1 750 万吨，分别比上年增长 7.3% 和 1.3%。中国是全球最大的棕榈油进口国，是印度尼西亚和马来西亚棕榈油最大的出口市场，出口到中国的棕榈油分别占两国棕榈油产量的 9.5% 和 19.6%（表 55）。

表 55 2010 年东盟棕榈油主产国产量及出口量

单位：万吨、%

国 家	产 量	占世界总产量比重	出口量	对中国出口量	对中国出口量占其产量的比重	对中国出口量占其总出口量的比重
印度尼西亚	2 360.0	49.9	1 785.0	224.5	9.5	12.6
马来西亚	1 750.0	37.0	1 510.0	343.3	19.6	22.7
合计	4 110.0	86.9	3 295.0	567.8	—	—

数据来源：产量和出口量来自美国农业部 FAS 数据库预测数据；对中国出口量来自中国海关数据库。

（二）贸易

东盟 10 国中，与中国农产品贸易密切的国家主要是印度尼西亚、马来西亚、菲律宾、越南和泰国，中国与这些国家的农产品贸易额约占与东盟农产品贸易总额的90%。

东盟是中国第二大进口来源地，2010年中国自东盟农产品进口额109.4亿美元，占中国农产品进口总额的15.1%。主要进口产品有植物油、薯类、水果、水产品和粮食制品，5大产品进口额合计占中国从东盟农产品进口总额的80%，其中植物油（以棕榈油为主）占50.3%。印度尼西亚和马来西亚一直是中国棕榈油主要进口来源国，出口到中国的棕榈油分别占其出口量的12.6%和22.7%。

2010年，中国对东盟农产品出口额继续快速增长，农产品出口额74.8亿美元，比上年增长39.6%，占中国农产品出口总额的15.1%。主要出口品种有蔬菜、水果、水产品、糖料及糖和粮食制品，5大产品出口额合计占中国对东盟农产品出口总额的72.1%，其中蔬菜占32.9%（表56）。

表56 2010年中国进出口东盟的主要农产品

单位：亿美元、%

出口产品	出口额	所占比重	进口产品	进口额	所占比重
蔬菜	24.6	32.9	植物油	55.0	50.3
水果	12.8	17.1	薯类	12.0	11.0
水产品	10.3	13.8	水果	10.6	9.7
糖料及糖	3.2	4.3	水产品	5.9	5.4
粮食制品	3.0	4.0	粮食制品	3.9	3.6
小计	53.9	72.1	小计	87.4	80.0

（三）贸易政策

2010年1月1日，中国—东盟自由贸易区全面建成，中国与东盟双方约有7 000种产品将享受零关税待遇，实现货物贸易自由化，双方90%的贸易产品实现零关税。

印度尼西亚。2月11日，印度尼西亚解除了生猪、猪肉及相关产品的出口禁令。6月23日，印度尼西亚贸易部长和海事与渔业部长签署共同条例，为防止和控制虾病毒传播，禁止某些种类虾的进口。上述条例从签署之日起有效期为6个月，可根据实际情况延长6个月。

泰国。2010年4月7日，泰国与菲律宾达成大米换减税交易，泰国同意菲律宾大米进口税在2015年前维持在40%。作为交换条件，菲律宾同意在此期间每年进口泰国大米36.7万吨。泰国对桂圆、椰肉、土豆、洋葱、大蒜、咖啡、茶、玉米和大米等23种农产品实施关税配额，但从东盟成员国的进口不适用关税配额措施。

菲律宾。2010年6月，菲律宾关税委员会分别发布第892号和第894号行政令，为实施东盟自贸区共同有效优惠关税计划，削减来自东盟自贸区国家的糖类产品和大米的关税。根据行政令，糖类关税将由2010年的38%逐年下降至2015年的5%，大米关税将由2010年的40%逐年下降至2015年的35%。

越南。由于通货膨胀严重，导致周边国家的农产品抢占了越南国内农副产品市场，越南从2010年10月23日起提高百余种商品进口关税。其中，肉类及其产品进口关税由10%调高到14%；巧克力产品和含可可原料的产品调高到24%；面条和粉丝产品调高到38%；部分果汁产品由29%调高到37%。

日　本

（一）生产

由于日本的城市化进程导致农业人口大量流失，耕地面积大幅减少，近年来除大米的自给率达到95%外，其他作物的自给率直线下滑，平均仅为40%。日本渔业资源丰富，北海道和日本海是世界著名的大渔场，盛产700多种鱼类。但近年日本渔业产量持续下降，年产量仅维持在570万吨左右。为满足国内消费需求，进口量逐年增长。日本进口的主要水产品为虾、金枪鱼、三文鱼、鲑鱼、螃蟹、鳕鱼、鳕鱼卵和加工虾等，这些产品进口量合计占日本水产品进口总量的一半多。

（二）贸易

日本农业资源紧缺，又是农产品消费大国，每年需要进口大量农产品满足本国需求，是世界上最大的农产品进口国。中国是日本农产品第一大进口来源国，2010年中国对日本出口农产品91.7亿美元，占中国农产品出口总额的18.6%。前五大类产品是水产品、蔬菜、畜产品、水果和饼粕，5类产品出口额合计占中国对日本农产品出口总额的79.1%。2010年，对日出口的前5类产品中除饼粕出口额较上年略有下降外，其余产品出口额均呈不同程度的增长，其中，蔬菜、畜产品和水产品的增幅较大，分别为28.7%、24.6%和20.7%（表57）。

表57　2010年中国对日本出口农产品情况

单位：亿美元、%

主要出口产品	出口额	比上年增长	占对日农产品出口额的比重
水产品	32.4	20.7	35.3
蔬　菜	19.3	28.7	21.1
畜产品	13.1	24.6	14.3
水　果	4.4	14.1	4.8
饼　粕	3.3	-0.9	3.6
小　计	72.5	21.8	79.1

（三）贸易政策

关税调整。2010年2月日本部分修改《关税法》及《关税暂定措施法》，决定将3月31日到期的特别紧急关税制度（米、奶制品等乌拉圭回合达成协议的146种关税产品）的适用期限延长一年，将3月31日到期的牛肉及猪肉关税紧急措施的适用期限延长一年。

技术性贸易措施。2010年1月日本厚生劳动省发布食安发0118第1号修改通知，部分修改食品、添加剂等的规格标准。设定了农药新烟碱类和吡唑类除草剂（Pyrasulfottole）在食品中的残留标准，撤销畜水产品中动物用医药品激素的残留标准。2月日本厚生劳动省发布食安发0218第2号修改通知，对食品中的灭螨醌（杀虫剂）、三酮类除草剂（Tefuryltrione）、茉莉酸诱导体（植物生长调整剂）的残留标准进行了修订。4月日本厚生劳动省发布食安发0406第5号修改通知，对食品中农药苯硫磷（EPN）、吡虫啉、恶嗪草酮等、动物用医药品以及饲料添加剂越霉素A的残留限量进行了修改。5月日本厚生劳动省发布食安发0519第1号通知，设定了农药噻嗪酮、硝磺酮、异噻菌胺等在食品中的残留标准。8月日本厚生劳动省发布食安发0810第1号修改通知，设定了农药吡虫清、恶二唑虫、戊草丹、恶草酮、二甲吩草胺等在食品中的残留标准。此外，还设定了饲料添加剂那西肽在食品中的残留标准。

检验检疫制度。2010年3月日本厚生劳动省公布了日本2010年度（2010年4月—2011年3月）进口食品监视指导计划书，对进口食品的监视指导计划总计检查件数85 000件。10月日本厚生劳动省发布通知修改对中国产猪肉食品中克伦特罗的命令检查范围，删除了原材料中使用乳成分或者是猪以外的犬畜类不需检查的例外规定。

巴　西

（一）生产

巴西是世界重要农产品生产国，大豆、食糖和牛肉等产品在全世界占有很大份额，2010年三种产品产量分别占世界总产量的27.9%、23.7%和15.9%。2009年夏季以来，巴西农民对大豆的回报率预期高于玉米，因此部分南部地区农田种植作物从玉米转向大豆。2010/2011年度巴西大豆种植面积达到2 425万公顷，较上年增长3.2%。受拉尼娜气候影响，大豆单产有所下降，导致产量降至7 300万吨，较上年减少2.2%。中国是巴西大豆的重要出口市场，2010年巴西出口到中国的大豆占巴西大豆产量的1/4。

巴西食糖的产量和出口量均居世界第一，2010年，由于甘蔗种植面积扩大和出糖率的提高，巴西食糖产量创历史新高，为3 640万吨，比上年增长14.3%，出口到中国的食糖占其食糖总产量的3%（表58）。

表 58 2010 年巴西主要农产品产量及出口量

单位：万吨、%

农作物	产　量	占世界总产量比重	出口量	对中国出口量	对中国出口量占其总产量的比重	对中国出口量占其总出口量的比重
大　豆	7 300.0	27.9	3 225.0	1 858.6	25.5	57.6
大豆油	681.0	16.3	160.0	90.3	13.3	56.4
食　糖	3 640.0	23.7	2 430.0	108.9	3.0	4.5
牛　肉	911.5	15.9	155.8	0.8	0.1	0.5

数据来源：产量和出口量来自美国农业部 FAS 数据库预测数据；对中国出口量来自中国海关数据库。

（二）贸易

中国与巴西的农产品贸易以中国从巴西进口为主。2010 年，巴西是中国农产品第三大进口来源地，中国从巴西农产品进口额 107.3 亿美元，比上年增长 27%，占中国农产品进口总额的 14.8%。进口农产品的结构比较单一，主要是食用油籽、植物油、畜产品、糖料及糖和棉花，5 类产品进口额合计占中国从巴西进口农产品总额的 95.3%，其中油籽（主要是大豆）占 75.9%。与上年相比，5 类产品进口额均大幅增长（表 59）。

表 59 2010 年中国从巴西进口的主要农产品

单位：亿美元、%

进口产品	进口额	比上年增长	占从巴西进口额比重
油　籽	81.5	10.8	75.9
植物油	8.1	107.2	7.6
畜产品	5.6	1 119.9	5.3
糖料及糖	5.0	668.0	4.7
棉麻丝	1.9	125.1	1.8
小　计	102.1	28.6	95.3

食糖是巴西的主要出口产品。由于印度食糖出口放缓，加上全球食糖需求持续增加，为巴西拓展了出口食糖的新空间。2010 年巴西的食糖出口量从 2009 年的 2 155 万吨增至 2 430 万吨，其中出口到中国的食糖占 4.5%。巴西食用油籽和植物油出口中，大豆和大豆油出口占主导地位。2010 年，大豆出口量为 3 225 万吨，比上年增长 10%，其中出口到中国的大豆占 59.2%。

畜产品在巴西农产品出口中居第二位，以牛肉为主。2010 年，巴西出口牛肉 155.8 万吨，居世界第一，比上年增长 5%；出口鸡肉 335 万吨，增长 4%，出口量首次超过美国，排名世界第一。

（三）贸易政策

关税调整。根据南方共同市场第25/09号决议，包括巴西在内的南方共同体成员临时将11个税号项下的奶制品进口关税提高至28%，有效期为2010年1月31日至2011年12月31日。2010年6月巴西政府宣布南方共同市场税号03037100项下的沙丁鱼和黍鲱鱼的进口从价税由10%降至2%，进口申报的装货截止日期为2010年11月30日。9月巴西外贸委员会决定，自2010年10月至2011年5月免除棉花进口关税，享受零关税的棉花进口配额为25万吨。

技术性贸易措施。2010年3月巴西发布了小麦分级的法规通报，确定了小麦的标准官方分级，内容涉及小麦分级的识别和品质、抽样、信息表达模式和标识标签的有关规定。7月巴西农业、畜牧和食品供应部对氮、磷、钾等大量营养元素和微量营养元素以及土壤调理剂中的污染物限量做了指标性规定。9月巴西农业、畜牧和食品供应部农业保护秘书处发布了2010/2011年度国家农作物农药残留和污染物控制计划，涉及的产品有：菠萝、莴苣、大蒜、花生、大米等，主要控制的农残项目包括乙酰甲胺磷、啶虫脒、苯菌灵等共240多种。9月巴西制订了“巴西冷冻虾技术法规”草案及其质量合格抽样检验方案。此外，巴西动物源性产品检验局发布了《巴西进口动物源性食品包装标签相关要求》，规定从10月1日起，只有符合该规范要求的动物源性产品登记申请才会得到批准进口。

阿根廷

（一）生产

大豆、玉米和小麦是阿根廷最重要的农作物。阿根廷多数农作物占世界产量份额不高，但大豆生产却占有十分重要的位置，是全球最大的豆粕和豆油出口国和第三大大豆出口国。由于种植初期缺乏降雨，2010年阿根廷大豆产量为4 950万吨，较2009年5 450万吨的创纪录水平低9.2%，占世界总产量的18.9%，中国是阿根廷大豆及其制品最大的出口市场。2010年阿根廷玉米收获面积达到320万公顷，比上年增长18.5%，但在玉米生长进入授粉期时，拉尼娜气候给阿根廷大部分玉米种植区带来高温及热风，降低了玉米的单产水平，导致玉米产量小幅下降3.5%。

（二）贸易

中国从阿根廷进口大量农产品，而对阿根廷出口数额很小，处于显著贸易逆差地位。阿根廷是中国农产品第四大进口来源地，2010年中国从其进口农产品57亿美元，比上年大幅增长63.5%，占中国农产品进口总额的7.9%，提高1.3个百分点。主要进口的产品是油籽、畜产品、植物油、水产品和饮品，5类产品进口额合计占中国从阿根廷进口农产品总额的98.5%。其中油籽（主要是大豆）所占比重最大，为87.4%。与上年相比，油籽和畜产品进口额分别大幅增加2倍和1.5倍，而植物油和水产品进口额分别大幅下降81.3%和15.4%。中国从阿根廷进口豆粕41.7亿美元，占阿根廷当年豆粕出口额的83%（表60）。

表60 2010年中国从阿根廷进口的主要农产品

单位：亿美元、%

进口产品	进口额	比上年增长	占从阿根廷进口额比重
油　籽	49.8	201.4	87.4
畜产品	3.0	147.9	5.3
植物油	2.9	-81.3	5.0
水产品	0.4	-15.4	0.6
饮品类	0.1	46.9	0.2
小　计	56.2	66.4	98.5

阿根廷最主要的出口产品是油籽类产品，出口额占其农产品出口总额的一半，而以豆油和豆粕形式出口的大豆约占油籽类产品出口的90%左右。2010年，阿根廷出口大豆950万吨，比上年大幅下降27.4%，其出口的大豆3/4销往中国。

（三）贸易政策

2009年9月阿根廷总统正式宣布，在保证2010年650万吨小麦和800万吨玉米可供国内市场的前提下，阿根廷政府将对中小农户出口上述两种农产品的关税实施先征后退。出口方面。根据第7552/2009号决议，自2009年11月开始，阿根廷政府要求所有产品出口登记，政府有权根据国内价格和供应条件来决定拒绝或延迟出口交易，规定了玉米和小麦的强制性国内供应水平，当达到强制性供应水平后即解除出口限制。2010年3月阿根廷政府对指定出口产品设定了新的参考价格，涉及的产品有葡萄、蜂蜜和牛奶等。

农业贸易谈判

WTO 农业谈判

金融危机暴发后国际贸易保护主义抬头，一些 WTO 成员迫于经济形势和国内压力，在多哈谈判中立场趋于保守甚至有所后退，个别发达成员提高对发展中成员要价，谈判形势更趋复杂，中国在谈判中的压力也有所增加。WTO 谈判在政治层面继续得到重视，在技术层面有所推动，谈判错综复杂的性质以及激烈交锋的格局没有改变。美国与巴西、印度及中国在内的发展中大国之间的对抗仍是主要矛盾，且贯穿谈判的各个层面。各方对 WTO 总干事拉米提出的 2011 年完成谈判的工作计划态度积极，但美国未充分表现出完成谈判的动力，谈判前景并不乐观。

（一）2010 年农业谈判总体形势

1. 美国与发展中大国的分歧仍是谈判主要矛盾

美国继续在各层面的谈判上要求发展中成员进一步开放市场，特别是对中国、印度、巴西等发展中大国坚持高要价。如在 20 国集团（G20）峰会及亚太经济合作组织（APEC）会议上，美国总统奥巴马就强调市场开放的重要性。此外，进口方与出口方、发展中成员与发达成员之间的矛盾也始终贯穿于谈判之中，如在特殊产品（SP）、特殊保障机制（SSM）等谈判未决议题及减让表模板谈判上，都有所体现。

2. 各方政治表态积极，但技术层面未见妥协

2009 年以来，随着国际金融危机的影响有所缓解，世界经济初现复苏迹象，完成多哈谈判的呼声逐渐加强。2010 年 4 月凯恩斯部长会议发出完成谈判的政治信号，美国中期选举结束后，人们普遍期待美国将认真参与多哈谈判。在 11 月召开的 G20 领导人会议及 APEC 峰会上，主要 WTO 成员均就多哈谈判再次发出政治信号，呼吁把握好 2011 年的机遇，并承诺积极参与多哈谈判。

虽然政治层面发出的信号比较强烈，但在技术层面，各成员尚未表现出立即投入实质性谈判的姿态，农业谈判主席甚至难以提出2011年1月谈判的具体议题。

3. 多形式、双轨制不同组合试图推动谈判趋向深入

在技术层面各种形式的多边、双边和小范围磋商从未间断。3月底高官会对多哈农业谈判进行“盘点”，试图明确可能的“着陆区”，但未达到目标。农业特会举行了7次，4月举行了高官和大使参加的巴黎“五方”（G5）小范围磋商，之后该机制逐步扩大到G11、G19直至G23，下半年各个议题的大使级磋商一直持续。同时，农业谈判基本按照减让表模板讨论与未决议题磋商同步推进的方式（即所谓“双轨制”）进行。模板讨论基本明确了三大支柱减让表的基本要素，并提出了制作减让表的路线图。模式议题的磋商中，在农业特会主席的召集下，各成员也就各自关注进行了进一步澄清，技术讨论更趋深入。

4. 发展中成员努力在技术讨论中打破发达成员主导格局

虽然美国尚未做好实质参与谈判的准备，但在减让表模板讨论中，以美国为首，欧盟、凯恩斯集团等发达成员较为积极。减让表模板讨论的绝大多数建议案为这些成员提交，目前已基本确定的减让表中三大支柱的路线图以及提交农业产值数据等工作也由其主导。发展中成员则是被动参与，并对美国等成员推动模板讨论的真正意图及走向保持警惕。这种情况下，印度、阿根廷和中国等发展中成员提出澄清模式案文，并提交了初步清单，供成员讨论，意在与发达成员争夺谈判话语权。

（二）谈判主要进展

1. 模板讨论的进展

（1）总体进展。2009年7月起，农业谈判开始形成减让表模板讨论与模式议题谈判同步推进的“双轨”格局。模板讨论工作主要分两步走：“第一步”是明确三大支柱中各议题减让表模板的基本要素、承诺基础和需要的支持表类型；“第二步”是确定议题减让表模板的结构、减让和承诺水平等。在2009年工作的基础上，2010年上半年已基本完成了第一步的讨论，多数成员提交了制定减让表所需的农业产值数据，在第二阶段讨论中，成员已提出了三大支柱模板减让表路线图。其中，就最为敏感的市场准入支柱，成员对于如何进行模板设计的分歧比较突出，大部分成员强调由于市场准入有诸多要素尚未稳定，现阶段应以确定原则和路线图为主。

（2）成员主要立场。在减让表谈判中，欧盟、澳大利亚、美国、加拿大等发达成员较为积极。减让表讨论绝大多数提案由发达成员提出，多数发展中成员虽被动参与，但始终强调模板讨论的技术性质，防止模板讨论代替模式谈判。G20就模板讨论的第二步提出五点意见，基本上反映了现阶段发展中成员的普遍立场。一是应把握减让表模板讨论的节奏，确保成员对所进行的工作有相同的理解；二是成员提供数据只涉及模式草案所要求的，而且应考虑发展中成员的特殊差别待遇；三是在“第二步”模板讨论中，对于市场准入等复杂的内容应首先确定“路线图”；四是讨论中涉及的政治问题应单独讨论；五是模板讨论全过程应在多边框架下进行并保证透明度。

2. 模式未决议题谈判情况

模式谈判几乎涉及所有未决议题，包括敏感产品、新建配额、关税简化、关税封顶、热带产品/特惠侵蚀、SP、SSM、蓝箱特定产品封顶和棉花等。除在热带产品议题上取得一定进展外，成员在其他议题上的立场基本没有松动，甚至还出现了后退的迹象。总体上看，成员间就各议题还是进行了深入全面的技术磋商，进一步明晰了分歧所在，为政治层决策奠定了基础。

（1）热带产品。热带产品是多哈农业谈判中影响模式最终达成的“未决”问题之一。2009 年末，欧盟、美国和拉美香蕉出口国签署了欧盟降低香蕉进口关税的协议，从而结束了历时 15 年的香蕉贸易争端，也为解决热带产品问题扫除了主要障碍。之后农业特会主席散发了非加太集团（ACP）与热带产品协调组共同提出的解决热带产品、优惠侵蚀问题的最新修改方案，该方案降低了热带产品议题的雄心水平，从而也推动了这一议题相关方达成妥协。但对于该妥协方案，印度表达了严重关注，指出该方案将损害印度热带产品的出口利益，要求参与到热带产品/优惠侵蚀的磋商中，研究解决方案。

（2）特殊产品（SP）。虽然以 G33 为代表的发展中成员坚持 SP 是稳定议题，但案文在 SP 条款加有脚注，因此仍被列入未决议题清单。SP 讨论主要集中在 SP 税目比例问题和透明度两个方面，其中农产品出口方和进口方立场分歧依然很大。关于 SP 的税目比例，出口成员认为，SP 切掉了分层公式减让的很大一部分，其税目比例应该越小越好，并且所有的 SP 都应该有削减；防守方指出，目前 SP 税目比例已经是妥协的结果，不应该再打开重谈，否则整个谈判的均衡将被打破。关于透明度问题，进口成员强调每个成员都有自己的敏感性产品，由于政治原因和国内存在的不同利益集团，现在无法确定哪些产品是 SP。如果一些成员非要现在明确 SP 的清单，将导致无法达成协议。中国在 SP 问题上仍然面临较大压力，一是包括部分凯恩斯集团中的发展中成员直接挑战案文，要求缩减 SP 数量并全部削减；二是美国等发达成员通过双边要价对中国施加压力，2010 年 12 月特会中美双方磋商时美国再次要求中国不将大豆、棉花等指定为 SP。中国在谈判中维护 SP 核心利益的任务仍任重道远。

（3）特殊保障机制（SSM）。年初 G33 提交了 SSM 问题的政治立场建议案，除阐明主要立场外，还针对一些成员提出的诸如 SSM 影响正常贸易、SSM 与特殊保障措施（SSG）的对比、预设比例、季节性产品、交叉检验、实施期延长和价格触发 SSM 等问题表明了G33的观点，指出这些新增的条款复杂且难以操作，加重发展中成员负担，使SSM机制失去效用。5月，加拿大和澳大利亚提出对SSM影响的分析文件，涉及成员有中国、印度、印度尼西亚、韩国、菲律宾、土耳其和委内瑞拉等，涉及产品有大豆、香蕉、棕榈油等，指出根据案文中现有条款的触发水平，平均每年可以对26%~40%的产品触发特殊保障机制，从而说明特殊保障机制对农产品贸易的潜在影响非常严重。哥斯达黎加也提交了文件，指出SSM对出口发展中成员造成的威胁。围绕这些文件，双方在技术层面进行了激烈交锋，从讨论情况看，进出口双方的分歧越来越大。

（4）其他议题。在特定产品蓝箱封顶的磋商中，多数发展中成员对美国享有特殊灵活性表示不满。在敏感产品问题上，各方仍坚持原有立场：日本和加拿大坚持增加敏感产品比例，美国表示如各方都要求增加，美国也应享受该待遇。发展中成员指出敏感产品数量已相当多，如要增加，补偿幅度也应大大增加，还要提高透明度。新建配额、关税封顶和关税简化等问题，G10和欧盟等进口发达成员表示有困难，难以调整立场，发展中成员则强调农业与非农领域雄心水平应保持平衡。

3. 模式案文澄清

在上半年的谈判过程中，成员发现模式案文中存在诸多不清晰和易产生歧义的地方。印度等成员提出讨论案文中模糊地方，除了确实存在需要澄清的地方，也试图在案文现有基础上多争取利益（如国内支持），同时给发达成员施压以缓解发展中成员的压力。出于对自身出口利益的考虑，阿根廷希望对现有案文进行修改完善，防止发达成员钻空子，同时借此平衡谈判被模板讨论主导的格局。文件提出之后，农业特会主席多次召集全会和小范围磋商进行讨论。

基于目前形势，2011年谈判能否取得进展，关键看主要成员能否显示诚意，特别是美国的意愿。美国中期选举结束后，主要WTO成员均就多哈谈判发出政治信号，但美国是否真正有意愿调整立场参与谈判尚待观察，特别是美国能否尊重谈判授权、能否表现出在2008年模式草案基础上进行谈判的诚意。

WTO渔业补贴谈判

2010年新任规则谈判小组主席在继承前任主席谈判思路的基础上，为弥合分歧，除全会外，还增加了小范围诸边磋商。小范围磋商讨论议题集中在难点和棘手问题上，如：禁止性补贴、特殊与差别待遇（S&D）、远洋渔业、小型渔业等。这些问题长期以来各成员分歧大，利益冲突较深。

（一）巴西、中国、印度和墨西哥就特殊与差别待遇问题联合提案及其他成员的反应

1. 4个发展中成员的联合提案

2010年2月，巴西、中国、印度、墨

西哥就发展中成员 S&D 问题向规则谈判小组联合提案。提案对 2007 年 11 月主席案文中第三条关于发展中成员 S&D 条款进行了大幅修改。主要修改内容包括：①对小规模渔业进行了重新定义；②取消了对渔船船长和作业区域限制等补贴限制条件，扩大了包括对远洋捕捞的补贴在内的补贴范围；③仅限于发展中成员对入渔费进行补贴等。

2. 其他成员对提案的反应

关于提案中第三条第二款小规模渔业的定义。美国、欧盟、挪威、智利等成员要求澄清“低收入、资源匮乏”和“生计型”渔业等定义；新西兰认为小规模渔业定义过于宽泛，给予发展中成员提供的灵活性过大；加拿大和日本认为所有成员都有支持本国小规模渔业的关注，不能将例外待遇仅限于发展中成员。

关于第三条第三款远洋捕捞。美国主张企业规模和船舶越大，纪律就应该越严格；加拿大、挪威、日本等成员坚持远洋补贴纪律对所有成员一视同仁，反对提供远洋捕捞补贴；欧盟则提出维持现状；巴西表示多哈回合是发展回合，绝不接受任何剥夺发展中成员发展远洋渔业权利的谈判成果；印度指出虽然目前没有从事远洋捕捞，但希望未来纪律为印度发展保留一定的空间。

关于第三条第四款入渔费问题，肯尼亚、汤加、萨尔瓦多等成员表示，“非加太”国家的重要收入来自于发达国家的入渔协定，不允许入渔费例外将减损这些国家的财政收入。巴西表示，提案的目标是确保发展中成员的待遇，应由发展中成员来补贴本国渔业，即便允许此类活动，也应纳入一般例外的范围。

（二）禁止性补贴磋商

禁止性补贴是发达成员最为关心的议题。美国、新西兰、澳大利亚等发达成员强调加严禁止性补贴，扩大禁止补贴范围；日本、韩国、欧盟、中国台北力图使禁止性补贴范围越小越好；发展中成员则更强调必须给予发展中成员一定的灵活性。

美国强调鉴于资源危机状况，必须制定严格的纪律；日本表示补贴不是造成过度捕捞的唯一因素，还包括非法、无报告及未受监管捕捞（IUU）、渔业管理体系不完善等因素，因此不能全盘禁止渔业补贴；韩国则表示只有明确会造成过度捕捞的补贴项目才能直接禁止补贴；中国、巴西、印度、印度尼西亚则表示原则支持禁止补贴，但需要与 S&D 结合，渔港等基础设施补贴应纳入一般例外，燃油补贴应给予发展中成员灵活性。

（三）小规模渔业一般例外磋商

对小规模渔业，日本、韩国、欧盟、加拿大等发达成员也希望能得到补贴，并纳入一般例外条款。韩国表示贫困是全球性问题，发展中成员小型渔民所享受的灵活性应同样适用于发达成员；日本则强调小型渔业不仅仅是发展中成员的问题，也是发达成员面临的问题；欧盟指出小型渔业是个重要的议题。强调给予发达成员小型渔业的更多灵活性与发展中成员 S&D 有直接的关联，如果其关注不能满足，发展中成员获得更多S&D则没有可能；中国、巴西、印度则强调S&D与一般例外不能挂钩，因为前者是有谈判授权的，而后者没有。发达成员和发展中成员情况不同，而且一般例外和S&D情况也不一样，后者具有保护资源和促进发展双重作用，是较一般例外更高级别的待遇，不能同意一般例外的条件反而优于S&D。

自由贸易区谈判

（一）2010年中国自贸区谈判概述

自由贸易区建设是中国政府顺应全球化、区域化潮流，以扩大开放促改革、促发展、促共赢的战略举措。2010年，中国自贸区建设取得了良好进展，为中国企业进出口创造稳定、透明和公平的贸易环境、促进中国对外贸易平稳较快发展发挥了积极作用。

1. 新签协定和实施的自贸区

中国与哥斯达黎加历经13个月6轮谈判后，于2010年4月完成谈判并在北京签署了自贸协定。这是中国与中美洲国家签署的第一个涵盖货物贸易、服务贸易、知识产权、贸易救济等多领域的一揽子自贸协定，为两国经贸关系增添了实质内容，也进一步提升了两国的双边友好关系。

大陆海协会与台湾海基会两会专家2010年先后举行了4次工作会议，并于6月签署了《两岸经济合作框架协议》（ECFA）。该协议包括货物贸易、服务贸易、投资、合作等领域，其中货物贸易和服务贸易早期收获项目于2011年1月1日生效。

截至2010年底，中国已与东盟、智利、巴基斯坦、新西兰、新加坡、秘鲁、哥斯达黎加签署了自贸协定。另外，内地与港澳签署了更紧密经贸关系安排（CEPA）、大陆与台湾签署了两岸经济合作框架协议（ECFA）。

2. 正在谈判的自贸区

2010年正在谈判的自贸区有5个，涉及14个国家和地区，包括：澳大利亚、挪威、海湾合作委员会（沙特、科威特、阿联酋、阿曼、卡塔尔和巴林）、冰岛、南部非洲关税同盟（纳米比亚、南非、莱索托、斯威士兰和博茨瓦纳）。

中国与澳大利亚自贸区谈判于2005年4月启动，2010年2月和6月分别举行了第14轮和第15轮谈判，双方就货物贸易、服务贸易、投资等领域的敏感问题继续进行磋商。

中国与挪威自贸区谈判于2008年9月启动，2010年3月和9月分别举行了第7轮和第8轮谈判，双方就货物贸易、服务贸易、投资等领域相关问题继续进行协商。

中国与冰岛自贸区谈判于2007年4月启动，至2008年4月共举行了4轮谈判，2010年双方在技术层继续保持沟通交流。

中国与南部非洲关税同盟自贸区于2004年6月宣布启动谈判后，至2010年没有实质进展。

中国与海湾合作委员会自贸区谈判于

2004年7月启动，至2009年6月共举行5轮谈判，2010年在货物贸易、服务贸易、投资等领域继续保持技术层沟通。

3. 正在开展可行性研究的自贸区

2010年开展可行性研究的自贸区有4个，涉及4个国家和地区。2010年5月，中国与韩国宣布完成两国自贸区官产学联合研究；同月，中国、韩国和日本政府宣布启动中日韩自贸区官产学联合研究，并于5月、9月和12月分别举行了3次联合研究会议。8月，中国与瑞士完成自贸区联合可行性研究；中国与印度的区域贸易安排可行性研究已于2007年结束，尚未宣布启动谈判，2010年继续保持技术层沟通。

（二）中国与哥斯达黎加自贸区相关情况

1. 双边农产品贸易情况

中哥自2007年6月正式建立外交关系以来，双边农产品贸易发展较快。2010年，两国农产品贸易额5 320.3万美元，比2006年增长56.1%；其中中国进口1 643万美元，出口3 677.3万美元，分别比2006年增加2.8倍和23.4%。中国进口的农产品主要包括冻橙汁、苗木、生牛皮、鱼粉、咖啡等，对哥斯达黎加出口的农产品主要有芸豆、蒜头、番茄酱、蘑菇罐头等。

2.《中哥自贸协定》主要内容

《中哥自贸协定》设序言、16章及13个附件，包括货物贸易、服务贸易、原产地规则、投资、技术性贸易壁垒、卫生与植物卫生措施、贸易救济和争端解决等内容。

货物贸易条款中所有商品被分为6类分别降税（其中中方为前5类）。A类商品在自贸协定生效时立即实现零关税；B类商品在自贸协定生效后5年内线性降税到零；C类商品在自贸协定生效后10年内线性降税到零；D类商品在自贸协定生效后15年内线性降税到零；E类商品不进行关税减让；F类商品为配额管理商品，配额内实施零关税，配额外关税不变。

3.《中哥自贸协定》中农产品的降税安排

中国对关税配额管理的大米、小麦、玉米、棉花、食糖、羊毛产品及豆油、菜籽油、花生油、葵花油、棕榈油、棉籽油、玉米油、烟草和部分咖啡产品等实施例外处理不进行关税削减；对乳制品、羊肉、芒果、柚子、菠萝及其罐头、果酱等产品15年降税到零；对咖啡豆、冻鱼、鱼粉等产品10年降税到零；对鲜冷猪肉、禽蛋等5年降税到零，对蔬菜等其他农产品立即降税到零。

哥斯达黎加对大米、食糖、乳制品、冻虾、咖啡、雪茄等实施例外处理不进行关税削减；对冻羊肉、荞麦、燕麦粉等产品15年降税到零；对冻鲽鱼、冻鳕鱼、豌豆、红小豆、冻草莓、辣椒、小麦粗粉、燕麦片、芦笋罐头、果酱等产品10年降税到零；对冻牛肉、金枪鱼、红酒等产品5年降税到零；对小麦、大蒜、番茄酱、蘑菇罐头、苹果汁等产品立即降税到零；每年给予中国1万吨芸豆和250吨冻猪肉的零关税进口配额。

中哥自贸区的建设将有助于双边农产品贸易的进一步发展。哥斯达黎加将增加对中国热带水果、咖啡、观赏植物、水产品、动物生皮等的出口，中国生产的蔬菜和水果等产品出口也将增加。

（三）中国与日本和韩国自贸区的背景情况

1. 日本和韩国农业生产

日本。国土狭长，纵贯热带、温带和寒带，面积37.8万平方千米，人口1.3亿人，其中农业人口729.5万人。2008年耕地430.8万公顷。

据FAO数据，2008年主要农产品中，种植业产品产量：稻谷1 102.9万吨，小麦88.1万吨，玉米26.6万吨，大麦21.7万吨，大豆26.2万吨，甜菜424.8万吨，蔗糖159.8万吨；蔬菜中土豆、圆白菜和大白菜、葱头、西红柿、胡萝卜、黄瓜、莴笋、茄子、菠菜、菜花、辣椒产量较大。水果产品有柑橘、苹果、西瓜、梨、柿子、葡萄、草莓等。

养殖业产品产量：牛奶798.2万吨，牛肉52万吨，猪肉124.8万吨，鸡肉136.5万吨，鸡蛋255.4万吨。生牛皮、马肉、羊肉、蜂蜜等产量不大；水产品498.1万吨，其中捕捞424.9万吨，养殖73.2万吨。

韩国。国土面积10万平方千米，人口4 884.5万（韩国统计局2010年人口预测数据），2008年耕地155.3万公顷。

据FAO数据，2008年主要农产品产量：稻谷691.9万吨，牛奶220万吨，猪肉105.6万吨，鸡蛋55.6万吨，鸡肉48.7万吨、牛肉24.6万吨、鸭肉5.4万吨；蔬菜中圆白菜和大白菜、葱头、土豆、西红柿、黄瓜、萝卜、大蒜、辣椒、莴笋、蘑菇等产量较高；水果主要有西瓜、柑橘、苹果、梨、柿子、葡萄、草莓、桃、栗子；少量生产红薯、南瓜、大麦、大豆、烟草、芝麻、花生、油菜籽、生牛皮、蜂蜜、羊肉、兔肉；水产品241.8万吨，其中捕捞194.4万吨，养殖47.4万吨。

2. 中国与日本和韩国农产品贸易

中国与日本。2010年，两国农产品贸易额97.7亿美元，比上年增长19.7%，占两国货物贸易总额的3.3%。其中中国出口91.7亿美元，增长19%，占中国对日货物出口总额的7.6%；进口6.1亿美元，增长30.7%，占中国从日货物进口总额的0.3%。中国主要出口水产品、蔬菜、蜂蜜、肠衣、鸡肉、水果、饲料等，主要进口水产品、板栗、苹果、婴幼儿食品、调味品等。

中国与韩国。中国是韩国第一大贸易伙伴、出口市场和进口来源地。2010年，两国农产品贸易额39.5亿美元，比上年增长25.7%，占两国货物贸易总额的1.9%。其中中国出口35.3亿美元，增长24.7%，占中国对韩国货物出口总额的5.1%；进口4.2亿美元，增长34.6%，占中国从韩国货物进口总额的0.3%。中国主要出口水产品、蔬菜、饲料、大米、油籽等；主要进口水产品、砂糖、板栗、人参、面食、饮料等（表61）。

表 61　2010 年中国与日本和韩国农产品贸易情况

单位：万美元

中国与日本				中国与韩国			
产品	出口	产品	进口	产品	出口	产品	进口
出口总额	916 660.1	进口总额	60 717.7	出口总额	353 342.2	进口总额	42 134.9
水产品	324 023.6	水产品	31 843.9	水产品	133 406.7	水产品	16 158.1
蔬菜	193 022.0	饮品类	3 729.4	水果	71 358.9	植物油	10 662.8
畜产品	131 016.3	蔬菜	3 124.4	饮品类	18 278.0	坚果	3 162.7
水果	43 907.7	畜产品	1 595.1	谷物	15 280.8	粮食制品	1 609.5
饼粕	33 165.3	粮食制品	1 568.2	棉麻丝	13 589.0	棉麻丝	1 459.3
粮食制品	20 846.3	精油	736.3	畜产品	8 551.8	水果	943.5
油籽	18 274.5	糖料及糖	733.0	干豆*	8 132.9	畜产品	736.0
坚果	14 749.6	坚果	680.6	坚果	7 246.3	油籽	647.8
药材	12 779.0	花卉	528.0	植物油	6 769.8	干豆*	583.9
谷物	11 988.7	植物油	473.0	油籽	6 339.5	蔬菜	264.0
10 产品合计	803 773.0	10 产品合计	45 011.9	10 产品合计	288 953.7	10 产品合计	36 227.6
贸易总额		977 377.9		贸易总额		395 477.1	

* 不包含大豆。

3. 日本和韩国的农产品关税

日本。2009 年简单平均税率为 21%，其中税率为零的税目占 35.1%，税率在 50% 以上的占 5.7%。

韩国。2009 年简单平均税率为 48.6%，其中税率为零的税目占 6.2%，税率在 50% 以上的占 10.3%（表 62）。

表 62　2009 年中日韩农产品①实施税率分布

单位：%

国家	R* =0	0 < R ≤5	5 < R ≤10	10 < R ≤15	15 < R ≤25	25 < R ≤50	50 < R ≤100	R > 100	简单平均	贸易加权平均
中国	5.9	8.1	26.3	24.6	25.2	7.2	2.6	0	15.6	10.3
日本	35.1	17.5	16.2	8.1	10.3	6.3	1.2	4.5	21	12.5
韩国	6.2	14.5	26.6	1.2	13.3	27.9	2	8.3	48.6	119.8

数据来源：WTO 关税数据库（2010）。

* R 为税率的缩写。

① 此处根据 WTO 对农产品的界定，不包括水产品。

从大类产品看，日本乳制品和谷物产品的平均税率较高，分别为 147.5% 和 60.8%；韩国谷物产品、乳制品、水果蔬菜、茶和咖啡的平均税率较高，均在 50% 以上，其中谷物产品为 134.5%。日本和韩国关税高峰明显，日本最高税率为 641%，韩国最高税率为 887%（表63）。

表63　2009 年中日韩大类农产品实施税率

单位:%

国家	产品分类	平均税率	零关税比例	最高关税
中国	动物产品	14.8	10.1	25
	乳制品	12.0	0.0	20
	水果、蔬菜	14.8	5.9	30
	茶、咖啡	14.7	0.0	32
	谷物产品	24.2	3.4	65
	油籽、动植物脂肪	10.9	5.4	30
	糖和糖食	27.4	0.0	50
	饮料和烟草	22.9	2.2	65
	棉花	15.2	0.0	40
	其他农产品	11.5	9.4	38
	鱼和鱼产品	10.7	6.2	23
日本	动物产品	12.3	43.8	359
	乳制品	147.5	6.7	558
	水果、蔬菜	12.2	19.9	415
	茶、咖啡	15.6	22.7	191
	谷物产品	60.8	10.6	637
	油籽、动植物脂肪	10.6	42.3	561
	糖和糖食	23.5	12.7	82
	饮料和烟草	14.2	32.1	53
	棉花	0.0	100	0
	其他农产品	5.7	70.0	641
	鱼和鱼产品	5.5	3.8	15

（续）

国家	产品分类	平均税率	零关税比例	最高关税
韩国	动物产品	22.1	2.4	89
	乳制品	67.5	0.0	176
	水果、蔬菜	57.7	0.2	887
	茶、咖啡	53.9	0.0	514
	谷物产品	134.5	0.3	800
	油籽、动植物脂肪	37.5	4.2	630
	糖和糖食	17.1	0.0	243
	饮料和烟草	31.7	0.0	270
	棉花	0.0	100.0	0
	其他农产品	16.1	23.7	754
	鱼和鱼产品	16.0	0.7	53

此外，韩国自1994年起对部分商品实行调节关税制度，每年公布一次适用调节关税产品种类和关税税率，2010年涉及20个6位税目的农林渔产品，其中16个为农渔产品。

4. 日本和韩国对外自贸区建设情况

日本。已签署12个经济伙伴关系协定（自贸协定），涉及15个国家和地区，包括与智利、墨西哥、瑞士、越南、泰国、印度尼西亚、马来西亚、新加坡、文莱、菲律宾、东盟及印度。已完成与秘鲁的协定谈判；正与韩国、澳大利亚、海湾合作委员会进行谈判，与加拿大、蒙古、中国和韩国进行可行性研究。

韩国。已签署8个自贸协定，涉及45个国家和地区，包括与智利、新加坡、欧洲自由贸易联盟（EFTA）、东盟、美国、欧盟、秘鲁、印度。正与日本、加拿大、澳大利亚、新西兰、墨西哥、海湾合作委员会、柬埔寨和土耳其进行谈判，与中国、中国和日本、新西兰、海湾合作委员会、南方共同市场、中美洲共同体、南部非洲关税同盟、以色列、俄罗斯进行可行性研究。

农业贸易促进

在世界各国纷纷加大农产品营销促销支持力度、帮助本国农业企业提升国际市场竞争力的背景下，中国灵活运用WTO规则，继续加大“绿箱”政策投入，调整“黄箱”政策支出，充分发挥政府、行业协会以及政策性金融机构等部门的作用，改善政策环境和开展信息、会展、金融等多方面的公共服务，支持农业企业开拓国际市场。

政策环境

2010年，中国政府进一步加强了农产品质量安全管理体系和农产品市场流通服务体系建设，从宏观上保证了农产品贸易和流通的平稳和顺畅，为农产品营销促销提供了良好的政策环境和市场条件。

（一）农产品质量安全管理体系建设

1. 农产品质量安全监测

始建于1988年的中国农产品质量安全检测检验体系至今已初步形成。到2010年，省级农产品质量安全专门监管机构已基本建立，2/3的地市和1/3的区县农业部门设立了农产品质量安全监管科（办），乡镇农产品质量安全监管服务体系建设已统筹纳入农技推广体系建设规划，监管能力得到有效提升。相关部门清查出口食品企业10 640家，注销706家，暂停361家企业的相关资质，解除并依法处理了来自85个国家和地区33类9 755批次不合格食品。与此同时，全面加大监督检测力度，2010年，农业部在全国范围内开展了4次农产品质量安全例行监测，共检测138个大中城市6大类产品101个品种86个参数38 562个样品。结果显示，全年蔬菜、畜禽产品和水产品总体合格率分别为96.8%、99.6%和96.7%，农产品质量安全合格率稳中有升，农产品质量总体安全可靠。

2. 农业标准化和质量安全认证

农业标准化作为保障农产品质量安全

的治本之策，一直是农产品质量安全管理的基础和重点。2010年农业部门在全国范围内启动了“菜篮子”产品标准化生产创建活动，新规划建设了819个蔬菜水果茶叶标准园和45个国家级农业标准化示范县(场)，稳步推进畜禽标准化规模养殖小区和水产健康养殖场建设，全面提升农产品质量标准化水平，提高农业生产效益。制定农兽药残留等农业国家标准和行业标准400项，截至目前，标准总数已达到4 500多项。

随着农业标准化的不断推进，无公害农产品、绿色食品、有机农产品以及农产品地理标志等认证工作进一步发展。2010年，中国无公害农产品产量逾2.7亿吨，约占农产品商品总量的30%；通过认证的绿色食品企业总数达6 418家，比2009年底增长6.9%，产品覆盖农产品及加工食品的1 000多个品种，总产量超过1亿吨；农业系统认证的有机农产品接近7 000个，累计公告发证的农产品地理标志产品535个。

（二）农产品市场流通管理体系建设

1.“双百市场工程”和“万村千乡市场工程”

自2006年启动“双百市场工程”以来，商务部以农产品冷链、质量安全可追溯两大系统和检验检测、结算、信息、监控、废弃物处理五大中心为支持重点，累计支持903家农产品批发市场、农贸市场和农产品流通企业完成1 419个建设项目。同时，中央财政逐年加大“万村千乡市场工程”的支持力度，从开始每年2亿元增加到2010年的16亿元，累计投入43亿元，地方财政累计配套资金19.3亿元。

截至2010年底，农村现代流通网络框架初步形成，全国连锁化农家店已达52万家，覆盖80%的乡镇和65%的行政村，年销售额近3 000亿元。与此同时，农村商业设施大幅增加，全国农村超市商业面积达4 500万平方米，平均单店面积87平方米；平均单店品种400多种，经营品种大幅增长。

2010年，商务部、财政部把“万村千乡市场工程”工作重点转移到加强农村商品配送能力建设上，稳步增强商品配送能力，巩固连锁经营网络。据统计，截至2010年底，“万村千乡市场工程”在农村建设2 667个物流配送中心，每个县平均拥有1个，配送中心面积达1 700万平方米。全覆盖、多层次的农村商品配送体系初步形成。

2. 农产品流通追溯体系

继2009年商务部、财政部在全国10个省市开展“放心肉”服务体系建设以来，上海、青岛等部分城市探索建立猪肉质量安全信息可追溯系统，取得了积极成效。2010年中央财政专门安排4亿元资金用于追溯体系建设试点，各地按照《商务部办公厅、财政部办公厅关于肉类蔬菜流通追溯体系建设试点指导意见的通知》要求，积极落实推广，为实现追溯体系的网络化打下良好的基础。

信息服务

（一）政府信息服务

2010年，农业部、商务部、海关总署等部委的政府信息公开工作稳步推进，信息公开工作机制基本健全完善，为农业贸易信息服务创造了有利条件。各部委主要通过互联网络、新闻发布会、部公告等形式进行信息公开。农业部完善了部新闻发言人制度并加快建立农业系统新闻发言人制度。商务部设立了政府信息公开咨询窗口，开通了政府信息公开热线。2010年，工业和信息化部、科技部、农业部、商务部、文化部等联合制定并实施了《农业农村信息化行动计划（2010—2012年）》。商务部和农业部达成框架性合作协议，决定加强农业贸易工作，在产业链各环节互通农产品市场信息，建立信息通报机制。农业部先后编制出台了《农业部定点批发市场信息工作规程》、《农业部农业综合统计工作规范》、《农业部主要农产品及农用生产资料价格监测调查工作规范》和《农业部农产品成本调查工作规范》，下发了《进一步加强农业统计调查工作的通知》，有效提高了农业信息统计工作制度化和标准化水平。

2010年3月，国务院办公厅发布《关于统筹推进新一轮"菜篮子"工程建设的意见》，明确要求建立和完善信息网络，支持建立覆盖主产区和全国主要批发市场的农产品产销信息公共服务平台，定期收集发布农产品生产、供求、价格等信息。同月，国务院办公厅印发了《2010年食品安全整顿工作安排》，明确要求加强进出口食品安全信息通报，完善风险预警和控制措施。该安排要求各地主动做好信息发布和政策解读，大力宣传《中华人民共和国食品安全法》及其实施条例，支持新闻媒体开展舆论监督。此后，各部委纷纷采取有力措施，打造网络服务平台，实现市场信息和政务信息的公开化，提升信息公共服务能力。

农业部建立了具有较强支持服务能力的网络中心，通过新改版后的中国农业信息网和中国农业外经外贸信息网为主体的农业市场与贸易信息发布窗口向社会发布国际农产品市场信息，包括日常信息、重点信息和行业指导信息。年内农业部有关机构共提供了信息统计服务产品合计16种、1 226期（册、篇、条），国际市场动态和信息分析产品6类，共计139期，为宏观决策提供了有力支撑，为社会公众提供了有效信息服务。

2010年，农业部加快运行信息采集报送新系统，在认真做好新软件系统调试运行的基础上，加快系统升级步伐，通过一年时间把新系统打造成统计、物价和成本信息采集报送的快速通道。农业部通过开展"金农工程"二期的筹备工作，推进"三电合一"财政专项和基建项目建设，逐步构建起完整的农业信息服务体系。同时加强"12316"综合信息服务平台建设，以12316为纽带，建设部、省两级集固定电话、移动电话、语音、视频、互联网、短信息为一体的综合信息服务平台。依托“金农工程”的平台，农业贸易促进中心与农业部信息中心合作开发了“国际农产品市场信息采集系统”。

商务部发布《国别贸易投资环境报告》农产品分册，专门汇总涉及农产品的贸易投资管理体制最新变化、技术性贸易措施等，旨在帮助农产品生产、出口企业更好地开展贸易活动。商务部政府网站链接了五大综合数据库（中国法规、中国商品、世界买家、环球商展、国别报告）和外贸指南、投资指南、合作指南、贸易救济、世贸咨询等公共商务信息服务项目站点，为公众和企业提供全方位的公共商务信息服务。

海关总署通过海关统计资讯网在线平台实时监测国家进出口发展态势，面向大众提供中国海关统计数据发布与查询、统计业务相关信息介绍与展示等服务。主要发布海关统计快讯、海关主要统计数据（统计月报及统计年报）、中国海关贸易指数（HS、SITC、BEC、国民经济类贸易指数），并分类提供针对海关数据进行的专业分析和监测预警报告。

（二）其他机构信息服务

2010年，协会、商业网站、媒体等各类社会机构的农产品贸易信息服务也取得快速发展，信息来源渠道更加丰富，服务内容进一步充实深化，信息更新频率加快，受众数量增长迅速。一些信息服务企业和独立咨询机构推出了综合性农业网站。在行业协会和农业专业合作组织的推动下，粮食、油料、棉花、水果、茶叶、蔬菜等各子行业都涌现了专业化的信息服务网站，如中国食用油信息网、中国棉花网、中国水果网等。很多机构不仅开展贸易量价额等信息的发布，还开始提供专业性强的深度分析报告。国内综合性门户网站和经济金融网站也加大了对农业的关注，如新浪、中国经济网等，有的专门开辟农业板块，更多的是在期货栏目里编发大量世界农产品供需以及进出口信息，同时按期提供分析师观点。国际一些知名的行业网站如油世界网站、国际谷物理事会网站、国际棉花咨询委员会网站等在中国的影响和辐射力也逐步扩大。一些国外网站开始编辑中文版，定期发布分析报告。

为克服民间组织力量单薄、规模较小且比较分散等弱点，各级政府开始牵头将民间组织聚拢起来，为他们提供一个统一的发布平台，增强信息辐射影响力。如国家民间组织管理局依托中国民间组织网主办了“民间组织服务新农村建设信息平台”，社会团体、基金会、民办非企业单位都可以点击“发布项目”按钮，发布本组织所提供的服务新农村建设项目。目前总计参与的民间组织达390个，提供信息服务项目达774个。

据工信部统计，2010年，全国网民数累计达到4.6亿人。农村网民数净增近0.2亿人，达到近1.3亿人，占网民总数的27.3%。互联网普及率达到34.3%，比上年底提高5.4个百分点。“信息下乡”进展明显，建成“农信通”、“信息田园”、“金农通”等全国性农村综合信息服务平台，涉农互联网站接近2万个。建成乡镇信息服务站20 229个、行政村信息服务点117 281个，网上建成乡镇涉农信息库14 137个、村信息栏目135 478个。

会展服务

通过举办和参加农业会展，以及组织各种类型的贸易洽谈、对接和推介活动，打开农产品市场销路，是中国促进农业贸易的重要措施。2010年，国家安排专项资金用于开展国内市场产销对接活动、国际市场促销活动、组织农产品网络促销、农产品市场开拓基础性工作、农产品加工推进行动等会展促销服务。

（一）国内会展活动

2010年，农业部重点支持了20余项大型会展活动。其中，国内举办的国际性、综合性大型农业展会主要包括第八届中国国际农产品交易会、中国国际渔业博览会、中国国际薯业博览会、第四届海峡两岸食品展、中国国际种业博览会、全国名优水果展示交易会、中国绿色食品博览会、中国国际有机食品博览会、中国大豆产业博览会、奶及奶制品促销活动、畜禽产品综合促销等活动；国内举办的区域性、特色性展会或推介对接活动主要有中国（寿光）国际蔬菜科技博览会、中国湖北（武汉）农业博览会、广东特色农产品推介会、中国（长春）国际农业食品展览会等；化解和应对突发积压卖难等情况的农产品应急促销活动共4场，组织批发市场管理人员、经销商赴新疆、甘肃、陕西和江西，分别对新疆特色农产品、兰州高原夏菜、洛川苹果和赣南脐橙开展了现场采购对接。在这些活动的引导和推动下，全国各级各地共举办农业会展700余次，其中中等规模以上会展活动200余次。这些会展活动的举办，促进了农产品市场流通和贸易。

1. 全国性农业会展

第八届中国国际农产品交易会。会展主题为“转变发展方式，推进现代农业”。展览总面积10.3万平方米，来自各省（自治区、直辖市）、新疆生产建设兵团和中国台湾的33个展团近70家农业产业化龙头企业，以及来自日本、英国、美国、瑞士、俄罗斯、西班牙等16个国家的展团和企业参加了展示，参展企业达2 000多家，国内和境外20个国家和地区的1万多家采购商参加了交易和洽谈，参观展会的人数达到30多万。贸易成交金额560亿元，比上届增长33%。

第八届中国（寿光）国际蔬菜科技博览会。来自韩国、加拿大、美国、瑞士、以色列等30多个国家以及中国台湾、香港地区在内的3 000多家国内外企业、120多个代表团参展参会，186万人次到会参观。展会共展出蔬菜、瓜果、花卉等品种2 000多个，集中展示植物工厂技术、太空飞碟栽培技术等农业前沿技术以及30多种国内外最先进的蔬菜栽培模式，签约项目41个，签约金额144.7亿元，贸易额达到160亿元。

中国西部国际农产品交易会暨绿色食品有机食品博览会。有来自国内外600多家农业企业参展，参观人数超过65万人次。展会共签订农业项目投资协议62个、协议金额131.6亿元，签订农产品购销协议金额46.2亿元。

第十五届中国国际渔业博览会。展出面积4万平方米，分设海外、国内和设备三大展区，展出内容包括水海产品、养殖技术与品种、水产加工及养殖设备等。共有来自35个国家和地区的近800家中外企业参展，其中国家和地区展团15个，海外参展企业约300家，展出面积占40%。来自83个国家和地区的15 000余人（次）采购商和专业人士到会参观。

第二届中国国际薯业博览会。来自荷兰、英国、德国、比利时、韩国、美国等13个国家和地区以及国内22个省（自治区、直辖市）的200余家企业参展，其中国际参展企业逾50家，占参展企业总数的27%；到会参观的专业观众4 500人，其中拥有决策权或影响采购决策的人员比例高达73%。

中国（海南）国际热带农产品冬季交易会。展览面积达7.2万平方米，较上届增加2 000平方米，参展企业突破1 000家，共签订农产品订单565万吨，成交金额200多亿元，比上届增长近30%。签约40个项目，金额达48亿元，比上年增长20%。

2. 地区性农业会展

第十四届中国（锦州）北方农业新品种新技术展销会，共设展位365个，邀请国内外展商310家，其中，国内参展单位来自20多个省（自治区、直辖市），26家国际展商来自9个国家和地区。参会人数超过5万人次，参展技术、产品达6 610余种，签约108个项目，协议金额11.6亿元。

中国（齐齐哈尔）第十届绿色食品博览会，共设国际标准展位600个，农业科技博览国际标准展位200个。共有来自国内23个省（自治区、直辖市）以及13个国家和地区的738家企业，以及齐齐哈尔市的160家企业参展。

浙江农业博览会展出面积1.8万平方米，展位数1 100多个，1 200多家企业参展，1 300多名国内外大型采购商和美国、日本、菲律宾等10多个国家（地区）代表团到会洽谈，展会现场销售额1.2亿元，合同订单额21.9亿元，比上年度提高66%。

（二）出国参展活动

2010年，农业部重点支持了19项大型海外促销活动，包括组团参加国际大型农业展会，如西班牙国际食品及饮料展、法国巴黎国际食品饮料展、意大利切塞纳国际果蔬博览会、德国纽伦堡有机产品博览会、日本东京国际食品饮料博览会、韩国首尔国际食品展览会、美国国际天然及有机产品展、欧洲国际水产品展览会、日本东京国际海产品及技术博览会、美国波士顿国际水产品博览会、澳大利亚国际食品展览会以及组织开展远洋金枪鱼推介等。

中国绿色食品发展中心组织了8个省（市）的10家企业，参加了在日本东京举办的“第35届国际食品与饮料博览会”。参展产品包括菌类产品及制品、食用油、水果制品、蔬菜及制品、干果和坚果类产品、饮料、杂粮杂豆及制品、保健品等8大类共60多个产品。展期签订出口意向金额约7 950万美元，合资合作项目意向金额4 800万美元，总金额达1.3亿美元。

中国贸促会农业行业分会组织7个省（市）的16家企业，参加了“美国国际天然及有机产品展（东部）”。参展产品包括果脯、燕麦、杂粮、干果、果蔬饮品及奶制品等。天津市一家企业的“黑大蒜”凭借其现代感十足的黑色包装、健康的食用理念，签订现场销售合同达60余万美元；吉林省一家企业吸引到高达1 400万美元的融资。

中国贸促会农业行业分会组织20余家企业，以展团形式参加了在比利时举办的“第十八届欧洲国际水产品展览会”。展团设计主题明确、特色鲜明，吸引了大量采购商和专业观众，展期有超过560家的国外客户到访洽谈。

中国贸促会农业行业分会组织河北、安徽等7省（市）32家农业企业，参加了第二十八届首尔国际食品展和第十五届日本食品配料展。展出内容包括食用菌、辣椒及辣椒制品、冻（干）蔬菜、蜂产品、竹笋制品、茶叶、水产品等，达成意向及实际交易合同80余项，交易额达2 300多万美元。

中国贸促会农业行业分会组织来自安徽、新疆、浙江、山东的20家企业，参加了第十一届马来西亚国际饮食品贸易展，现场及意向成交额总计1 500万元人民币，产品涉及茶叶、蜂蜜、盐渍蔬菜、菌类、干果、番茄酱等。

乌鲁木齐市组织8家食品加工企业，参加了“法国国际食品与饮料展览会”，展出了脱水蔬菜、干鲜水果、香精香料、辣椒粉/籽等数十个品种系列产品，共签订合同金额达704万美元，成交意向额达694万美元。

（三）组织网络促销

2010年，农业部组织开展了农产品网络促销，开发完善农产品促销平台功能，实现网上拍卖、网上交易、个性化服务和多语种信息展示，同时开展了电子商务试点。

新版中国农业“网上展厅”于2010年8月正试投入运行，网站设有中、英、日、韩、俄五个版本，中文版包含国家级龙头企业展厅、地方龙头企业展厅、无公害农产品展厅、绿色食品展厅、有机食品展厅、名优产品展厅、一村一品展厅、农民专业合作社展厅、地理标志农产品展厅、乡镇企业展厅、农资企业展厅、休闲农业与乡村旅游展厅、地方展馆、专业展馆等14个栏目，促销对象范围覆盖到全国各地的农业企业和优质农产品。

新版“网上展厅”充分整合了网络促销资源，注册会员累计数达12 000家，展出农产品信息17 000条，可为1 000多家参展单位提供网上报展服务，为4 000多家采购商提供网上注册服务，访问覆盖范围超过

30多个国家和地区。2010年，中国农产品网络促销平台发布信息合计3 800多条。

（四）农业会展管理

随着农业会展在农产品营销促销中的作用日益加深，农业会展行业规范和管理的需要也不断增强。2010年初，农业部对全年农业展会及营销促销活动进行专题研究部署，发布了中国国际农产品交易会、中国农民艺术节等30个农业部主办和参与的大型农业会展活动计划，印发了《2010年农业会展促销简介》，将全年农业部主办及各地举办的农业展会在中国农业信息网等主要媒体上发布，向各地和企业提早通报了全年重要展览促销安排。2010年6月，农业部发出《关于推进农业品牌工作的通知》，进一步明确了打造品牌农业会展、发展农业会展经济方面的目标。2010年8月，农业部印发了《农业部展览工作管理办法》，对由农业部或部属单位和社团在中国境内举办的各类农业会展活动，从展览申报、审批原则、发文规范、领导邀请、展览变更、展览责任、展览总结以及展览品牌培育等方面，进行了系统的规定。

中国贸促会农业行业分会于2009年着手筹划在农业会展领域率先开展分类认定工作，制订并发布了《中国农业会展分类认定办法（试行）》和《中国农业会展分类标准（试行）》。2010年，中国农业会展分类认定工作正式展开。在2009—2010年度的分类认定工作中，首批通过认定的优秀农业展览项目共计20个，其中综合型农业展览11个，专业性农业展览9个，并在此基础上编印了《中国优秀农业会展指南》中英文版。

金融、法律及培训服务

（一）金融服务

为解决农产品企业出口困难，降低市场风险，促进农产品贸易发展，近几年国家通过政策性金融机构为企业提供信贷融资和保险服务，在不断改革和探索中取得了积极进展。

在农业部支持下，农产品出口企业积极开展银企对接，加强与商业银行、信用社、出口信用保险公司等金融部门的合作，为农产品出口争取广泛的金融支持，努力破解农产品出口融资难题。截至2010年底，国家开发银行农业领域贷款余额约194.7亿元，支持农业“走出去”项目贷款余额约4.2亿美元。2010年，为落实国家十大产业振兴规划及相关产业政策，中国出口信用保险公司明确将农产品列为承保重点支持的七大行业之一。短期出口信用保险全年支持七大行业出口近1 300亿美元，承保金额所占比重从2009年的78%提高至83%。

同时，各地地方政府针对农产品的特点，加快研究、设计满足农产品出口企业需求的金融产品。拓宽农业发展银行的业务范围，在完善运行机制基础上，加大对农产品出口的信贷支持力度。中国信保广东分公司在促进广东和海南两省农产品出口方面，全年共承保农产品出口金额达2亿美元，比上年度增加2倍。

（二）法律服务

法律服务是与企业结合最为紧密、与国际接轨最为彻底的贸易促进形式之一。在企业“走出去”参与国际经贸合作过程中，法律服务发挥着越来越重要的作用。全国各地贸促系统高度重视法律工作，积极推进法律业务建设，使法律服务真正成为企业开展对外经贸合作的可靠保障，对农产品出口企业给予支持。2010年，全国贸促会系统共签发原产地证387万份，比上年增长36.3%；商业证明文件41.4万份，增长20.7%；暂准进口通关（ATA）证册4 135份，增长6.3%；使馆认证18.6万份，增长48%；调解涉外纠纷案件744件，增长30.3%，案件总值近9亿美元；为企业提供法律咨询17 941次，增长47.4%；参与仲裁案件542件，涉案总金额超过2亿美元。

（三）培训服务

1. 农产品贸易经理及管理人员培训

为进一步提高中国农产品加工业国际贸易经理及管理人员的业务水平，2010年由农业部农产品加工局、农业部农业贸易促进中心、中国农业科学院三方继续举办“农产品国际贸易经理及管理人员培训”。来自16个省（自治区、直辖市）的150多名从事农产品加工贸易管理和企业的学员参加培训。围绕中国农产品贸易状况及国家政策、农产品企业扶持政策、中小企业财政和金融扶持手段、农产品企业市场营销策略等内容，采取课堂讲授和参观企业相结合的方式，为参训学员开阔思路、激发拓展国内外市场潜能、提高工作能力等方面创造了良好的公共服务交流平台。学员对课程的满意度高达95%。

2. 农产品质量安全管理及检测技术培训

为提高农产品质量安全管理人员、检测人员的业务素质与技术水平，推动农产品质量安全管理工作上新台阶，2010年农业部有关机构在成都和上海举办了两期“农产品质量安全管理及检测技术培训班”，围绕农产品质量安全及检测新技术，开展农产品（种植业）质量安全管理的政策法规、质量监管和检测体系建设、农产品质量安全认证、优质农产品（水果）质量指标与标准化生产技术体系、农业标准化、品牌化与名牌创建等方面的培训，取得良好效果。

世界农产品贸易与中国

受国际金融危机、国际食品价格回落等因素的影响，2009 年世界农产品出口出现了量额双降局面，均比上年下降 12.9%。2009 年世界农产品出口的区域结构变化不大，但是由于欧盟的农产品进口份额显著下降而亚洲的进口份额快速上升，亚洲取代欧盟成为世界最大的农产品进口区域。尽管部分农产品在世界农产品出口总额中所占份额和部分农产品进、出口前五国（地区）的位次略有变化，但总体上基本保持了上年的贸易格局。

2009 年中国农产品在世界农产品贸易中仍居第三位，但进口额和出口额占世界进口总额和出口总额的比重均略有上升。进口份额增幅最大的是食用油籽，增加 3.8 个百分点；出口份额增幅最大的是茶叶和水产品，分别增加 1.5 个百分点和 1.4 个百分点。同时，由于中国农产品出口额的显著下降，中国农产品出口增长对世界农产品出口增长的贡献率下降到 0.6%，比上年降低 1.4 个百分点。

贸易规模

（一）进出口额及其变化[①]

2009 年，世界农产品贸易额持续增长的趋势发生了改变，与上年相比出现了较大幅度下降；世界农产品出口额 9 892 亿美元，比上年下降 12.9%；进口额 10 252.3 亿美元，比上年下降 11.1%（表 64）。

就区域而言，2009 年除非洲的农产品出口额有所上升外，世界其他主要贸易区域的农产品出口额均出现了不同程度下降。其中，欧洲和中南美的农产品出口下降幅度分别为 12.3% 和 10.9%，略低于世界 12.9%

① 数据来源于联合国 COMTRADE 数据库。凡是来自 COMTRADE 数据库的数据均采用了“中国农业部农产品贸易分类”中关于农产品的定义和分类，农产品包括畜产品、谷物、棉花、食用油籽、植物油、园艺产品、食糖、水产品、饼粕、坚果、干豆和其他农产品。下同。

的平均水平；而中东的农产品出口下降幅度最大，为25.1%；独联体次之，为17.8%；再次是北美洲和亚洲，农产品出口下降幅度分别为13.3%和15.7%。

表64 2003—2009年世界农产品贸易额及增长率

单位：亿美元、%

年份	进口总额	出口总额	进口增长率	出口增长率
2003	5 831.7	5 627.6	16.4	16.5
2004	6 815.1	6 538.4	16.9	16.2
2005	7 367.2	7 094.5	8.1	8.5
2006	8 143.5	7 889.8	10.5	11.2
2007	9 738.2	9 422.1	19.6	19.4
2008	11 532.0	11 361.8	18.4	20.6
2009	10 252.3	9 892.0	-11.1	-12.9

注：由于联合国COMTRADE数据库的数据调整，本表所列2003—2007年的数据与本系列报告（2009）中表79的数据有差异。

资料来源：联合国COMTRADE数据库。

从贸易伙伴来看，欧盟（27国）仍然是世界农产品出口额最大的地区，此后依次是美国、巴西、加拿大、中国和阿根廷。但是，与上年相比，这些国家和地区的农产品出口额都出现了不同程度的下降。其中，加拿大的农产品出口额下降幅度最大，为19.4%；美国次之，为14.6%；欧盟（27国）为12.9%；而巴西和中国的下降幅度相对较小，分别为6.1%和3.3%。

世界农产品贸易额在世界商品贸易总额中的比重，则保持了2007年以来的上升趋势，从2008年的8.5%上升到2009年的9.6%。

（二）出口量及其变化①

2009年世界农产品出口量的增速大幅下降，从上年的增长2%转为下降3%。而农产品产量增速放慢，增长率为0.5%，比上年下降3个百分点。两者相比，农产品出口量增长率的下降幅度依然高于农产品产量增长率的下降幅度，高出2个百分点。与非农部门相比，农产品出口量的下降幅度较小，比燃料和矿产品出口量的降幅低1.5个百分点，比制成品出口量的下降幅度低12.5个百分点（表65）。

（三）出口价格水平及其变化

根据国际货币基金组织的主要农产品出口价格指数，2009年除个别产品出口价格指数比上年略升外，大部分农产品出口价格指数都有较大幅度下降。其中，食品出口价格指数比上年下降14.7%，饮料出口价格指数略升1.6%，农业原料出口价格指数下降17%。

① 数据来源于WTO国际贸易统计（ITS）2010。

表 65　2000—2009 年世界主要商品出口量和产量增长率

单位：%

年份	2000—2009 年	2007 年	2008 年	2009 年
世界商品出口量	3.0	6.5	2.0	-12.0
农产品	3.0	5.5	2.0	-3.0
燃料和矿产品	2.0	3.5	0.5	-4.5
制成品	3.5	8.0	2.5	-15.5
世界商品产量	1.5	0.5	1.0	-5.0
农产品	2.0	2.5	3.5	0.5
燃料和矿产品	1.0	0.0	1.0	-2.0
制成品	1.0	0.0	1.0	-7.0

数据来源：WTO 国际贸易统计（ITS）2010。

在食品中，2009 年谷物产品出口价格指数降幅最大，为 27.1%。其中，小麦、玉米、大米和大麦的出口价格指数分别比上年下降 31.4%、25.9 %、15.8 % 和 36 %；油料产品的出口价格指数也比上年下降 20%，其中，大豆和花生等食用油籽的出口价格指数比上年下降 16.5% 和 36.6%；豆油、菜籽油、棕榈油、葵花油和橄榄油等植物油的出口价格指数分别比上年下降 30.6%、39.9%、25.4%、38.5% 和 15.8%；肉类的出口价格指数比上年降 5.1%，而水产品的出口价格指数比上年略升 0.2%；食糖的出口价格指数比上年有较大幅度上升，升幅为 30.2%。

在饮料中，2009 年可可和茶叶出口价格指数分别比上年上升 12.5% 和 16.5%，而咖啡出口价格指数比上年下降 12.2%。在农业原料产品中，棉花和羊毛的出口价格指数分别比上年下降 12.2% 和 16.5%。

贸易结构

（一）区域结构[①]

1. 各区域贸易比重及其变化

从出口额来看，2009 年欧洲仍然是世界最大的农产品出口区域，其出口额占世界农产品出口总额的 45.2%，排在其后的依次为亚洲、北美、中南美、独联体、非洲和中东。在所有区域中，亚洲、北美洲、非洲

① 本部分数据来源于 WTO 国际贸易统计（ITS）2010。在 WTO 资料中，将世界分为北美、中南美、欧洲、独联体、非洲、中东和亚洲 7 个区域。其中，北美包括加拿大、美国等 3 个国家；中南美包括中美 7 国、加勒比海 17 国和南美 12 国；欧洲包括欧盟 27 国，挪威、瑞士等其他西欧 4 国和阿尔巴尼亚、罗马尼亚、土耳其等东南欧 8 国；独联体包括俄罗斯、乌克兰、乌兹别克斯坦等 12 国；中东包括伊拉克、伊朗、沙特阿拉伯等 13 国；亚洲包括中国、日本、韩国、印度等国家（地区）及澳大利亚、新西兰等大洋洲共 36 个国家或地区。这里的农产品使用了 WTO 的 2010 年鉴中的定义。

和中东占比略有下降，分别下降0.1个百分点、0.5个百分点、0.2个百分点和0.2个百分点；其余区域占比均略有增加，其中独联体出口份额增幅最大，为0.6个百分点。中东出口规模依然最小，出口份额仍未达到2%。

从进口额来看，2009年亚洲取代欧洲成为最大的农产品进口区域，其进口额占世界农产品进口总额的30.1%，比上年上升9.2个百分点，而欧洲农产品进口额占世界农产品进口总额的比重则快速下降19.9个百分点，退居为亚洲之后的第二大进口区域。其后依次为北美洲、非洲、中东、独联体和中南美，但与上年相比，这些区域进口额所占的份额都略有上升，分别上升3.1个百分点、5.3个百分点、4.8个百分点、2.5个百分点和0.6个百分点（表66）。

表66 2008—2009年世界农产品贸易的区域结构

单位：%

区域	出口额占世界农产品出口总额比重		区域	进口额占世界农产品进口总额比重	
	2008年	2009年		2008年	2009年
欧洲	44.9	45.2	亚洲	20.9	30.1
亚洲	19.4	19.3	欧洲	44.7	24.8
北美	15.8	15.3	北美	11.7	14.8
中南美	11.7	12.0	非洲	4.6	9.9
非洲	3.6	3.4	中东	4.9	9.7
独联体	2.8	3.4	独联体	3.9	6.4
中东	1.8	1.6	中南美	3.8	4.4

数据来源：WTO国际贸易统计（ITS）2009、2010。表中农产品使用了WTO的2010年鉴中的定义。

2. 区域间贸易流向及其变化

2009年世界区域间农产品贸易流向仍然相对集中在北美、中南美、亚洲和欧洲四个区域之间。按照区域间出口额大小排序，前五位依次为：从北美出口到亚洲646.1亿美元，从中南美出口到欧洲394.7亿美元，从中南美出口到亚洲343.5亿美元，从亚洲出口到欧洲329.4亿美元，从欧洲出口到亚洲286.6亿美元。

与上年相比，2009年区域间贸易流量大部分地区间出现负增长，而下降幅度较大的是从各大洲流向欧洲的贸易流量。其中下降最快的是从北美出口到欧洲，降幅为23.7%；其次是从中南美出口到欧洲，降幅为19.7%；第三是亚洲出口到欧洲，降幅为18.9%。此外，亚洲出口到北美的贸易流量也下降较快，降幅为15.6%。只有中南美出口到亚洲的贸易流量比上年略有增长，增幅为4.1%（表67）。

表 67　2008—2009 年主要区域间农产品贸易流向

单位：亿美元、%

贸易流向	2008 年	2009 年	比上年增长
欧洲 → 亚洲	311.5	286.6	-8.0
欧洲 → 北美	237.2	205.8	-13.3
亚洲 → 欧洲	406.3	329.4	-18.9
亚洲 → 北美	327.2	276.1	-15.6
北美 → 亚洲	700.0	646.1	-7.7
北美 → 欧洲	227.7	173.7	-23.7
中南美 → 欧洲	491.8	394.7	-19.7
中南美 → 亚洲	329.9	343.5	4.1
中南美 → 北美	214.7	200.5	-6.6

数据来源：WTO 国际贸易统计（ITS）2009、2010。表中农产品采用了 WTO 2010 年鉴中的定义。

尽管欧洲农产品进口额出现显著下降，但仍然是农产品净进口区域。其区域外出口市场主要是亚洲和北美，向亚洲和北美出口的农产品分别占欧洲出口总额的 5.4% 和 3.9%；区域外进口来源地主要为中南美、亚洲、非洲和北美，其中从中南美进口额最大，为 394.7 亿美元，占欧洲区域外进口总额的 33%，比重比上年显著提高。

亚洲仍然是农产品净进口区域，其农产品区域外主要出口市场仍然为欧洲和北美，对欧洲和北美的出口额分别占亚洲出口总额的 14.6% 和 12.2%，基本与上年持平；区域外主要进口来源地仍然是北美、中南美和欧洲，其中从北美进口额最大，为 646.1 亿美元，占亚洲区域外进口总额的比重为 44.6%，所占比重较上年显著提高。

与欧洲和亚洲不同，2009 年北美和中南美的农产品贸易均继续保持顺差状态。北美农产品的区域外主要出口市场仍然是亚洲和欧洲，对亚洲和欧洲的出口额分别占北美出口总额的 36.1% 和 9.7%，与上年相比对亚洲出口份额有所增加，而对欧洲出口份额有所下降；区域外主要进口来源地仍然是亚洲、欧洲和中南美，其中从亚洲和欧洲的进口额分别占北美区域外进口总额的 38.7% 和 28.8%，比重比上年均有显著提高。中南美的区域外主要出口市场仍然是欧洲、亚洲和北美，其出口比重分别占中南美出口总额的 28.3%、24.6% 和 14.4%，与上年相比，对欧洲出口的比重显著下降，而对亚洲出口的比重上升较快，对北美出口的比重基本稳定；其区域外主要进口来源地仍然是北美，从北美进口总额为 127 亿美元，占中南美区域外进口总额的 60.3%，比重比上年显著提高。

独联体、非洲和中东的农产品贸易区域

相对集中，区域外主要出口市场和进口来源地仍然均集中在欧洲和亚洲，且贸易流量相对较小。

3. 区域内贸易比重及其变化

2009 年区域内农产品贸易占世界农产品贸易的 58.2%，比重与上年持平。其中欧洲区域内农产品出口占其农产品出口总额的比重最大，为 80.6%，与上年基本持平；其次是中东地区，占其出口总额的 57.7%，比上年降低 6.8 个百分点；亚洲占其出口总额的 57.2%，位居第三，比上年上升 2.4 个百分点；此外，北美占其出口总额的 39.4%，独联体占其出口总额的 33.3%；而非洲和中南美分别占其出口总额的 21% 和 16.2%，比重都与上年基本相同。

（二）产品结构①

1. 各类农产品出口比重及变化

2009 年畜产品、园艺产品、水产品、谷物、植物油和食用油籽出口额合计占全部农产品出口总额的 59.2%，比上年下降 2.6 个百分点。其中，最大的是畜产品，占 17.4%；其次为园艺产品，占 14.6%；水产品位居第三，占 10%；谷物、食用油籽和植物油出口分别占 8.1%、5.1% 和 4%。与上年相比，各类农产品出口额占世界全部农产品出口额比重变化不大。其中，水果、茶叶、蔬菜、花卉、食糖、水产品、饼粕、坚果、干豆和食用油籽出口比重都有所上升，而畜产品、谷物、棉花和植物油比重有所下降。

2. 出口产品结构

（1）畜产品。2009 年畜产品出口总额 1 724.2亿美元，占世界农产品出口总额比重为 17.4%，比上年下降 1.4 个百分点。猪及制品、牛羊及制品、禽及制品、乳制品和动物生皮的出口额为 1 606.8 亿美元，占世界畜产品出口总额的 93.2%，比上年上升 16.1 个百分点。其中，乳制品出口额为 511.6 亿美元，占世界畜产品出口总额的 29.7%，居首位；其次为牛羊及制品，出口额 452.3 亿美元，占 26.2%；禽及制品位居第三，出口额 271 亿美元，占 15.7%；猪及制品和动物生皮出口额分别为 332.5 亿美元和 39.5 亿美元，分别占 19.3% 和 2.3%。

（2）园艺产品。2009 年蔬菜、水果、花卉和茶叶出口额为 1 444.1 亿美元，占世界农产品出口总额的 14.6%，比上年略升 1 个百分点。其中，蔬菜出口额为 632.6 亿美元，占世界园艺产品出口额的 43.8%，居首位；其次是水果，出口额为 591.6 亿美元，占 41%；花卉和茶叶的出口额分别是 170.5 亿美元和 49.4 亿美元，分别占 11.8% 和 3.4%。

（3）水产品。2009 年世界水产品出口额 988.2 亿美元，占世界农产品出口总额的 10%，与上年持平。冻鱼片、冻鳕鱼、加工河鳗和新鲜冷对虾出口额合计 205.9 亿美

① 数据来源于联合国 COMTRADE 数据库。由于从世界范围来看，同类产品出口额和进口额基本平衡，所以本部分主要从出口额来描述世界农产品贸易的产品结构。

元，占世界水产品出口总额的20.8%，比上年下降24.7个百分点。其中，冻鱼片出口额居首位，为101.9亿美元，占世界水产品出口总额的10.3%；其次为冻鳕鱼，出口额73.9亿美元，占7.5%；加工河鳗位居第三，其出口额占2.2%；新鲜冷对虾出口额占0.8%。以上产品占世界水产品出口总额的比重均比上年有所下降。

（4）谷物。2009年世界谷物出口额为800.1亿美元，占世界农产品出口总额的8.1%，比上年略降1.7个百分点。小麦、大米和玉米出口额合计725.1亿美元，占世界谷物出口总额的90.6%，与上年持平。其中小麦出口额居首位，为358.8亿美元，占44.9%；其次为玉米，出口额205.4亿美元，占25.7%；大米出口居第三，出口额160.9亿美元，占20.1%。

（5）油料产品。2009年世界食用油籽出口额499.2亿美元，占世界农产品出口总额的5.1%，与上年持平。其中大豆出口额为339.1亿美元，占世界食用油籽出口总额的67.9%。

2009年世界植物油出口额为396.4亿美元，占世界农产品出口总额的4%，与上年持平。其中棕榈油和豆油出口额合计为199.5亿美元，分别占世界植物油出口额的30.9%和19.5%。

（三）市场结构

1. 主要贸易市场的比重及变化[①]

从出口规模看，2009年欧盟27国农产品出口额为4 948.6亿美元，占世界农产品出口总额的42.3%，位居第一；其次是美国，出口额为1 195.8亿美元，占10.2%；巴西位居第三，为576.6亿美元，占4.9%；加拿大和中国分别位居第四和第五，分别为436.4亿美元和408.8亿美元，占3.7 %和3.5%。排名前15位的国家和地区的农产品出口额合计为9 656.4亿美元，占世界农产品出口总额的82.6%。

2009年主要国家和地区的农产品出口额与上年相比均出现不同程度下降。其中，马来西亚的农产品出口额下降幅度最大，降幅为25%；其次是阿根廷，降幅为24.9 %；印度、印度尼西亚和美国分列第三、第四和第五，降幅分别为23.5 %、23.1 %和14.6 %。

从进口规模看，2009年欧盟27国农产品进口额最大，为5 253.8亿美元，占世界农产品进口总额的43.9%；其次是美国，为1 007.5亿美元，占8.4%；中国位居第三，为766.2亿美元，占6.4%；位居第四和第五的是日本和俄罗斯，进口额分别是676.6亿美元和290.8亿美元，占5.7%和2.4%。排名前15位的国家和地区的农产品进口额合计为9 524.2亿美元，占世界农产品进口总额的79.6%。

2009年主要国家和地区的农产品进口额与上年相比均出现不同程度的下降。其中，墨西哥的农产品进口额下降幅度最大，

① 数据来源于WTO国际贸易统计（ITS）2010。这里的农产品采用了WTO的2010年鉴中的定义。

降幅为22%；其次是沙特阿拉伯和韩国，降幅分别为21.3%和20%。

2. 各类农产品市场结构①

（1）畜产品。出口国前五位是德国、荷兰、美国、法国和巴西，出口额合计为810.2亿美元，占世界畜产品出口总额的47%。进口国前五位是德国、意大利、日本、英国和法国，进口额合计为611.4亿美元，占世界畜产品进口总额的35.5%。

猪及其制品。出口国前五位是德国、丹麦、美国、荷兰和西班牙，出口额合计为203.1亿美元，占世界猪及制品出口总额的61.1%。进口国前五位是日本、德国、意大利、俄罗斯和英国，进口额合计为148.9亿美元，占世界猪及制品进口总额的46%。

牛羊及制品。出口国前五位是澳大利亚、巴西、法国、荷兰和新西兰，出口额合计为195.1亿美元，占世界牛羊及制品出口总额的43.1%；其中，澳大利亚出口额最大，占12.7%。进口国前五位是美国、意大利、法国、俄罗斯和日本，进口额合计为174.3亿美元，占世界牛羊及制品进口总额的42.1%；其中，美国占11.5%。

乳制品。世界乳制品出口总额为511.6亿美元，其中德国居首位，占世界乳制品出口总额的14.7%；其次是法国和荷兰，分别占12.2%和10.6%。同时，德国也是乳制品进口最多的国家，进口额为54亿美元，占世界乳制品进口总额的11.2%；其次是意大利，进口额为38.84亿美元，占8.1%；英国居第三位，为31.3亿美元，占6.5%；法国和比利时位居第四和第五，分别占6.2%和6%。

动物生皮。出口国前五位为美国、澳大利亚、法国、荷兰和西班牙，出口额合计占世界动物生皮出口总额的57.8%。其中，美国占32.9%。进口国家集中在中国、意大利和韩国，进口额分别占世界动物生皮进口总额的36.2%、15%和7.2%。

（2）谷物。出口国前五位是美国、法国、加拿大、泰国和澳大利亚，出口额合计为415.9亿美元，占世界谷物出口总额的52%。进口国前五位是日本、沙特阿拉伯、墨西哥、西班牙和韩国，进口额合计为191.5亿美元，占世界谷物进口总额的26.1%。

玉米。出口国前五位是美国、法国、阿根廷、巴西和乌克兰，出口额合计152.4亿美元，占世界玉米出口总额的74.2%。其中，美国占45.3%。主要进口国是日本、韩国、墨西哥、西班牙。其中日本玉米进口额最大，为37.7亿美元，占世界玉米进口总额的18.5%；其次是韩国，占8.1%；墨西哥和西班牙位居第三和第四，分别占7.3%和4.9%。

大米。出口国前五位为泰国、印度、美国、巴基斯坦和意大利，出口额合计123.2亿美元，占世界大米出口总额的76.6%。其中，泰国占31.9%。进口国分布比较分散，进口国前五位是沙特阿拉伯、阿拉伯联

① 数据来源：联合国COMTRADE数据库。

合酋长国、菲律宾、美国和日本，进口额合计占世界大米进口总额的32.9%，其中，沙特阿拉伯占9.4%，阿拉伯联合酋长国占8%，菲律宾占6.8%。

小麦。出口国前五位是美国、加拿大、法国、澳大利亚和俄罗斯，出口额合计216.6亿美元，占世界小麦出口总额的60.4%。其中，美国占15.4%，加拿大和法国分别占15.1%和11.4%。进口国也较为分散，阿尔及利亚是小麦进口最大的国家，其小麦进口额为18.3亿美元，占世界小麦进口总额的5.9%；其次是意大利、印度尼西亚、日本和西班牙，分别占5.6%、4.9%、4.6%和4.5%。

（3）园艺产品

水果。出口国前五位为西班牙、美国、荷兰、中国和智利，出口额合计为240.3亿美元，占世界水果出口总额的40.6%。进口国前五位为美国、德国、荷兰、法国和英国，进口额合计为291亿美元，占世界水果进口总额的45.9%。

茶叶。出口国前五位是斯里兰卡、肯尼亚、中国、印度和英国，出口额合计为36.1亿美元，占世界茶叶出口总额的73.1%。其中，斯里兰卡占23.8%，肯尼亚占18.1%，中国占14.3%。进口国前五位是俄罗斯、英国、阿拉伯联合酋长国、美国和巴基斯坦，进口额合计为17.9亿美元，占世界茶叶进口总额的41.6%。其中，俄罗斯占11.7%，英国占8.6%，阿拉伯联合酋长国占8.4%。

蔬菜。出口国前五位是荷兰、西班牙、中国、美国和比利时，出口额合计为314.7亿美元，占世界蔬菜出口总额的49.8%。其中，荷兰占14.6%，西班牙和中国分别占11.6%和10.8%。进口国前五位是美国、德国、英国、法国和日本，进口额合计为292.3亿美元，占世界蔬菜进口总额的47.1%。其中，美国占13.7%，德国占12.1%，英国和法国分别占8.2%和7.8%。

花卉。荷兰是世界最大的花卉出口国，出口额为83亿美元，占世界花卉出口总额的48.7%；哥伦比亚和比利时位居第二和第三，出口额分别是10.6亿美元和7.9亿美元，占6.2%和4.7%。进口国前五位是德国、美国、法国、荷兰和英国，进口额合计87.7亿美元，占世界花卉进口总额的55.3%。其中，德国占16.9%，美国占10%，法国占9.7%。

（4）水产品。出口国前五位为中国、泰国、挪威、美国和智利，出口额合计为362.9亿美元，占世界水产品出口总额的36.7%。其中，中国占12.3%，泰国和挪威分别占9%和7.2%。进口国前五位是美国、日本、西班牙、法国、意大利，进口额合计为546.2亿美元，占世界水产品进口总额的47.6%。其中，美国占16.2%，日本占13.6%，西班牙占6.6%。

（5）食糖。出口国前五位是巴西、泰国、法国、德国和阿拉伯联合酋长国，出口额合计为130.5亿美元，占世界食糖出口总额的 63.8%。其中，巴西占 40.9%，泰国占 8.8%。进口国前五位是美国、英国、印度、意大利和韩国，进口额合计为 45.5 亿美元，占世界食糖进口总额的 26.1%。其中，美国占 7.3%，英国占 5.2%。

（6）棉花。出口国前五位为美国、印度、巴西、希腊和澳大利亚，出口额合计 60.4 亿美元，占世界棉花出口总额的 77.9%。其中，美国占 44.9%，印度占 13.2%。中国是世界上最大的棉花进口国，棉花进口额占世界棉花进口总额的 30.5%；其次是土耳其、泰国、巴基斯坦和墨西哥。前五国棉花进口额合计为 45.5 亿美元，占世界棉花进口总额的 64.6%。

（7）油料产品

食用油籽。出口国前五位是美国、巴西、加拿大、阿根廷和中国，出口额合计为 375.1 亿美元，占世界食用油籽出口总额的 75.1%。其中，美国占 36.1%。进口国前五位是中国、德国、日本、荷兰和墨西哥，进口额合计为 327 亿美元，占世界食用油籽进口总额的 63.6%。其中，中国占 40.3%。

植物油。出口国前五位是马来西亚、阿根廷、荷兰、西班牙、美国，出口额合计 221.7 亿美元，占世界植物油出口总额的 55.9%。其中，马来西亚占 25.4%。进口国前五位是中国、印度、美国、意大利和德国，进口额合计 213.9 亿美元，占世界植物油进口总额的 43.4%。其中，中国占 14.7%。

中国在世界农产品贸易中的地位

为了便于国际比较，本节分析采用了联合国 COMTRADE 数据库的农产品贸易数据。其中中国农产品贸易的相关数据与中国海关数据有所不同，但这种差异不会影响对中国在世界农产品贸易中的地位分析。

（一）贸易位次及其变化

2009 年中国农产品贸易总额为 940.6 亿美元，在世界农产品贸易总额中排在欧盟和美国之后，居第三位。其中进口总额 522.9 亿美元，排在欧盟和美国之后，居第三位；出口总额 417.7 亿美元，排在欧盟、美国、巴西、加拿大之后，居第五位。中国农产品贸易总额、出口额和进口额在世界农产品贸易中的位次，与上年相比没有变化。

从进口额来看，2009 年中国食用油籽、植物油、棉花和动物生皮进口额位次与上年相同，仍然排在世界该类产品进口额的第一位；水产品和大米进口额在世界同类产品进口额中位次也与上年相同，分别排在第六位和第二十二位；禽及其制品和干豆进口额位次略有下降；食糖进口额位次略有上升。

从出口额来看，2009 年中国水产品、干豆、蔬菜、茶叶和食用油籽出口额在世界同类产品出口额的位次与上年相同，均位居前五位。坚果、水果、大米、禽及制品和小麦出口额位次略有上升，玉米出口额位次下降（表 68）。

表 68　中国农产品贸易在世界农产品贸易中的位次及其变化

产品类别	进口额		产品类别	出口额	
	2008 年	2009 年		2008 年	2009 年
全部农产品	3	3	全部农产品	5	5
食用油籽	1	1	水产品	1	1
植物油	1	1	干豆	2	2
棉花	1	1	蔬菜	3	3
动物生皮	1	1	茶叶	3	3
水产品	6	6	水果	4	3
禽及制品	8	9	坚果	5	4
干豆	12	13	食用油籽	5	5
食糖	17	16	大米	8	6
大米	22	22	禽及制品	10	8
			小麦	33	30
			玉米	22	31

（二）贸易份额及其变化

2009 年中国农产品进口额占世界农产品进口总额的 5.1%，与上年持平；出口额占世界农产品出口总额的 4.2%，比上年提高 0.5 个百分点。

进口方面，2009 年中国依然是食用油籽、棉花和植物油的最大进口国，上述产品进口额分别占世界该类产品进口总额的 40.3%、30.5% 和 14.7%。与上年相比，大类产品中进口额占世界同类产品进口额比重增加 0.5 个百分点以上的产品依次为：食用油籽、坚果、水果和谷物。进口额比重下降的产品依次为：棉花、干豆、畜产品和饼粕。茶叶、蔬菜、花卉等产品占比重变化不大。

出口方面，2009 年中国仍然是世界最大的水产品出口国，出口额占世界水产品出口总额的 12.3%。茶叶、蔬菜和干豆的出口额均占世界同类产品出口额的 10% 以上。出口额所占比重下降的产品有食用油籽、植物油、坚果、棉花和干豆。出口额所占比重增加 0.5 个百分点以上的产品有茶叶、水产品、饼粕和蔬菜，其中茶叶和水产品增幅最大，分别为 1.5 个百分点和 1.4 个百分点。花卉、水果、畜产品、谷物、其他农产品和食糖变化不大（表 69）。

表 69 中国农产品贸易在世界农产品贸易中的份额及其变化

单位:%

产品类别	进口额占世界该产品进口总额的比重		产品类别	出口额占世界该产品出口总额的比重	
	2008 年	2009 年		2008 年	2009 年
全部农产品	5.1	5.1	全部农产品	3.8	4.2
食用油籽	36.4	40.3	茶叶	12.8	14.3
棉花	31.8	30.5	干豆	13.5	13.4
植物油	14.6	14.7	水产品	10.9	12.3
水产品	4.4	4.7	蔬菜	10.1	10.8
畜产品	3.9	3.5	水果	6.5	6.7
坚果	2.0	2.8	坚果	5.0	4.7
食糖	1.9	2.2	食用油籽	3.2	2.8
干豆	2.5	2.1	畜产品	2.0	2.2
水果	1.3	2.0	饼粕	1.3	2.6
谷物	0.7	1.2	花卉	0.8	1.1
饼粕	0.8	0.6	谷物	0.7	0.9
花卉	0.5	0.6	植物油	0.8	0.5
茶叶	0.4	0.4	棉花	0.4	0.2
蔬菜	0.2	0.2	食糖	0.2	0.2
其他农产品	1.7	2.0	其他农产品	2.7	2.9

（三）对世界农产品贸易增长的贡献

随着农产品出口额的显著下降，2009年中国对世界农产品出口增长的贡献率为0.6%，比上年降低1.4个百分点。

分产品来看，中国对世界出口增长的贡献率差异较大。2009年，中国对世界坚果产品出口增长的贡献率最大，为7.9%，食用油籽为7.6%，水果也在5%以上。此外，中国植物油、畜产品、棉花、食糖、谷物和其他农产品的出口对世界该类农产品出口增长也有贡献，但都不超过2%；而中国水产品、花卉、茶叶、蔬菜、饼粕和干豆的出口对世界该类农产品出口增长的贡献率为负数（表70）。

表70 中国对世界农产品出口增长的贡献率①

单位:%

产品类别	出口增长率				占世界农产品出口额的比重		出口增长贡献率	
	2002—2009年		2008—2009年		2002年	2008年	2002—2009年	2008—2009年
	中国	世界	中国	世界				
农产品	151.5	125.5	-2.1	-12.9	3.8	3.8	4.6	0.6
坚果	-3.4	61.8	-14.6	-9.2	7.9	5.0	-0.4	7.9
食用油籽	92.3	219.1	-23.3	-9.8	4.6	3.2	1.9	7.6
水果	300.2	84.4	-9.2	-11.6	3.1	6.5	10.9	5.2
植物油	127.6	164.3	-59.2	-28.9	0.5	0.8	0.4	1.7
畜产品	46.4	68.9	-10.8	-19.6	2.6	2.0	1.7	1.1
棉花	-89.1	103.5	-54.9	-23.3	4.5	0.4	-3.9	1.0
食糖	-57.8	168.8	24.3	15.7	1.1	0.2	-0.4	0.2
粮食	52.6	697.0	-5.6	-28.3	4.8	0.7	0.4	0.1
水产品	159.8	102.0	1.6	-10.5	9.6	10.9	15.0	-1.7
花卉	337.2	85.2	26.7	-7.7	0.5	0.8	1.9	-2.8
茶叶	112.5	167.7	3.3	-7.6	18.0	12.8	12.1	-5.6
蔬菜	296.1	214.9	6.5	-0.7	8.6	10.1	11.8	-101.2
饼粕	152.7	181.2	94.2	-1.1	2.9	1.3	2.4	-112.8
干豆	155.6	175.9	-1.2	0.1	14.4	13.5	12.6	-147.1
其他	176	116.4	-1.8	-8.1	2.3	2.7	3.5	0.6

2009年中国对世界农产品进口增长的贡献率为4%，表明中国在带动世界农产品进口增长中仍然发挥着十分重要的作用。

分产品来看，中国对世界进口增长的贡献率差异也较大。2009年，中国对世界棉花进口增长的贡献率最大，为33.3%；食用油籽、干豆、植物油和畜产品分别为18.4%、15.1%、14.2%和6.7%。此外，中国饼粕、水产品、蔬菜和茶叶的进口对世界该类农产品进口增长也有贡献，但不超过2%；而中国谷物、其他农产品、水果、坚果和食糖的进口对世界该类农产品的进口增长贡献率为负数（表71）。

① 中国某类农产品出口贡献率＝（中国该类农产品出口增长率×期初中国该类农产品出口额占世界该类农产品出口额的比重）/世界该类农产品出口总额增长率。

表 71 中国农产品进口对世界农产品进口增长的贡献率①

单位:%

产品类别	进口增长率				占世界农产品进口额的比重		进口增长贡献率	
	2002—2009 年		2008—2009 年		2002 年	2008 年	2002—2009 年	2008—2009 年
	中国	世界	中国	世界				
农产品	317.8	109.7	-10.6	-13.3	2.6	5.0	7.4	4.0
棉花	1 025.3	41.0	-39.0	-37.0	3.8	31.6	95.7	33.3
食用油籽	683.6	216.7	-9.6	-18.8	16.3	36.2	51.3	18.4
干豆	368.2	262.4	-16.6	-2.7	1.7	2.5	2.3	15.1
植物油	414.2	224.5	-25.3	-26.0	9.3	14.6	17.1	14.2
畜产品	126.6	104.0	-15.0	-8.5	3.2	3.8	3.8	6.7
饼粕	11 329.8	158.7	-31.3	-18.9	0.0	0.8	1.0	1.2
水产品	126.0	56.1	-2.1	-8.9	3.2	4.4	7.3	1.0
蔬菜	58.9	94.7	-7.5	-7.8	0.2	0.2	0.2	0.2
茶叶	534.6	120.8	-3.9	-12.5	0.1	0.4	0.6	0.1
花卉	174.1	60.7	-0.7	-9.9	0.3	0.5	1.0	0.0
粮食	81.7	147.5	22.7	-33.7	1.7	0.7	0.9	-0.5
水果	371.5	101.2	37.7	-13.1	0.9	1.3	3.2	-3.7
坚果	511.5	156.0	23.4	-10.8	1.2	2.0	3.8	-4.4
食糖	58.7	134.1	18.8	-1.6	3.2	1.8	1.4	-20.8
其他	276.4	111.6	8.4	-9.0	1.1	1.7	2.8	-1.6

① 中国某类农产品进口贡献率 =（中国该类农产品进口增长率 × 期初中国该类农产品进口额占世界该类农产品进口额的比重）/世界该类农产品进口总额增长率。

专论

1965—2006年世界农产品贸易区域格局变化分析及未来趋势判断

半个世纪以来，世界农产品贸易格局发生了重大变化。本文描述1965—2006年期间世界农产品[①]贸易结构和区域间流向演变特征，剖析变化的主要成因，判断未来趋势，进而总结对中国的启示。

总体贸易规模和结构变化

过去60年中，世界农业产出以年均2.4%的速度稳定增长，农产品贸易以年均3.5%的速度波动上升[②]（图45）。1950—2009年，世界农业总产出增加3.1倍，农产品贸易增加6.6倍。这表明农业生产对贸易的依赖程度逐步提高，农业生产绩效越来越多地受到贸易发展的影响。

1965—2006年期间各大类农产品贸易额变化情况[③]：农产品出口额年均增长7.6%，增长较快的有加工食品（9.2%）、油料油脂（8.2%）和畜产品（7.7%）；谷物和其他作物产品增幅在5.2%～6.5%之间，略低于总体增幅；农产工业原料增幅最低，仅3.1%[④]（表72）。

---

① 本文农产品分类即GTAP数据库分类：谷物包括稻谷、大米、小麦和其他谷物；油料油脂包括油料、植物油和脂肪；畜产品包括牛羊马、其他动物产品、原奶、牛羊马肉和其他肉类；农产工业原料包括植物纤维、动物毛和丝；加工食品包括糖、其他食品、饮料、烟草和乳制品；其他作物产品包括蔬菜、水果坚果、糖料和其他农作物；水产品。

② 数据来自WTO的《世界贸易统计2010》，农业总产出和贸易指数均消除了价格变化因素。

③ 以下分析使用了GTAP数据库中报告的1965—2006年的名义价值农产品贸易额。该数据库一是涵盖的时期较长；二是提供了多国（地区）、多品种的农产品贸易流量数据；三是利用其数据处理模块便于对商品和国家（地区）进行归类。本文选取1965—1966年、1975—1976年、1985—1986年、1995—1996年和2005—2006年5个时点做比较，使各时段长度相同且避开1973年石油危机、1997年亚洲金融危机等对贸易造成重大冲击的年份。为减少偶然波动影响，采用两年平均值做分析。由于GTAP数据库报告的水产品贸易额在1991年前后出现口径变化，为保证可比性，此后的分析将水产品排除在外。此外该数据库未提供独联体和东欧地区1992年之前的贸易数据。

④ 分1965—1986年和1995—2006年两个时期看，水产品贸易的年均增长率分别为13.7%和7.3%，均高于同期其他类别贸易额的年均增长率。

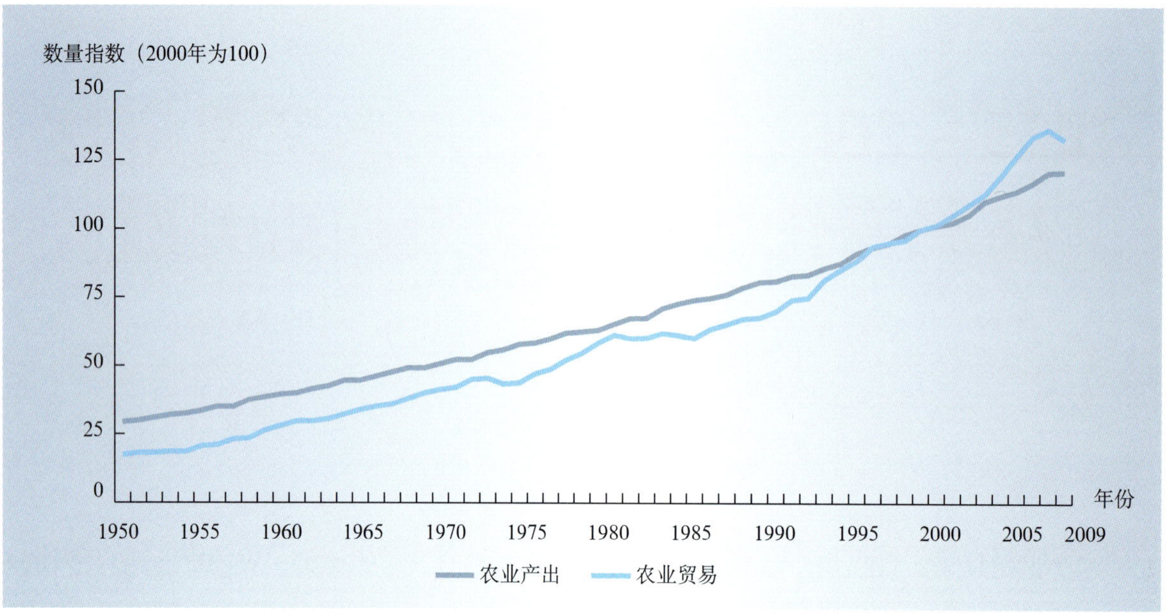

图 45　1950—2009 年期间世界农业总产出和贸易规模增长情况

表 72　各类农产品出口总额变化

单位：亿美元

时期＼种类	谷物	油料油脂	其他作物产品	畜产品	农产工业原料	加工食品	出口总额
1965—1966 年	63.7	30.8	98.3	53.2	38.2	108.0	392.1
1975—1976 年	223.3	115.7	275.5	167.0	59.5	419.6	1 260.6
1985—1986 年	244.7	192.0	540.1	327.3	74.8	823.2	2 202.1
1995—1996 年	444.9	337.6	909.8	757.9	154.6	2 211.6	4 816.4
2005—2006 年	491.5	710.5	1 201.8	1 039.9	128.5	3 674.2	7 246.3

不同类别农产品出口增速差异引起商品构成变化。加工食品占总出口额比重从初期的 27.5% 提高到末期的 50.7%；油料油脂比重由期初的 7.8% 小幅上升到 9.8%；畜产品比重在 13.2% ~15.7% 间波动；谷物、其他作物产品和农产工业原料占比均显著下降（图 46）。

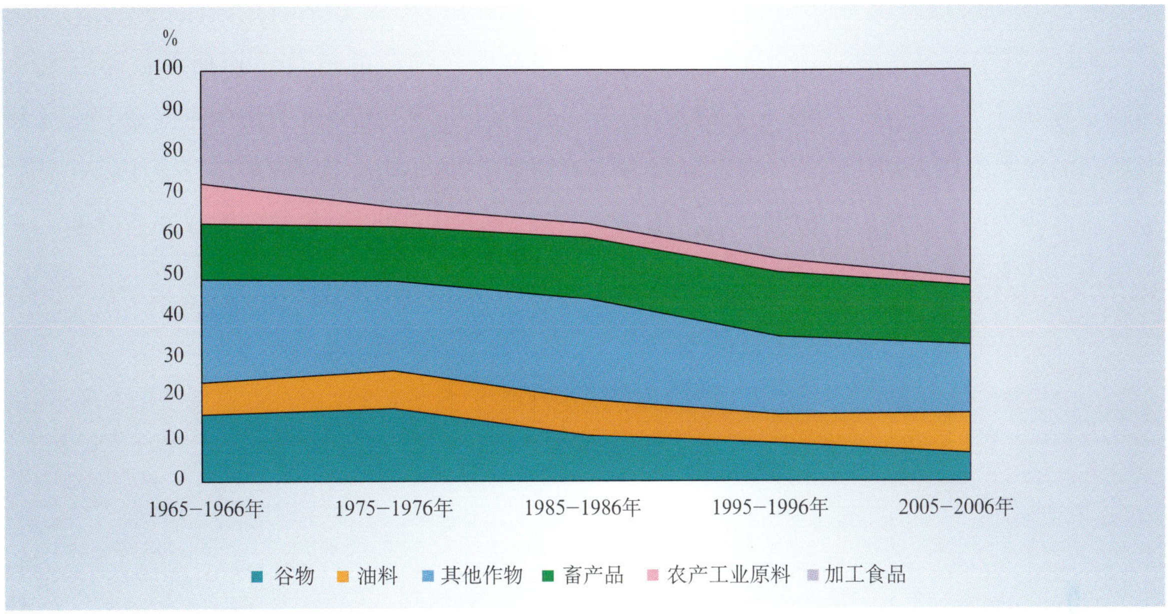

图46　1965—2006年农产品贸易结构变化

区域贸易格局演变及主要特征

（一）区域①贸易格局的演变

1965—2006年，各区域农产品贸易均显著增长。西欧一直是世界最大的农产品出口和进口区域，2005—2006年出口额和进口额分别占世界的43.1%和45.2%。从整体看，西欧是农产品净进口区域，但规模有限且未表现出明显上升趋势。东亚自1985—1986年起成为世界最大净进口区域，且净进口额快速上升，2005—2006年为675.4亿美元，为西欧的4倍。南亚和西亚、非洲地区从早期的净出口转变为净进口，独联体和东欧在后2个时点也为净进口且净进口额显著增大。大洋洲、北美洲、拉丁美洲和东南亚始终为净出口，其中北美洲净出口额大幅波动，大洋洲和东南亚净出口额稳定增长，拉丁美洲净出口额增加迅速，2005—2006年为675.3亿美元，居世界首位（表73）。

（二）区域贸易格局演变特征

1. 出口模式在很大程度上取决于资源禀赋

农业生产依赖土地、水等自然资源和气候条件，具有土地密集特征；加工食品生产和贸易则依赖技术创新能力和营销管理能力，具有人力资本和物质资本密集特征。不同区域的资源禀赋构成及其变化态势不同使

① 本文区域划分：大洋洲包括澳大利亚、新西兰和其他大洋洲国家；东亚包括中国大陆、中国香港、中国台湾、日本、韩国和其他东亚经济体；东南亚包括东盟10国；南亚和西亚包括孟加拉、印度、巴基斯坦、斯里兰卡、其他南亚国家和伊朗、土耳其、其他西亚国家；北美洲包括加拿大、美国、墨西哥和其他北美国家；拉丁美洲包括拉丁美洲和加勒比海国家；西欧包括欧盟25国和北欧国家；独联体和东欧包括独联体国家、未加入欧盟的东欧国家；非洲包括非洲各国。

得出口模式演变进程呈现明显的区域性差异。9个区域中，大洋洲、北美洲和拉丁美洲农业资源丰富。从表74的5个时点看，大洋洲的最大出口类别从农产工业原料转为畜产品再转为加工食品；北美洲的最大出口类别出口从前3个时点以谷物居首转为后2个时点以加工食品居首位；同期拉丁美洲则由其他作物产品居首转为加工食品升到首位。以热带气候条件为主的东南亚、南亚和西亚、非洲地区长期以出口其他作物产品居首。农业资源相对稀缺的东亚和西欧则一直以出口加工食品为主。

表73 各区域农产品出口和进口格局变化

单位：亿美元

类别	时期	大洋洲	东亚	东南亚	南亚和西亚	北美洲	拉丁美洲	西欧	独联体和东欧	非洲
出口额	1965—1966	31.5	16.4	26.3	22.1	103.1	46.3	119.4	—	39.5
	1975—1976	76.9	55.9	92.4	60.1	313.9	127.4	489.0	—	97.9
	1985—1986	119.1	127.4	183.9	96.6	449.6	253.2	1 011.6	—	122.7
	1995—1996	238.9	237.1	404.7	196.1	903.0	518.2	2 086.3	132.6	164.2
	2005—2006	345.9	366.3	502.4	352.6	1 150.8	931.4	3 181.1	235.9	310.9
进口额	1965—1966	3.0	42.0	10.7	20.9	64.8	10.6	237.1	—	15.5
	1975—1976	8.3	178.6	40.0	97.1	163.5	35.8	716.8	—	73.3
	1985—1986	18.4	342.5	78.4	171.3	354.0	55.6	1 214.8	—	129.2
	1995—1996	44.9	914.7	244.8	288.2	569.5	207.8	2 225.5	219.3	166.2
	2005—2006	87.2	1 041.7	322.6	520.3	1 097.8	256.2	3 334.0	361.5	356.2
净出口额	1965—1966	28.5	-25.5	15.5	1.2	38.3	35.7	-117.7	—	24.0
	1975—1976	68.6	-122.8	52.3	-37.0	150.5	91.6	-227.8	—	24.6
	1985—1986	100.8	-215.1	105.5	-74.8	95.6	197.6	-203.2	—	-6.5
	1995—1996	194.0	-677.7	159.9	-92.1	333.5	310.4	-139.2	-86.8	-2.0
	2005—2006	258.7	-675.4	179.9	-167.7	53.0	675.3	-152.8	-125.5	-45.3

注：表中符号“—”表示无统计数据。下同。

2. 进口模式及其演变主要取决于收入水平

不同类别农产品需求有不同的收入弹性，收入提高会引起消费结构变化进而导致贸易结构发生相应变化。加工食品、畜产品和水产品需求的收入弹性较高，经济增长对进口需求的拉动作用较大。表74显示，以高收入国家为主体的大洋洲、北美洲和西欧3个区域主要进口加工食品。在东亚，农产品的主要进口方长期是收入较高的日本、韩国及中国的香港和台湾，也以加工食品为主。进入21世纪以来，中国大陆农产品进口规模大增且初级原料比重较大，但并未改变东亚地区的进口模式。在南亚和西亚、拉丁美洲以发展中国家为主体的地区最大进口类别先后从谷物转为加工食品；东南亚和非洲加工食品进口一直居首位。

3. 贸易结构向以加工食品为主的模式演变是经济发展的必然结果

经济发展导致人力资本和物质资本相对增加和居民收入的相应提高，导致农产品贸易向以加工食品为主的模式演变。表74显示，所有区域的农产品进口和出口均呈向加工食品居首模式演变。从出口看，1965—1966年时点8个区域中只有2个区域加工食品居首；到2005—2006年时点时，除非洲外的所有区域均以加工食品居首。从进口看，1965—1966年时点8个区域中有4个以加工食品居首，2005—2006年时点则所有区域均以加工食品居首。

表74 各区域贸易额居前两位的出口和进口农产品

时期		1965—1966年	1975—1976年	1985—1986年	1995—1996年	2005—2006年
大洋洲	主要出口商品	①农产工业原料 ②畜产品	①畜产品 ②加工食品	①畜产品 ②加工食品	①加工食品 ②畜产品	①加工食品 ②畜产品
	主要进口商品	①其他作物产品 ②加工食品	①加工食品 ②其他作物产品	①加工食品 ②其他作物产品	①加工食品 ②其他作物产品	①加工食品 ②其他作物产品
东亚	主要出口商品	①加工食品 ②其他作物产品	①加工食品 ②水产品	①加工食品 ②水产品	①加工食品 ②畜产品	①加工食品 ②其他作物产品
	主要进口商品	①谷物 ②农产工业原料	①谷物 ②加工食品	①加工食品 ②水产品	①加工食品 ②畜产品	①加工食品 ②畜产品
东南亚	主要出口商品	①其他作物产品 ②加工食品	①其他作物产品 ②加工食品	①其他作物产品 ②加工食品	①加工食品 ②其他作物产品	①加工食品 ②油料油脂
	主要进口商品	①加工食品 ②其他作物产品	①加工食品 ②其他作物产品	①加工食品 ②其他作物产品	①加工食品 ②谷物	①加工食品 ②油料油脂
南亚和西亚	主要出口商品	①其他作物产品 ②农产工业原料	①其他作物产品 ②加工食品	①其他作物产品 ②加工食品	①其他作物产品 ②加工食品	①加工食品 ②其他作物产品
	主要进口商品	①谷物 ②加工食品	①谷物 ②加工食品	①加工食品 ②谷物	①加工食品 ②谷物	①加工食品 ②油料油脂
北美洲	主要出口商品	①谷物 ②加工食品	①谷物 ②油料油脂	①谷物 ②加工食品	①加工食品 ②谷物	①加工食品 ②畜产品
	主要进口商品	①加工食品 ②其他作物产品	①加工食品 ②其他作物产品	①加工食品 ②其他作物产品	①加工食品 ②其他作物产品	①加工食品 ②其他作物产品

（续）

时 期		1965—1966 年	1975—1976 年	1985—1986 年	1995—1996 年	2005—2006 年
拉丁美洲	主要出口商品	①其他作物产品 ②加工食品	①其他作物产品 ②加工食品	①其他作物产品 ②加工食品	①加工食品 ②其他作物产品	①加工食品 ②油料油脂
	主要进口商品	①谷物 ②加工食品	①谷物 ②加工食品	①谷物 ②加工食品	①加工食品 ②谷物	①加工食品 ②谷物
西欧	主要出口商品	①加工食品 ②畜产品	①加工食品 ②畜产品	①加工食品 ②畜产品	①加工食品 ②畜产品	①加工食品 ②畜产品
	主要进口商品	①加工食品 ②其他作物产品	①加工食品 ②其他作物产品	①加工食品 ②其他作物产品	①加工食品 ②其他作物产品	①加工食品 ②其他作物产品
独联体和东欧	主要出口商品	—	—	—	①加工食品 ②农产工业原料	①加工食品 ②谷物
	主要进口商品	—	—	—	①加工食品 ②畜产品	①加工食品 ②畜产品
非洲	主要出口商品	①其他作物产品 ②加工食品	①其他作物产品 ②加工食品	①其他作物产品 ②加工食品	①其他作物产品 ②加工食品	①其他作物产品 ②加工食品
	主要进口商品	①加工食品 ②谷物	①加工食品 ②谷物	①加工食品 ②谷物	①加工食品 ②谷物	①加工食品 ②谷物

区域间贸易流向变化及特征

（一）贸易流向变化

1. 大洋洲

澳大利亚和新西兰两国在大洋洲的经济贸易中占据主导地位。澳新两国均属于农业资源丰富的国家，这在一定程度上限制了区域内农业贸易的发展。1965—1966 年到 2005—2006 年，区域内出口所占比重从 1% 上升到 7.5%，进口所占比重从 10.8% 上升到 29.6%，均稳定增长。区域外出口呈现由传统的西欧市场向东亚和东南亚市场转移的态势，1965—1966 年到 2005—2006 年，对西欧的出口比重由 53.5% 降到 15.9%，对东亚的出口比重由 20.9% 升到 32.7%，对东南亚的出口比重由 4.2% 升到 13.9%。区域外进口主要来自西欧、东南亚和北美洲，其中由北美洲的进口比重下降，由其他两个区域的进口比重无明显变化趋势（表 75、表 76）。

2. 东亚

东亚主要经济体之间的经贸关系密切，但区域经济一体化发展缓慢。在农产品贸易上，东亚经济体多为净进口方，其中日本净进口额最大。1965—1966 年到 2005—2006 年，区域内出口呈现由上升转为下降的态势，最高的 1995—1996 年曾达到 63%，

2005—2006 年降到 46.9%；区域内进口比重一直处于低水平，最高的 1985—1986 年仅为 17.4%。由于东亚区域内的农产品出口主要来自中国，而作为中国传统出口市场的日本和韩国不断提高进口农产品安全标准，且中国自身需求也在快速增长，这使得区域内贸易发展面临瓶颈。区域外主要出口市场有东南亚、北美洲和西欧。对东南亚的出口比重稳定在 10% ~12% 之间，建立自贸区的促进作用仍有待显现；对北美洲的出口比重在 8.5% ~15.2% 间波动；对西欧出口的比重趋于萎缩，2005—2006 年降到 12.3%，东亚内部需求增加和欧盟加强安全标准是影响出口扩大的重要因素。区域外进口来源地相对分散，北美洲所占比重最大，大洋洲和东南亚的份额相近。进口方面表现出的明显趋势为大洋洲和北美洲所占份额下降，拉丁美洲、西欧两地所占份额提高。

3. 东南亚

东南亚农业资源丰富，但人口众多，内部需求增长较快。东盟国家加强经济整合的时间并不长，进展速度也受经济发展水平、文化和社会制度差异的制约。区域内出口所占比重较低，增幅也较小，2005—2006 年仅为 18.5%；区域内进口比重较高，但呈下降趋势，2005—2006 年为 28.4%，比 1965—1966 年下降 7.1 个百分点。区域外出口市场呈由传统的西欧和北美洲向东亚、南亚和西亚转移的态势，对东亚的出口比重最高，但增势不稳，对西欧和北美洲的出口比重均显著下降；区域外进口市场非常分散，较明显的变化有北美洲的地位下降和拉丁美洲的地位上升。

4. 南亚和西亚

南亚和西亚地区的内部贸易也呈现出口比重大、进口比重小的格局，但两者均显著增长，表明该区域的经济一体化有所加深。2005—2006 年，区域内出口和进口所占比重分别为 37.7% 和 25.2%，比 1965—1966 年提高 24.8 个百分点和 12.1 个百分点。西欧和北美洲是南亚和西亚地区的传统出口市场，但两者所占比重都趋于下降。其他出口市场相对分散，其中对东南亚和非洲的出口比重呈增势。北美洲曾是区域外进口最大来源地，但所占份额由 1965—1966 年的超过 50% 降至 2005—2006 年的 10.6%；西欧是另一重要来源地，但份额波动较大；从东南亚和拉丁美洲的进口比重增长。

5. 北美洲

该区域的贸易格局变化最为剧烈，主要影响因素有北美洲经济一体化加深、共同农业政策提高了欧盟的自给能力和拉丁美洲在大宗农产品上竞争能力提高。出口上，1965—1966 年西欧是最大的市场，东亚居次，区域内贸易居第三；2005—2006 年，区域内贸易比重上升到首位，对西欧的出口比重退居第三位，对东亚的出口比重仍保持第二位。进口上，区域内贸易比重从 1965—1966 年的 27.8% 上升到 2005—2006 年的 44.9%，区域外主要来源地有拉丁美洲、西欧和东南亚，其中东南亚所占比重显著下降。

6. 拉丁美洲

该区域国家的发展水平和资源禀赋相近，区域一体化起步晚、进展慢。区域内出口比重较低，1995—1996年最高时仅18.4%；区域内进口比重较大且明显上升，2005—2006年超过一半。西欧和北美洲是拉丁美洲的传统出口市场，但所占份额均呈下降趋势，2005—2006年的比重分别为30.1%和17.9%，比1965—1966年下降了27.8个百分点和8个百分点；同期对东亚、南亚和西亚、非洲3个区域的出口比重分别提高了9.1个百分点、6.4个百分点和5.5个百分点。拉丁美洲的农产品进口规模远小于出口，区域外的最大进口来源地为北美洲和西欧，前者所占比重明显下降，从1965—1966年的41.3%下降到2005—2006年的29.8%，西欧的份额波动较大。

7. 西欧

随着欧盟共同农业政策取得成效和区域一体化不断加深，西欧的农产品贸易日益呈现内部贸易占主导的格局。1965—1966年到2005—2006年，区域内出口比重在75.3%～79.3%间波动，区域内进口比重从39.3%上升到73.8%。区域外重要出口市场有北美洲和非洲，但所占比重均不高，且呈下降态势。区域外主要进口来源有北美洲、拉丁美洲和非洲，3地所占的比重均下降，其中北美洲和非洲的份额萎缩幅度较大。

8. 独联体和东欧

因数据缺失，对该区域的比较仅涉及1995—1996和2005—2006年两个时段。20世纪90年代初期前苏联和东欧国家社会制度剧变使该区域的传统经贸联系一时间瓦解，各国纷纷把希望寄托到作为近邻的西欧上，该区域与西欧的农产品贸易迅速发展，1995—1996年时出口所占比重为36.3%，进口所占比重为51%。但其后的双边政治关系发展并不顺利，进而影响到双边经贸合作，使得区域内贸易攀升，2005—2006年内部出口比重上升到39.1%，进口比重上升到25%，分别比前一时期增加9个百分点和7.7个百分点，与西欧贸易所占比重出口下降10.2个百分点，进口下降13.7个百分点。东亚、南亚和西亚是两大区域外出口市场，在1995—1996和2005—2006年两个时段，前者的份额从17.7%下降到12.9%，后者的份额从7.7%上升到11.9%。其他重要外部进口来源地有拉丁美洲、北美洲、南亚和西亚，其中从拉丁美洲进口比重显著上升，从北美洲的进口比重显著下降。

9. 非洲

非洲国家的资源禀赋和发展水平相近，农产品贸易互补性较弱，经济一体化进展迟缓。由于上述原因，非洲的区域内出口和进口所占比重长期处于低水平，进入21世纪后才明显提高，2005—2006年分别上升到20%和17.1%。该区域的最大出口市场和进口来源地均为西欧，这部分源于传统的宗主国—殖民地的关系。1965—2006年，对西欧出口比重明显下降，进口比重则先上升后下降。北美洲是另一重要出口市场，但比重趋于下降。对南亚和西亚、东南亚的出口比重明显提高，尽管水平仍较低。其他重要进口来源地有北美洲和拉丁美洲，前者的比重下降，后者的比重上升。

表 75 各区域农产品出口市场结构变化

单位：亿美元、%

出口方	时期	出口市场结构									出口总额
		大洋洲	东亚	东南亚	南亚和西亚	北美洲	拉丁美洲	西欧	独联体和东欧	非洲	
大洋洲	1965—1966	1.0	20.9	4.2	4.0	14.8	0.3	53.5	–	1.3	30.8
	1975—1976	1.3	31.3	8.7	10.5	16.9	1.0	26.7	–	3.7	74.8
	1985—1986	2.5	28.1	8.1	15.7	16.6	1.2	23.1	–	4.8	111.7
	1995—1996	5.9	36.8	16.1	7.4	10.8	2.0	18.6	0.9	2.0	235.1
	2005—2006	7.5	32.7	13.9	7.9	16.5	1.3	15.9	0.9	3.3	339.0
东亚	1965—1966	1.3	42.2	10.2	3.3	12.0	0.0	26.0	–	5.1	14.1
	1975—1976	1.1	44.4	11.6	7.5	12.4	0.5	18.0	–	4.6	44.5
	1985—1986	1.1	50.9	11.1	5.7	13.2	0.4	15.5	–	2.1	97.4
	1995—1996	1.1	63.0	11.6	2.3	8.5	0.6	8.4	3.5	1.1	227.0
	2005—2006	1.91	46.9	11.6	4.2	15.2	1.2	12.3	4.0	2.7	349.7
东南亚	1965—1966	1.5	14.3	14.4	5.9	26.5	1.6	34.2	–	1.6	26.0
	1975—1976	1.4	21.5	16.3	6.4	21.3	1.4	29.4	–	2.3	88.1
	1985—1986	2.1	19.8	16.7	12.4	17.0	1.5	26.3	–	4.2	170.4
	1995—1996	2.0	33.9	17.9	10.1	15.2	1.7	15.4	0.8	3.0	396.7
	2005—2006	2.7	26.6	18.5	13.3	15.1	1.3	13.7	2.1	6.7	490.4
南亚和西亚	1965—1966	1.9	7.7	1.3	12.9	13.3	0.2	58.4	–	4.2	21.4
	1975—1976	1.0	8.2	3.4	26.7	10.0	0.4	44.0	–	6.5	56.8
	1985—1986	0.7	6.6	3.2	31.2	11.2	0.8	40.0	–	6.3	88.5
	1995—1996	0.7	10.6	8.5	27.0	7.7	1.0	31.6	8.2	4.8	194.9
	2005—2006	0.9	7.5	5.8	37.7	7.3	0.7	26.1	6.4	7.7	347.4

（续）

出口方	时 期	出口市场结构									出口总额
		大洋洲	东亚	东南亚	南亚和西亚	北美洲	拉丁美洲	西欧	独联体和东欧	非洲	
北美洲	1965—1966	0.6	17.8	2.2	10.9	16.6	4.4	43.1	–	4.5	100.3
	1975—1976	0.5	23.5	2.2	11.0	13.6	4.8	39.1	–	5.4	304.3
	1985—1986	0.7	28.5	2.8	7.1	21.6	5.2	26.9	–	7.2	416.7
	1995—1996	0.8	35.9	4.7	5.5	25.7	7.0	14.2	2.3	4.0	896.1
	2005—2006	1.1	25.3	3.7	4.9	42.7	6.7	10.2	1.7	3.8	1 131.0
拉丁美洲	1965—1966	0.1	4.7	0.1	1.0	25.9	9.5	57.8	–	0.8	45.9
	1975—1976	0.2	6.4	0.7	5.1	20.3	9.6	52.4	–	5.4	125.0
	1985—1986	0.4	6.4	0.8	5.9	25.5	7.8	49.5	–	3.8	241.5
	1995—1996	0.4	12.1	2.5	5.4	19.3	18.4	35.3	3.4	3.2	513.8
	2005—2006	0.4	13.9	3.6	7.4	17.9	14.1	30.1	6.4	6.3	925.9
西欧	1965—1966	0.5	1.0	1.2	1.9	9.6	1.1	79.3	–	5.4	114.6
	1975—1976	0.5	1.7	0.6	4.6	6.0	1.3	78.4	–	7.0	471.4
	1985—1986	0.5	2.5	0.7	5.2	8.0	1.0	75.8	–	6.4	962.8
	1995—1996	0.5	4.3	1.4	3.6	4.7	1.6	75.3	5.4	3.3	2 060.0
	2005—2006	0.6	3.4	1.1	3.2	6.1	1.0	77.2	4.3	3.2	3 127.6
独联体和东欧	1995—1996	0.1	17.7	1.4	7.7	4.3	1.3	36.3	29.1	2.2	130.2
	2005—2006	0.1	12.9	0.7	11.9	2.9	0.2	26.1	39.1	6.2	230.6
非洲	1965—1966	0.7	5.1	0.4	3.3	11.3	0.0	74.4	–	4.8	39.0
	1975—1976	0.6	9.9	1.1	3.6	11.9	0.6	66.0	–	6.3	96.0
	1985—1986	0.5	5.6	2.2	4.5	11.8	0.1	70.1	–	5.2	113.3
	1995—1996	0.3	9.2	3.6	6.4	5.7	1.0	63.5	1.8	8.5	162.6
	2005—2006	0.7	8.1	3.2	9.6	7.2	0.4	48.2	2.7	20.0	304.9

表 76 各区域农产品进口来源结构变化

单位：亿美元、%

进口方	时 期	进口市场结构									进口总额
		大洋洲	东亚	东南亚	南亚和西亚	北美洲	拉丁美洲	西欧	独联体和东欧	非洲	
大洋洲	1965—1966	10.8	6.7	13.7	14.8	20.8	2.2	21.3	–	9.8	2.8
	1975—1976	12.6	6.4	16.5	7.2	18.0	3.4	28.3	–	7.7	7.6
	1985—1986	16.6	6.5	21.1	3.6	17.9	5.4	26.0	–	3.0	16.8
	1995—1996	30.9	5.7	17.5	2.9	15.2	5.0	21.4	0.4	1.2	44.8
	2005—2006	29.6	7.7	15.3	3.6	14.1	4.4	22.6	0.2	2.5	86.2
东亚	1965—1966	15.8	14.6	9.1	4.0	43.6	5.3	2.8	–	4.9	40.9
	1975—1976	14.3	12.1	11.6	2.8	43.8	4.9	4.8	–	5.8	163.7
	1985—1986	11.0	17.4	11.8	2.1	41.7	5.4	8.4	–	2.2	285.3
	1995—1996	9.6	16.0	15.0	2.3	36.0	6.9	9.9	2.6	1.7	893.6
	2005—2006	11.0	16.3	13.0	2.6	28.4	12.7	10.6	2.9	2.5	1 007.1
东南亚	1965—1966	12.4	13.7	35.5	2.7	21.0	0.6	12.7	–	1.4	10.5
	1975—1976	16.6	13.1	36.4	4.9	16.9	2.2	7.3	–	2.8	39.5
	1985—1986	12.2	14.6	38.5	3.9	15.8	2.7	8.9	–	3.4	73.9
	1995—1996	15.6	10.9	29.4	6.8	17.2	5.4	11.5	0.7	2.4	241.7
	2005—2006	14.9	12.7	28.4	6.3	13.3	10.4	10.4	0.5	3.0	318.1
西亚和南亚	1965—1966	5.9	2.2	7.4	13.2	52.4	2.2	10.5	–	6.1	20.9
	1975—1976	8.1	3.5	5.8	15.6	34.6	6.5	22.3	–	3.6	96.9
	1985—1986	10.3	3.3	12.4	16.2	17.3	8.3	29.2	–	3.0	170.2
	1995—1996	6.0	1.9	15.0	18.3	17.2	9.6	26.0	3.5	3.6	287.7
	2005—2006	5.2	2.8	12.6	25.2	10.6	13.2	19.4	5.3	5.7	518.1
北美洲	1965—1966	7.6	2.8	11.5	4.8	27.8	19.8	18.4	–	7.4	60.0
	1975—1976	8.5	3.7	12.6	3.8	27.7	17.0	19.0	–	7.6	148.8
	1985—1986	5.9	4.1	9.3	3.2	28.8	19.7	24.8	–	4.3	312.2
	1995—1996	4.5	3.5	10.8	2.7	41.0	17.7	17.2	1.0	1.6	560.5
	2005—2006	5.2	4.9	6.9	2.4	44.9	15.4	17.7	0.6	2.1	1 076.6

（续）

进口方	时　期	进口市场结构									进口总额
		大洋洲	东亚	东南亚	南亚和西亚	北美洲	拉丁美洲	西欧	独联体和东欧	非洲	
拉丁美洲	1965—1966	0.9	0.0	3.9	0.5	41.3	41.0	12.4	–	0.1	10.6
	1975—1976	2.1	0.6	3.5	0.6	41.1	33.8	16.6	–	1.7	35.5
	1985—1986	2.5	0.7	4.5	1.3	39.3	34.3	17.2	–	0.2	54.8
	1995—1996	2.3	0.6	3.3	0.9	30.4	45.5	15.4	0.8	0.8	207.4
	2005—2006	1.8	1.7	2.5	0.9	29.8	51.1	11.7	0.2	0.4	255.0
西欧	1965—1966	7.1	1.6	3.8	5.4	18.7	11.5	39.3	–	12.6	231.1
	1975—1976	2.9	1.2	3.7	3.6	17.1	9.4	53.1	–	9.1	696.0
	1985—1986	2.2	1.3	3.9	3.1	9.7	10.3	62.8	–	6.8	1 162.2
	1995—1996	2.0	0.9	2.8	2.8	5.8	8.3	70.7	2.2	4.7	2 196.1
	2005—2006	1.7	1.3	2.1	2.8	3.5	8.5	73.8	1.8	4.5	3 269.6
独联体和东欧	1995—1996	1.0	3.6	1.4	7.3	9.3	7.8	51.0	17.3	1.3	219.1
	2005—2006	0.8	3.9	2.9	6.2	5.2	16.5	37.3	25.0	2.3	360.6
非洲	1965—1966	2.5	4.6	2.7	5.9	29.5	2.4	40.2	–	12.1	15.4
	1975—1976	3.8	2.8	2.8	5.0	22.6	9.4	45.5	–	8.3	72.7
	1985—1986	4.2	1.6	5.7	4.4	23.8	7.3	48.4	–	4.6	126.7
	1995—1996	2.9	1.5	7.2	5.7	21.7	10.1	41.0	1.7	8.4	165.6
	2005—2006	3.2	2.7	9.3	7.5	12.0	16.4	27.9	4.0	17.1	355.1

（二）区域间贸易格局演变特征

1. 贸易集团化显著改变了区域间流向

尽管本文并未按贸易集团分区，但北美洲的贸易主体为美国、加拿大和墨西哥3个北美自贸协定缔约国，西欧的贸易主体为欧盟和欧洲自贸协定2个区域性贸易集团。数据显示，北美区域内贸易急剧增加发生在北美自贸协定生效后的时期。西欧的经济一体化起步早，内部贸易比重一直较大并随着贸易集团扩展而稳步提高。大洋洲的澳大利亚和新西兰通过双边开放也推动了贸易发展。与之相比，区域自由贸易起步晚或尚未成形的地区内部贸易比重较低，增势也不明显。

2. 发达国家的进出口集中在发达国家市场

3个以发达国家为主的区域内部贸易占比通常最大，外部主要贸易伙伴也均为以发达国家为主的地区。除传统的贸易联系外，这些区域生产的产品在口味和质量上更适合相互需要，面临的绿色壁垒低，贸易便利化程度高，是双边贸易稳固发展的基础。

3. 发展中国家间的“南南贸易”趋于扩大

本文并非依据国家发展水平划分区域，但9个区域中3个以发达国家为主，5个以发展中国家为主，仅东亚包括了日本和中国这样的规模相近但发展水平差距巨大的国家。这意味着区域间贸易可在一定程度上揭示不同发展水平国家间的贸易。数据显示，东南亚、南亚和西亚、拉丁美洲和非洲对发达国家的出口份额显著下降，相互间的出口份额在不同程度上增大。即使对东亚而言，进口增长主要发生在中国，进口比重增长较大的来源地为东南亚和拉丁美洲。这些情况表明“南南贸易”地位逐步得到提升。

4. “南北贸易”发展面临困局

尽管乌拉圭回合推动了全球市场开放，但发展中国家的农产品进入发达国家市场仍面临多种壁垒，特别是严格的食品安全标准。另一方面，扩大对发展中国家的市场渗透则是发达国家在多边贸易谈判中的重要目标，其实现程度则取决于发展中国家的供给能力和购买力变化。从实践看，多数发展中国家在扩大贸易开放的同时加强了对农业的扶持，农产品供给有所增长；发展中国家尽管国民生产总值增幅高于发达国家，但分配格局不尽合理，一定程度上限制了需求，特别是对发达国家出口的高端产品的需求。这些因素使“南北贸易”发展受到限制。

区域间贸易发展前景

东亚、南亚和西亚、西欧受资源和自然环境条件限制将长期为农产品净进口地区，且进口可能呈两种显著不同的模式：一是中国、南亚和西亚地区的发展中国家以进口土地密集型大宗农作物产品为主，主要来源地有北美、拉美和大洋洲，同时出口部分劳动密集型农产品和加工食品，主要市场集中在北美、西欧及东亚日本。二是西欧在削减农业扶持情况下会同时大量进口和出口加工食品，部分用作原料的农产品则从区域外进口且规模将逐步增大。

东南亚、大洋洲、北美洲和拉丁美洲农产品贸易可望保持净出口地位。东南亚的人口增长和收入增长将拉动内部需求，扩大出口的潜力有限，优势农产品仍将集中在热带作物产品及其加工品上，对温带产品的进口需求预期会增加。大洋洲扩大出口的能力受自然环境条件制约且面临与北美洲和拉丁美洲出口国的竞争。北美洲以美国为主体，在内部市场规模和政府补贴力度上有突出的竞争优势，大宗农产品优势比加工食品突出，同时因优质加工食品需求增长较快，在未来可能进一步削减国内支持力度情况下，预期将继续维持大宗农产品净出口、加工食品净进口格局，净出口规模扩大潜力相对有限。

拉丁美洲具有自然条件和劳动成本竞争优势，是扩大土地密集型产品出口潜力最大地区，可望在市场价格上升时通过开垦土地和提高生产力进一步增加产量，在世界农产品市场发挥更大作用。

独联体和东欧、非洲区域的农产品贸易短期内仍将保持净进口，但长期前景存在较大不确定性。其农业资源开发潜力大，未来贸易格局演变取决于能否建立起有利于农业发展的制度和市场环境。

对中国的启示

（一）农产品贸易发展方式应向提高加工食品出口模式转变

目前加工食品已居各区域农产品贸易类别之首。随着收入和教育水平的提高，各国消费者对食品质量的要求日益提高，扩大技术含量高、品牌信誉好的加工食品出口成为拓展海外市场的必然选择。中国受农业资源条件限制，从未来农业贸易发展需要看，应在推动农村经营制度改革、形成高效率的产业链、扩大深加工增值上下功夫。

（二）区域经贸合作战略应依据区域贸易演变前景制定

扩大农产品区域合作既要包括拓展出口市场，也要兼顾利用贸易机会做好进口以有效保障供给。东亚的日本、韩国、中国香港和台湾是加工食品最大净进口市场，与日本和韩国建立自贸区对促进农产品出口积极作用明显，应积极推进。进口方面，拉丁美洲、大洋洲、东南亚和北美洲初级农产品出口能力强、潜力大，应在妥善处理农产品市场开放度，确保国内主要农产品产业安全的前提下，加强与上述国家和地区的农业合作。

（三）努力扩大与发展中国家的农业合作

从世界范围看，农产品无论是需求空间的增长还是供给潜力的提高都相对集中在发展中国家，强化农产品生产能力是发展中国家实现国民经济稳定增长的基础，但很多国家面临技术和资本瓶颈，扩大农业“南南合作”不仅有助于改善国际环境，而且可通过促进当地农业发展提高世界农产品供给保障程度，从而使中国自身的粮食安全保障间接受益。中国既有适用的农业技术，又有对外投资能力，应积极创造有利于中国企业“走出去”的制度环境和政策环境。

（四）积极拓展对发达国家出口

长期看发达国家食品需求增长将逐步放缓，但受劳动成本上升和补贴力度削减等因素影响，供给增长潜力会受到抑制，其进口规模可望继续扩大。一般而言，发达国家市场稳定，对优质加工产品需求大，产品售价高，为中国产品进一步进入发达国家市场创造了条件。应加快农业经营模式的转变，切实提高农产品质量安全水平，以适应在高端市场上竞争需要。

2010年国际农产品价格波动及其影响因素

2010年国际市场农产品价格全面上涨

与上年相比，2010年全球农产品各品种市场价格除少部分产品外基本呈现出先跌（或基本稳定）后涨、全面上涨态势。

（一）小麦领涨全球谷物市场

2010年上半年，全球谷物市场基本稳定，7月份以后小麦价格突然大涨，引领全球谷物价格进入了持续几个月的上涨阶段。

美国2号硬红冬小麦墨西哥湾离岸价2010年1月份均价为每吨215美元，6月份为183美元，下跌14.9%。年末价格比年初上涨48.9%，达到每吨319美元。玉米价格表现与小麦类似，美国2号黄玉米墨西哥湾离岸价年中6月比年初下跌8%，但年末每吨达248美元，总体价格上涨48.1%。泰国100% B2级大米曼谷离岸价年末每吨564美元，虽比年中6月高出19%，但比年初低6.2%。小麦和玉米下半年出现明显上涨，但年均价与上年相比涨幅并不大，分别是2.2%和11.4%。大米价格比上年下跌10.9%。

小麦和玉米国际市场价格2010年下半年虽呈快速上涨态势，但仍低于2008年的最高位水平。2010年，大米、小麦和玉米均价分别为每吨520美元、241美元和184美元，比2008年低25.4%、30.1%和17.3%；周平均价格最高值分别仅相当于2008年的54.7%、65.9%和81.8%。进入2011年，小麦和玉米国际价格仍呈明显上涨态势，2月份均价分别比2010年12月份上涨13.2%和15.9%。2011年2月FAO食品价格指数达236点，是1990年1月以来历史最高水平。同期FAO谷物价格指数也达2008年7月以来最高点（图47）。

（二）油菜籽和花生上涨明显，大豆价格相对稳定

美国1号黄大豆墨西哥湾离岸价2010

年1月为每吨382美元，此后价格略有波动，6月价格略降至373美元，7月开始明显上涨，年末涨至512美元，半年涨幅37.5%。

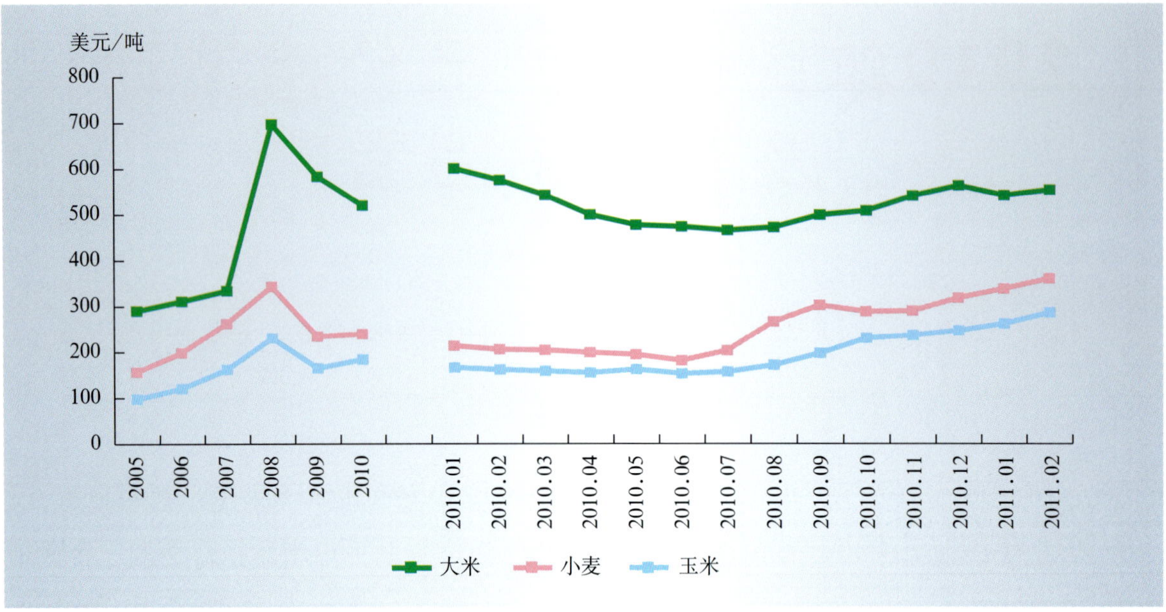

图47　国际市场谷物价格变化趋势

注：大米为泰国100% B2级大米曼谷离岸价，小麦为美国2号硬红冬小麦墨西哥湾离岸价，玉米为美国2号黄玉米墨西哥湾离岸价。

数据来源：FAO国际商品价格数据库。

油菜籽汉堡到岸价年初为每吨408美元，6月回落至388美元，年末为656美元，半年涨幅69.1%。

花生鹿特丹到岸价9月前比较稳定，10月开始大幅上涨，单月涨幅为13.9%，年末上涨至每吨1 250美元，分别比1月和6月上涨307美元和295美元。

从全年看，大豆、油菜籽和花生平均价格分别为每吨409美元、467美元和1 279美元，比上年分别上涨1.3%、19.4%和10.2%，但为2008年的86.1%、77.2%和77.8%（图48）。

（三）食用油价格上涨

2010年上半年，食用油国际市场价格略有回落，下半年整体上涨。

大豆油2010年前6个月价格持续下跌，荷兰现榨大豆油离岸价1月为每吨923美元，比2009年12月下跌12美元，6月均价859美元，跌幅6.9%，7月开始上涨，年末达到每吨1 322美元，全年上涨42.2%。

菜籽油和大豆油走势基本相同。荷兰现榨菜籽油离岸价格年初每吨916美元，5月跌至864美元，6月开始上涨，年末达到1 396美元，全年上涨52.4%。二者不同处在于菜籽油价格上涨起点是6月，大豆油是7月。年初菜籽油价格略低于大豆油，年末略高于大豆油。

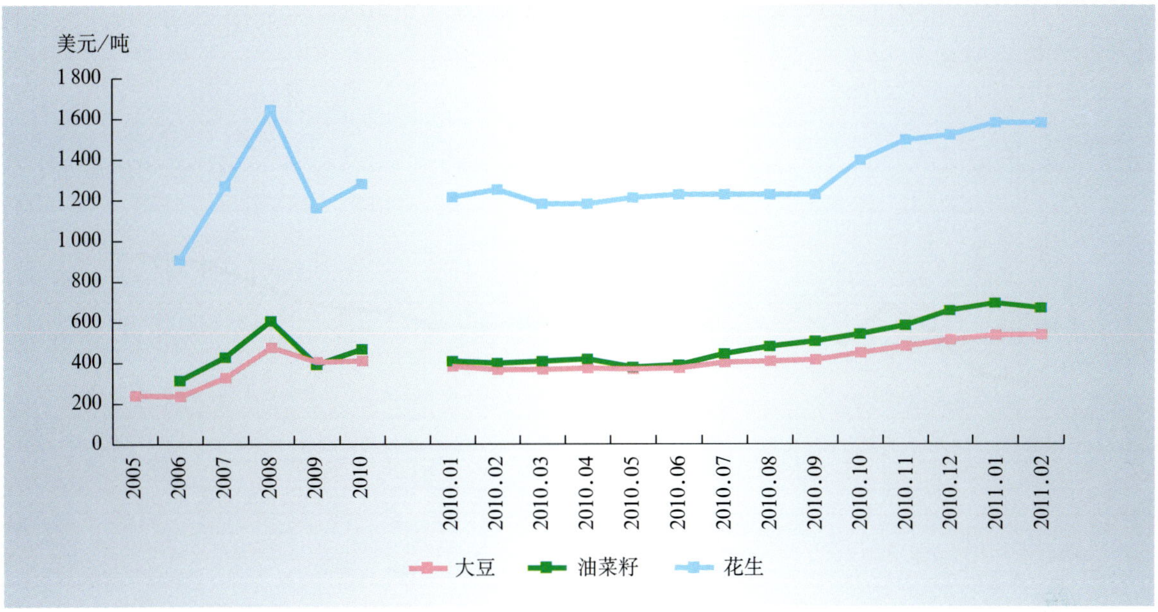

图48 国际市场油料作物价格变化趋势

注：大豆价格为美国1号黄大豆墨西哥湾离岸价，油菜籽为汉堡到岸价，花生为鹿特丹到岸价。

数据来源：FAO国际商品价格数据库。

棕榈油价格上半年小幅波动，西北欧粗棕榈油到岸价7月在800美元左右波动，8月环比上涨12.1%，此后4个月连续上涨，年末高收于1 228美元，全年涨幅达到54.9%，略高于菜籽油和大豆油。

花生油价格表现较为特殊，花生油鹿特丹到岸价格2010年前10个月相对稳定，11月每吨上涨近400美元，年末收于1 753美元，波动特点表现为从一个相对稳定的价格水平直接提升至另外一个相对稳定的价格水平。

从年均价看，2010年荷兰现榨大豆油离岸价、荷兰现榨菜籽油离岸价、西北欧粗棕榈油到岸价和花生油鹿特丹到岸价格分别为每吨1 005美元、1 013美元、901美元和1 404美元，比上年分别高156美元、154美元、218美元和220美元，但比2008年平均水平低21.3%、23.8%、5%和34.1%（图49）。

（四）肉类价格涨至阶段最高水平

2010年全球肉类市场价格高于上年，部分产品价格达到历史新高。

澳大利亚牛肉美国东海岸到岸平均价格为每吨3 351美元，为1960年以来最高，虽然年中一度有所回落，但年末比年初上涨26.9%。

羊肉价格也达历史新高。新西兰全冷冻羔羊斯密斯菲尔德食品公司伦敦市场年均批发价为每吨5 005美元，是FAO统计的1990年以来最高价格。除前三个月和7月下跌外总体呈上涨趋势，年末收至5 628美元，比1月均价高22.1%。

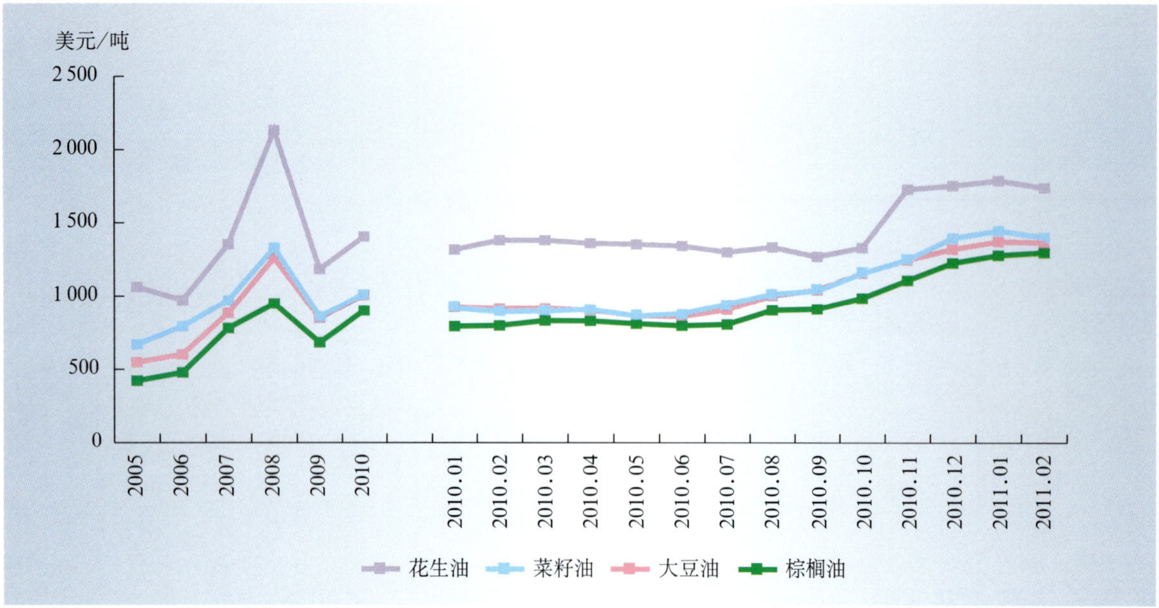

图 49　国际市场主要食用油产品价格变化趋势

注：大豆油为荷兰现榨大豆油离岸价，菜籽油为荷兰现榨菜籽油离岸价，棕榈油为西北欧粗棕榈油到岸价，花生油鹿特丹花生油到岸价。

数据来源：FAO 国际商品价格数据库。

猪肉价格先涨后跌，波动幅度不大。美国冷冻猪肉出口价月均最低值为 1 月的 2 229美元，最高值为 6 月的 2 624 美元，全年均价是 2 454 美元，比上年高 252 美元，为 1998 年以来最高值。

肉鸡价格先涨后跌，变化很小。美国 A 级冷冻肉鸡平均批发价 1 月为每吨 1 664 美元，7 月涨到 1 761 美元，年末回落至 1 713 美元，全年均价为 1 721 美元，较上年提高 4 美元，增幅较小，但为 1980 年以来最高值（图 50）。

（五）乳制品价格高位波动，黄油价格再创新高

在 2009 年后期上涨基础上，乳制品价格在 2010 年保持高位，全年均价大幅上涨。

奶粉价格在 2010 年 2—8 月间出现较大波动，2 月大洋洲全脂奶粉和脱脂奶粉出口离岸价分别为每吨 3 125 美元和 2 750 美元，5 月分别涨至 3 963 美元和 3 500 美元，8 月降至 3 150 美元和 2 982 美元。年末分别比年初高出 7.6% 和0.4%；全年均价分别为3 464美元和3 127 美元，比上年高 44.3% 和 38.7%。

黄油价格呈现明显上涨态势。1 月大洋洲出口离岸价为每吨 3 800 美元，12 月上涨至 4 500美元，涨幅 18.4%，全年均价4 043美元，比上年上涨 73.1%，比 2008 年高 12.1%，是 FAO 数据库统计的自 1995 年以来最高价格。

奶酪大洋洲出口离岸价从 2009 年 12 月高价回落至 2010 年 3 月的相对低位后再次缓慢上涨，12 月为4 175 美元，较3 月高9.9%。全年均价为 4 009 美元，上涨 35.6%，但比 2008 年历史最高位低 13.5%（图51）。

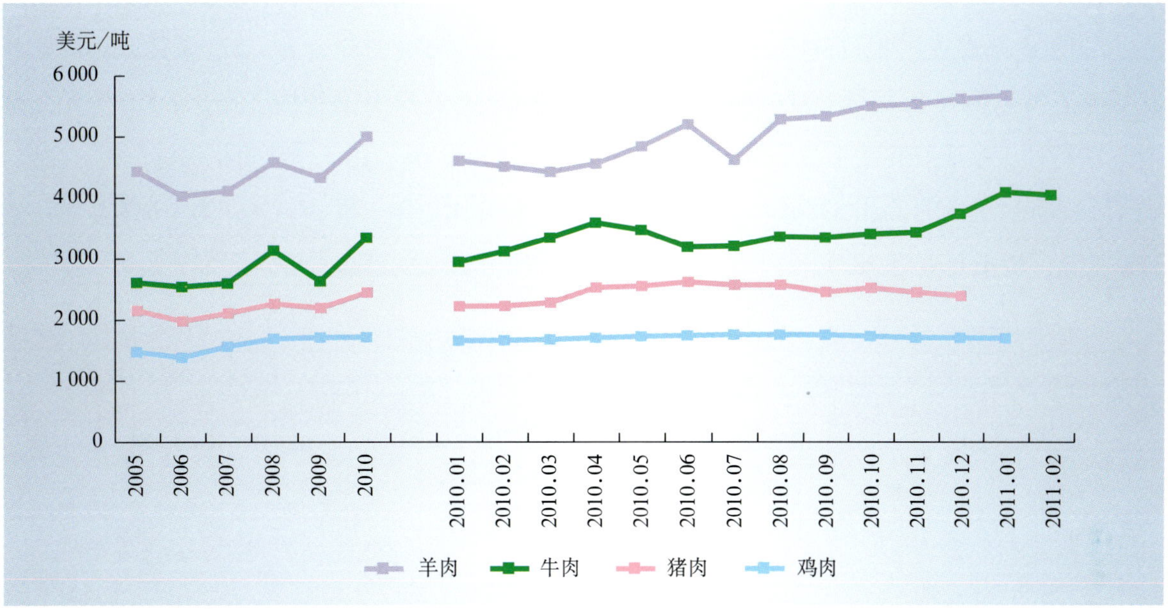

图 50　国际市场肉类价格变化趋势

注：猪肉为美国冷冻猪肉出口价，牛肉为澳大利亚冷冻无骨牛肉美国东海岸到岸价，羊肉为新西兰全冷冻羔羊肉伦敦斯密斯菲尔德市场批发价，鸡肉为美国A级冷冻肉鸡平均批发价。

数据来源：猪肉价格来自FAO国际商品价格数据库，其余数据来自世界银行商品价格数据库。

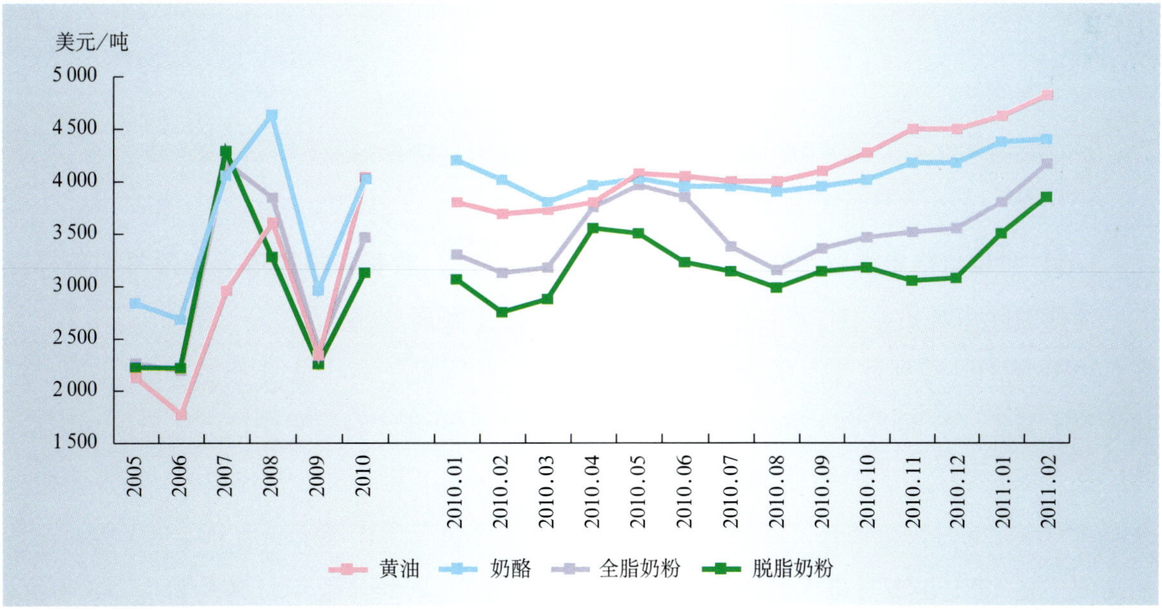

图 51　国际市场乳制品价格变化趋势

数据来源：FAO国际商品价格数据库。

（六）豆粕价格小幅回落，鱼粉价格涨至新高

2010年一季度阿根廷44%～45%颗粒状豆粕鹿特丹到岸价延续2009年以来的缓慢下跌行情，4月后波动上涨，年末收至每吨433美元，比3月高出31.6%，全年均价378美元，较上年下降28美元。

鱼粉价格在2009年升至高位后震荡下行，64%～65%规格鱼粉不来梅港口交货价月度最高价出现在4月份，为1 873美元，比1月上涨11.4%。12月交货价已降至1 520美元，为4月的81.1%。由于全年价格保持在相对高位，年均价比上年上涨37.1%，为1 687美元，是1960年以来的最高水平（图52）。

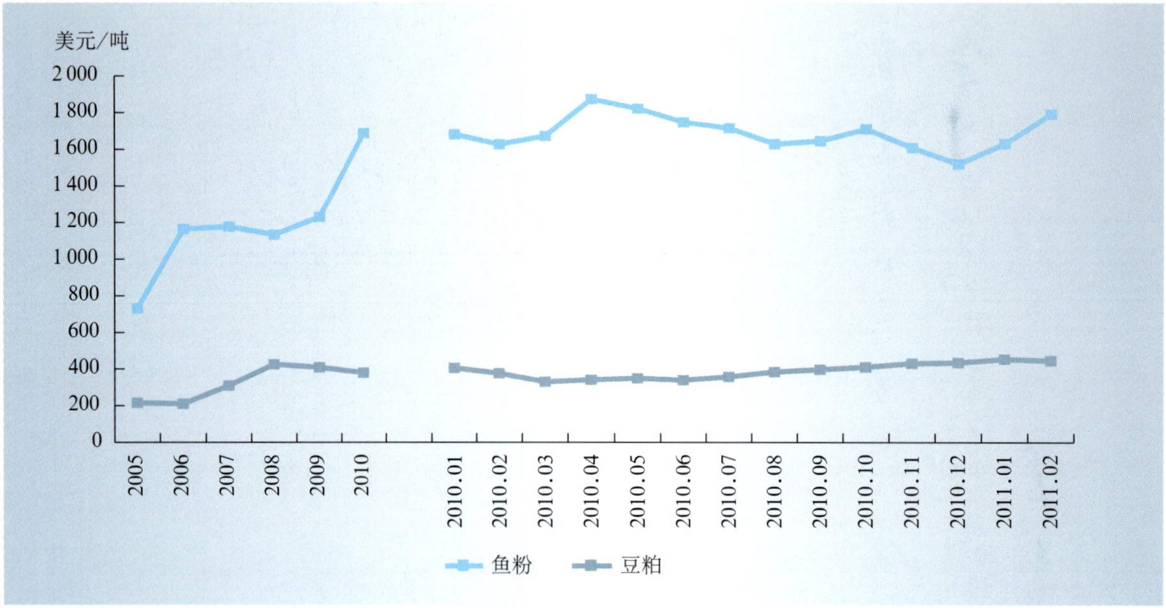

图52　国际市场豆粕和鱼粉价格变化趋势

注：豆粕为阿根廷44%～45%颗粒状豆粕鹿特丹到岸价，鱼粉为64%～65%规格鱼粉不来梅港口交货价。

数据来源：FAO国际商品价格数据库。

（七）食糖价格先跌后涨整体攀升

食糖国际市场价格自2008年起持续上涨，2010年1月涨到此轮上涨最高点，每吨为584美元，是2007年均价的2.6倍，2月后进入下行轨道，5月滑落到335美元，跌幅42.6%，6月快速攀升，12月至617美元高位，是1981年2月以来最高。全年均价469美元，比上年高69美元，是1981年以来最高（图53）。

（八）棉花和橡胶等天然原材料价格涨至历史新高

国际棉花Cotlook A指数2010年前半年延续2009年3月以来快速上涨势头，6月达到2 051美元高位后稍作震荡，8月开始进入上涨快车道，年末高收于3 703美元，是年初的2.2倍。全年每吨均价2 283美元，增幅65.2%，是1960年以来最高值。

年初新加坡商品交易所橡胶价格

（RSS3级）每吨3 092美元，此后三个月连续上涨，4月为3 948美元，其后三个月连续回落，7月降至3 274美元，8月起再次进入上涨期，12月涨至4 746美元，是1960年以来单月最高（图54）。

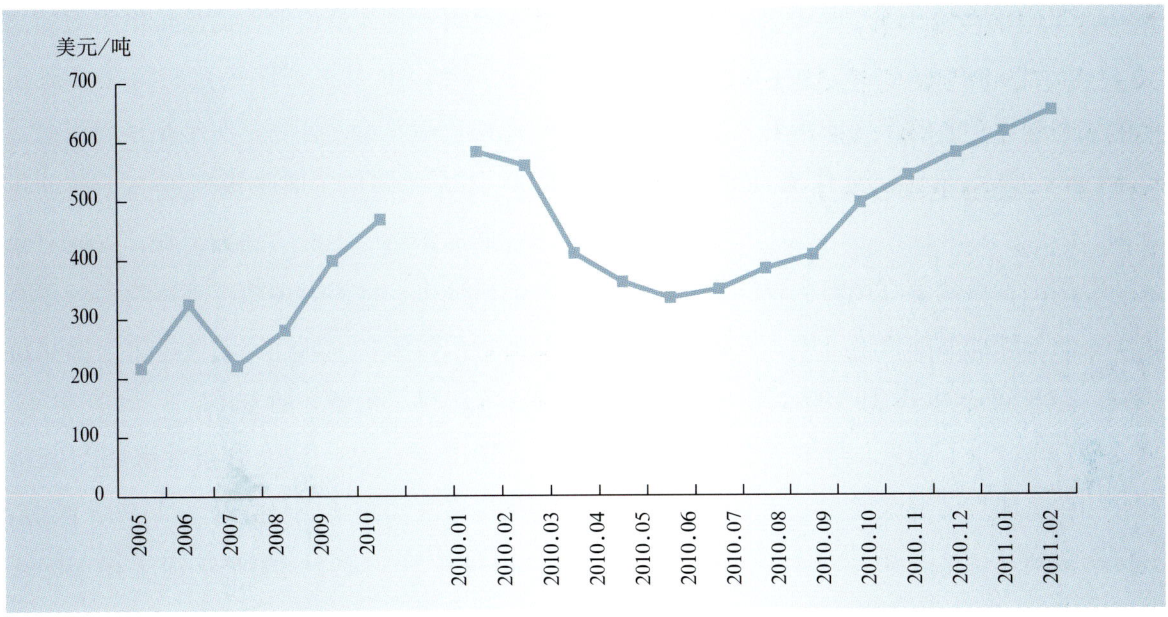

图53 国际市场食糖价格变化趋势

注：食糖为国际糖业协定（ISA）平均价。

数据来源：FAO国际商品价格数据库。

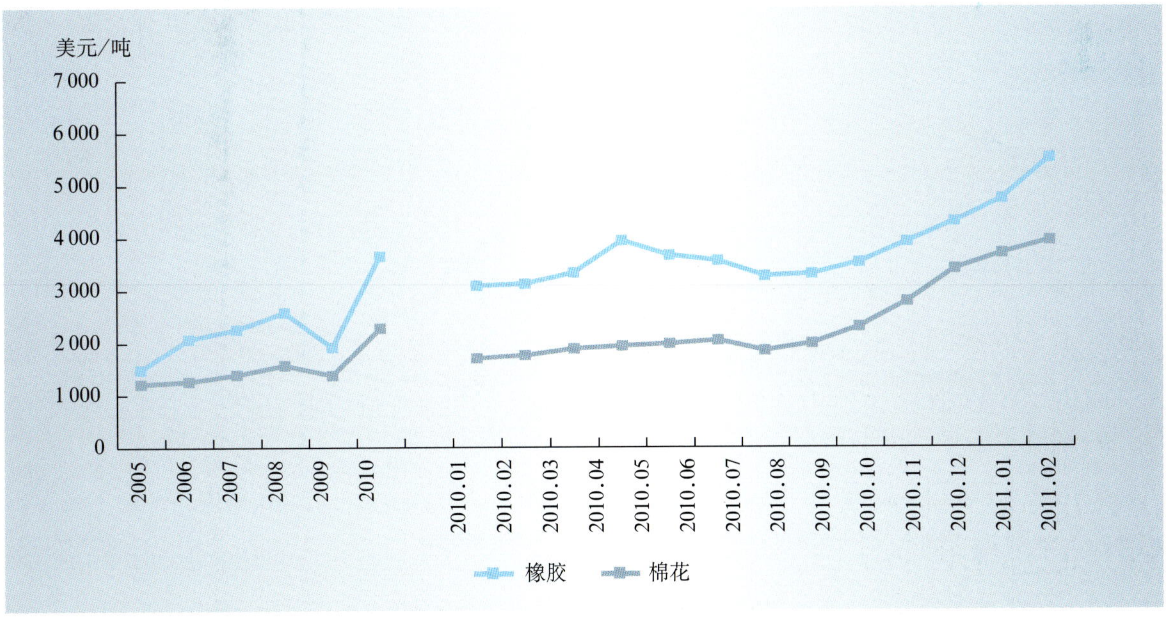

图54 国际市场棉花和橡胶价格变化趋势

注：棉花为Cotlook A指数（远东），橡胶为新加坡商品交易所RSS3级橡胶合同价。

数据来源：世界银行商品价格数据库。

2010 年国际农产品价格波动的影响因素

2010 年下半年以来的国际农产品价格上涨是多种因素共同作用的结果。

(一) 美元贬值，全球流动性过剩是主因

美国的货币政策直接影响着以美元为标价单位的全球商品的价格走势。为刺激银行放贷，2009 年 3 月 18 日美联储首次实施量化宽松货币政策，购进总额 1.7 万亿美元资产，导致美国货币量激增、美元大幅贬值和国际市场商品价格上涨。2009 年 3 月—2009 年 11 月，美元汇率指数和美元对欧元汇率走低，除谷物和肥料外，相应的国际商品价格指数明显上涨。2009 年 12 月—2010 年 6 月，美元处于升值期，相应的国际商品价格指数进入震荡或上涨速度明显放缓。6 月开始美元再次进入贬值期，商品价格指数随之快速上升；10 月美联储决定实行第二轮量化宽松货币政策，计划至次年 6 月购买总计 6 000亿美元国债，通胀预期进一步推动了国际商品价格的上涨。除美国外，为应对金融危机冲击，世界大多数经济体均实行了宽松的货币政策，全球性流动性过剩为商品价格上涨提供了最基本的支持。

2010 年，农产品价格指数涨幅与其他商品价格涨幅相比仍低，仅为 17%，能源、金属和矿产、原材料则分别上涨 26%、48% 和 41% (图 55)。

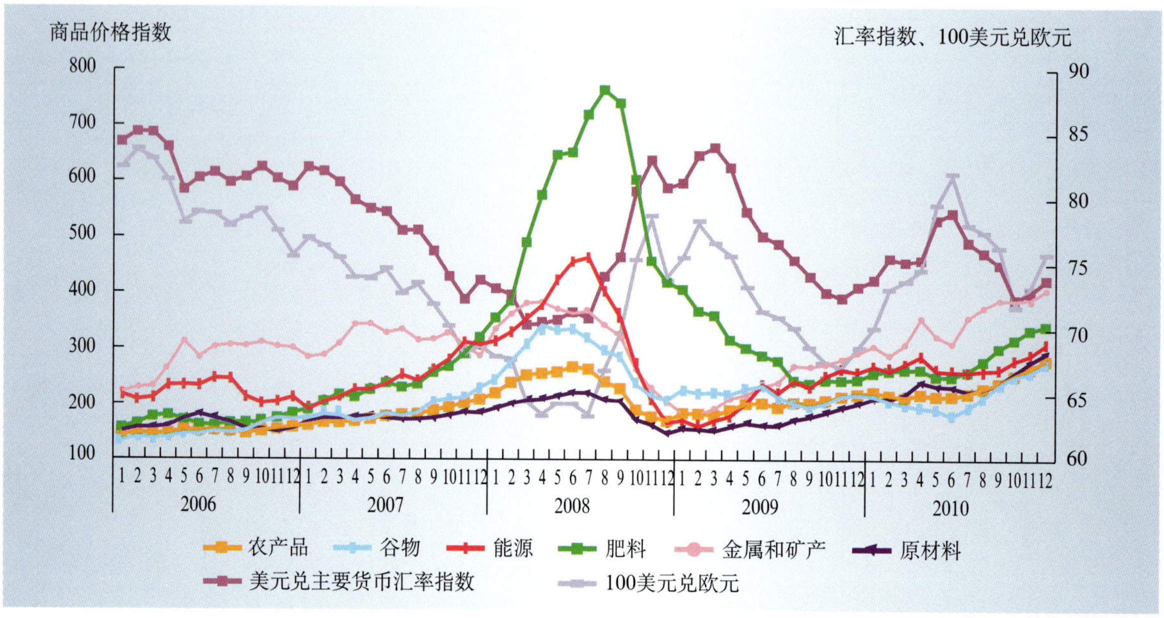

图 55　国际市场商品价格指数变化情况

数据来源：商品价格指数来源世界银行商品价格数据库，价格指数以 2000 年为 100；美元兑主要货币汇率指数和美元兑欧元汇率来源美国联邦储备委员会数据库，汇率指数以 1973 年 3 月为 100。

（二）异常天气导致农产品供给紧张

谷物价格指数上涨时间与其他商品不太同步。上半年国际谷物价格仍处跌势，大豆价格涨幅也较小。7月份欧洲尤其是俄罗斯小麦因干热天气减产消息公布后，国际市场粮食价格出现明显上涨。同时洪灾导致加拿大和巴基斯坦的小麦、泰国的大米的减产等消息又进一步推动了粮价上涨预期。尽管全球大米产量和库存量都有所增加，但全球谷物产量和库存量都比上年度明显减少。从统计资料看异常天气导致的减产并未达到触发供给危机的程度，但连续的减产信息对本已十分脆弱的国际农产品市场带来一定冲击（表77）。

表77 近年世界谷物生产、使用、库存和贸易

单位：百万吨、%

年度		2008/2009	2009/2010	2010/2011	2010/2011年度比上年度增长	年度		2008/2009	2009/2010	2010/2011	2010/2011年度比上年度增长
生产	谷物	2 286	2 261	2 234	-1.2	库存	谷物	505	531	484	-8.9
	小麦	685	685	653	-4.6		小麦	182	205	185	-9.5
	大米	458	455	466	2.3		大米	126	132	139	5.0
	粗粮	1 142	1 121	1 115	-0.5		粗粮	197	194	160	-17.8
使用	谷物	2 192	2 233	2 277	2.0	贸易	谷物	282	276	275	-0.3
	小麦	646	660	670	1.5		小麦	139	130	123	-5.2
	大米	444	449	460	2.4		大米	30	31	32	-1.2
	粗粮	1 101	1 125	1 148	2.0		粗粮	113	115	120	4.7

数据来源：FAO《作物展望和粮食形势》，2011年4月。

（三）粮食出口国的出口限制措施引发市场恐慌

与2007—2008年全球粮食危机类似，部分粮食出口国的限制出口措施也推动了此次粮价的暴涨。俄罗斯小麦出口量居世界第三位，占国际小麦出口额13%，2010年6月还努力开拓小麦国际市场并以低于美国的价格向小麦最大进口国埃及出口18万吨小麦，8月即宣布暂停谷物出口，10月又将出口禁令延至次年7月，对小麦供求关系产生深刻影响。乌克兰随即决定至2011年6月对粮食出口实行配额限制。印度也延续了以往的大米和小麦出口禁令。尽管与北美洲、南美洲和澳大利亚的国际粮仓相比，俄罗斯和乌克兰的谷物出口绝对量不是最大，但限制出口所连带的信息对国际谷物期货和现货市场都产生了相当影响。

（四）市场投机推动价格飙升

众多学者认为，期货市场的投机行为对此次农产品价格上涨起到了很大推动作用。

美国商品期货交易委员会每周农产品期货持仓报告显示，投机性的“非商业持仓者”比重增加，表明市场投机成分增加。投机行为虽没有直接导致粮价风波的发生，但加大了国际粮价波动水平。

（五）生物质能源发展政策对农产品价格形成一定推力

导致 2007—2008 全球粮食危机暴发的重要因素之一的生物质能源政策变化同样助推了这次危机的暴发。由于 2010 年世界经济仍处缓慢复苏阶段，对粮食和原油的需求逐渐增加，以美国为首的经济大国纷纷发展生物能源工程，利用粮食生产乙醇和生物柴油的比重越来越高，加大了粮食消耗。美国和巴西分别将乙醇掺混率提高到 20% 和 15%，阿根廷和德国已经或计划将生物柴油掺混率提高到 7% 和 10%。燃料乙醇和生物柴油对玉米、小麦和油料的需求量已成为各大信息发布机构预测粮油价格走势的重要指标，全球范围内粮食能源属性的强化加剧了粮食市场的供需矛盾。

（六）国际机构市场预测能力不足，国际合作不力

观察显示，在 2007—2008 年全球粮食危机和 2010 年下半年以来的全球农产品价格上涨形势下，国际权威机构在市场信息获取和发布上明显迟缓和被动，对世界粮价的判断力表现不足，部分信息甚至变相制造了市场恐慌，导致缺粮国采取限制出口或扩大进口行为，进一步加剧了粮价上涨预期。

主要贸易国政策缺乏协调也是导致粮食市场价格急剧波动的因素之一。粮价上涨虽对粮食进口国不利却对粮食出口国提供了机会。经济发展水平的不一致使得粮价上涨对不同的经济体产生的冲击程度不同，发达国家抗冲击力强，市场干预少。发展中国家和缺粮国更多选择利于粮食供给和价格稳定的政策。这些差异性使得国际社会在贸易政策选择、对期货市场的监控及生物能源发展政策等方面难以进行有效协调。

各国的应对措施

农产品尤其是粮食价格的上涨对发展中国家和粮食进口国的粮食安全和经济社会稳定造成了严重威胁。对此一些自身粮食安全状况不佳或粮食自给水平较低的国家纷纷采取应对措施减少或消除粮价上涨的负面影响（表 78）。

表 78 国际社会应对粮食危机的政策措施

措　施	目　的	代表国家
通过提高出口税、配额限制农产品出口或直接禁止出口	保障本国国内市场供给，控制农产品价格	非洲：乍得、埃及、埃塞俄比亚、坦桑尼亚 亚洲：孟加拉国、中国、哈萨克斯坦、印度 拉丁美洲和加勒比：玻利维亚 欧洲：俄罗斯、乌克兰

（续）

措　施	目　的	代表国家
降低农产品进口关税或以其他手段鼓励农产品进口	鼓励进口保障供给	非洲：肯尼亚 亚洲：孟加拉国、中国、菲律宾、韩国、沙特阿拉伯 欧洲：俄罗斯
增加投入补贴，提高收购价格，加大教育培训等生产支持政策	加强本国农产品生产，增加自给，保护农民利益	非洲：马里、尼日尔 亚洲：阿富汗、孟加拉国、柬埔寨、中国、伊朗、日本、阿曼、巴基斯坦、韩国、斯里兰卡、叙利亚、泰国 拉丁美洲和加勒比：洪都拉斯、墨西哥、尼加拉瓜 欧洲：俄罗斯 大洋洲：澳大利亚
低价销售和补贴消费等消费者支持政策	减少粮食价格上涨对家庭层面粮食安全的威胁	非洲：尼日尔、卢旺达、苏丹 亚洲：孟加拉国、泰国
通过粮食储备、价格控制和运输成本补贴平抑市场价格	保障国内价格稳定	非洲：赞比亚 亚洲：中国、哈萨克斯坦、巴基斯坦、越南 欧洲：俄罗斯
鼓励出口减少库存	利用粮价上涨开拓出口市场	亚洲：泰国、越南 拉丁美洲和加勒比：阿根廷

资料来源：粮农组织全球早期预警系统——国别政策监测。

总体看，上述政策措施可分为国内政策和边境政策两类。针对国内生产者和消费者的国内政策不会对国际市场造成直接影响，部分国家限制出口或鼓励进口的边境政策虽不是导致国际市场波动的唯一因素，但在某种程度上会引发国际市场的供求关系紧张，直接助推了国际市场农产品价格的波动。如果国际粮食市场投机行为得不到控制，防御性的边境政策就很难避免。粮农组织为此专门编制了《国家级应对高粮价政策与计划行动指南》，以便于减少由各国政策导致的不确定性，帮助成员国正确选择政策，避免因政策选择失误导致国际市场状况恶化。

国际农产品价格波动对中国的影响

（一）对市场价格和进出口的影响

中国作为农产品最大消费国和重要贸易国，农产品价格的走势受国际农产品市场影响显著。2010年上半年，中国主要农产品国内市场批发价月度波动不大，其中猪肉和食糖价格还出现数月下跌。但7月后，随着国际农产品市场的上涨，国内农产品特别是进口量大的棉花、大豆和食糖价格上涨趋势十分明显，其中棉价仅10月即上涨27.8%。年末与年初比，涨幅最大的是棉花，为81%，食糖居次，为37.7%。同期主要粮食品种小麦、大米、玉米和大豆的涨幅分别为15.1%、17.3%、8.8%和5.7%，其中小麦、玉米和大豆的涨幅小于对应的国际市场价格涨幅（国际市场分别为48.9%、48.4%和34.2%），国内大米价格始终保持上涨，而同期国际市场价格回落了6.2%（图56）。

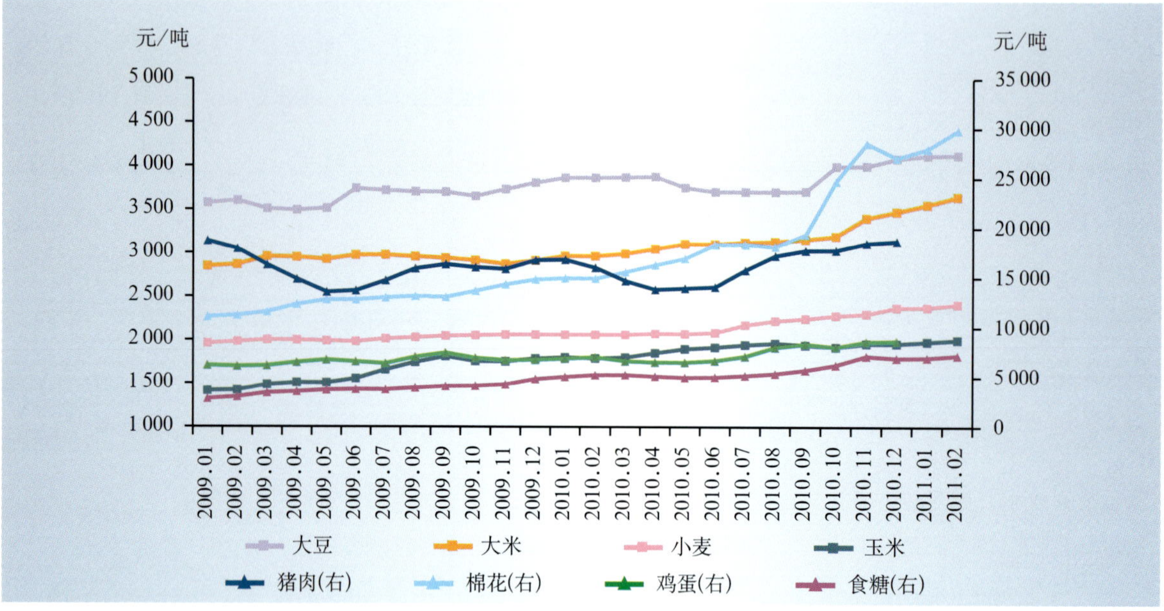

图56　中国农产品价格变化情况

数据来源：中国农业部。

2010年，虽然国际农产品价格明显上升，但中国主要农产品净进口量仍大量增加，其中谷物净进口量在上年178.1万吨基础上增到446.6万吨，增加1.5倍；大豆、畜产品、食糖和棉花净进口增幅分别达29.4%、3.4%、67%和78.5%；仅植物油进口量有所减少，减幅为13%。从金额看，由于价格上涨，全年农产品净进口额增幅远大于净进口量增幅。

（二）中国的应对措施

为应对国际农产品市场价格上涨对国内粮食市场产生的影响，中国政府采取了一系列措施调控农产品价格：一是通过抛售国储平抑市价。在定期竞价销售小麦和水稻的同时启动了2010年度临储玉米的竞价活动，开展食糖、大豆和油菜籽储备的抛售业务。9月开始公开竞售部分国家临存食用植物油。二是提高粮食最低收购价，消除市场涨价预期。三是2010年10月20日起上调金融机构人民币存贷款基准利率0.25个百分点，从而收紧流动性以遏制通胀预期。四是取消部分农产品和肥料的出口退税，鼓励粮食生产。增加玉米、大米和油脂油料进口，满足国内市场需求。五是通过强化市场监管，限制投机行为。

由于良好的国内供给形势和政府的有效调控，中国农产品市场虽也面临很大涨价压力，但未出现如国际市场的价格大幅波动。

小 结

2010年下半年国际农产品市场再次出现较大幅度上涨，部分产品价格甚至涨至50年来历史新高。导致此次农产品价格上涨的因素与导致2008年国际农产品价格上涨的因素存在相同点，涉及美元贬值、粮食减产、市场投机、粮食出口限制措施和生物质能源发展等多方面。但两次粮价上涨的原因也有不同的一面，2010年农产品价格上涨的主推因素不是原油价格的上涨而是美元贬值和全球流动性过剩。中国市场虽不可避免地受到国际农产品价格波动的影响，但国内农产品价格涨幅远小于国际市场，对稳定物价总体水平发挥了重要作用。

外资进入与中国食用植物油产业

外资进入中国食用植物油产业的宏观背景

（一）外资进入前提：食用植物油供给长期不足、市场和利润空间巨大

中国食用植物油供给不足问题由来已久，在农业以粮为纲的计划经济年代，油料生产与其他非粮食作物一样让位于粮食生产。1978 年全国食用植物油总供给量只有 177 万吨，人均食用植物油消费量只有 1.6 千克①，城市居民食用植物油凭票供应。随着改革开放后中国经济的高速增长和人民生活水平的迅速提高，城乡居民人均食用植物油消费量上升。国家统计局数据显示，2009 年全国精炼食用植物油产量达到 3 433.4 万吨②，加上不需进入加工厂精炼的净进口食用植物油 445.9 万吨③，依此计算，2009 年全国食用植物油的实际供给水平达到了 3 879.3万吨，1978—2009 年食用植物油的年均增速达到 10.5%。而同期含大豆在内的国内油料产量（图 57）年均增长率仅为 4.2%。因此，中国食用植物油料（图 58）和油脂（图 59、图 60）的进口量逐年增大，2005 年中国食用植物油的自给率已经下降到 46.8%，至 2009 年进一步降低到 35%④。

如此悬殊的食用植物油供求状况，必然形成巨大的市场空间和可观的利润潜力。要满足中国食用油需求，基本选择途径只有两

---

① 《中国统计年鉴 1983》，第 507 页。

② 《中国统计年鉴 2010》，表 14 ~ 表 22。

③ 海关统计 2009 年全国进口食用植物油 950.3 万吨；国家粮食局资料显示“入统”油脂企业外购原油精炼量 402.2 万吨和外购国内成品油分装量 90.7 万吨；那么，不需进入加工厂精炼的进口食用植物油为 457.4 万吨；扣除出口量，约为 445.9 万吨。

④ 程广燕、王东阳：当前国内植物油产业格局、趋势及对策分析，《农业展望》，2011 年第 1 期第 40 页。作者将油料折合成油脂的方法来统一计算食用油。由于将国产油料全部折合成油脂，但实际上相当数量的国产油料并没有用作食用油，而是鲜食的（比如花生）。此外，该文作者是采用油料的标准含油率来折算的，实际出油率要小于标准出油率，所以我国食用植物油的实际自给率还要小于该文作者的推算值。

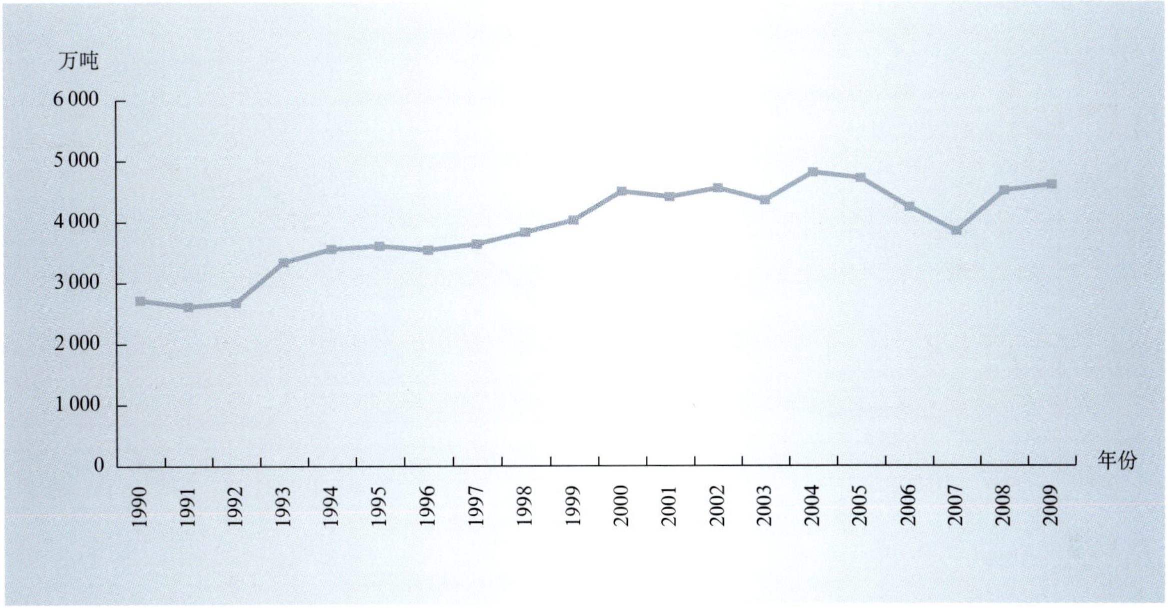

图 57　1990—2009 年中国油料（含大豆）产量变化情况

数据来源：根据中国统计年鉴中的油料（不含大豆）产量和中国农村统计年鉴中的大豆产量数据计算所得。

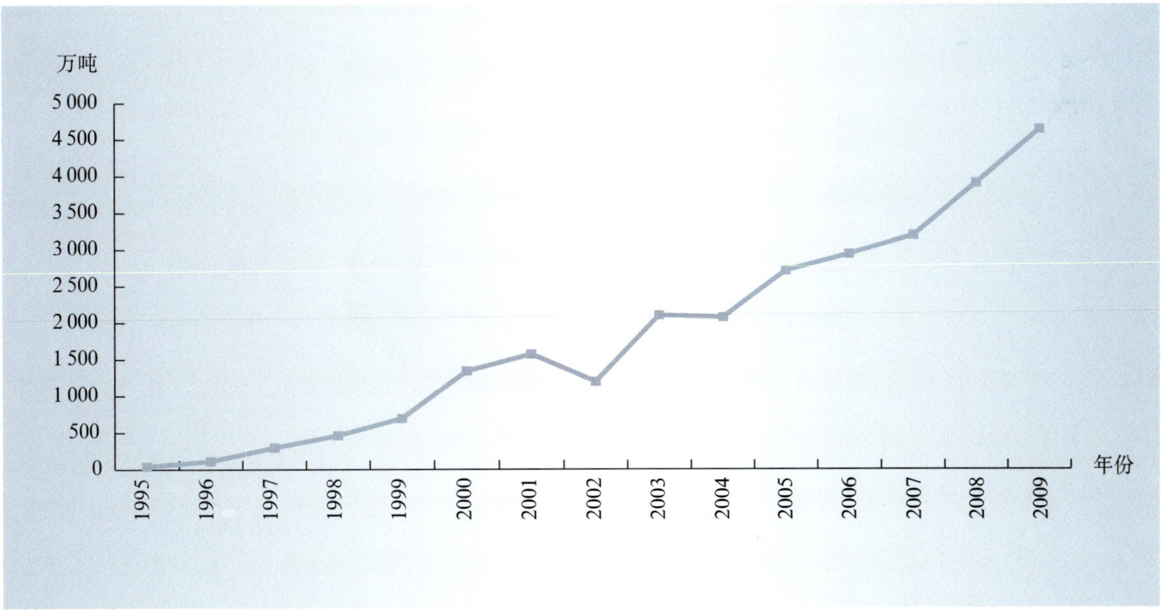

图 58　1995—2009 年中国食用油籽进口量变化情况

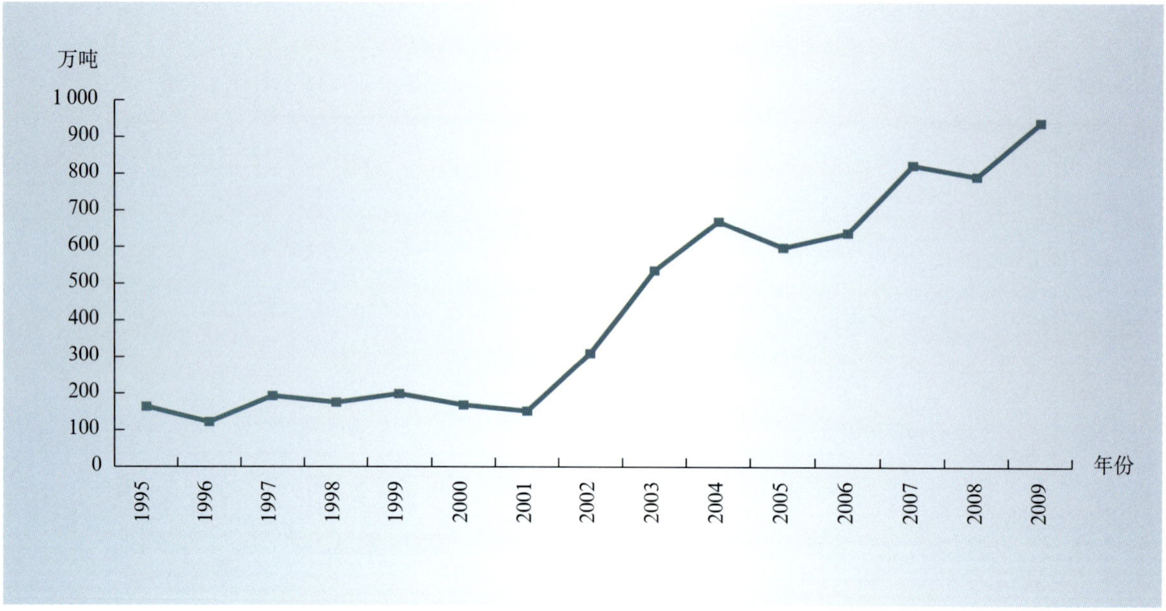

图 59　1995—2009 年中国食用植物油净进口量变化情况

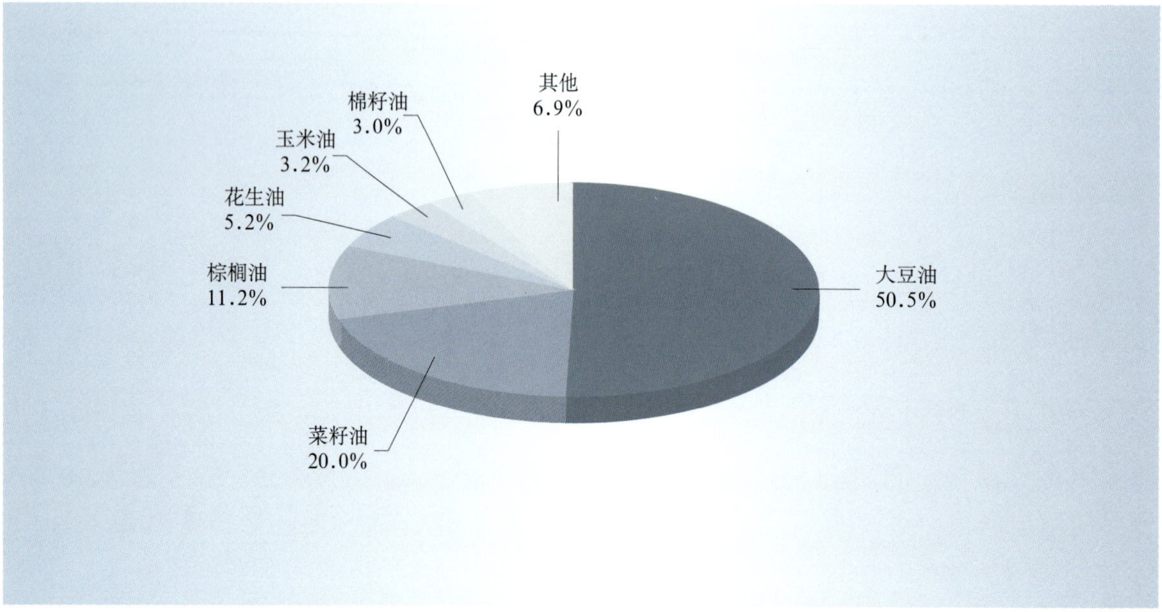

图 60　2009 年中国食用植物油产量构成

数据来源：根据《粮油加工业统计资料 2010》相关数据计算所得。

条，或者进口油料或油脂以及这两种实物进口形式的任何组合；或者控制油料油脂进口、扩大国内油料生产，但这一方案面临着中国农业资源限制和经济高速发展过程中农业比较利益低下的棘手现实问题。如果不能应需扩大国产油料供给的话，严控油脂或油料进口就会形成巨大的国内外差价，使国内油脂行业产生暴利，从而损害国内消费者利益，也不利于畜牧业、食品业等下游产业的发展，并且极可能引发油脂走私和推动国内物价水平上涨。因此，进口食用油料或油脂就成为满足人民需求和利于下游产业发展的无奈选择。另一方面，中国食用油的长期供给不足形成了巨大的市场和利润空间，这些现状为外资进入中国食用植物油产业提供了极大的吸引力。正因如此，外资首先以贸易方式起步进入中国食用油料油脂产业，1995年后中国油料油脂进口量迅速扩大，2009年折合植物食用油（油料折油）的进口量已经扩大到了1 839万吨①。

（二）外资进入助推：中国加速开放和加入世界贸易组织

虽然中国植物油供给不足问题长期存在，但1989年以前中国一直实行抑制国内消费、出口油料的政策；1989年中国转变为植物油脂（油料折合油脂计算）净进口国。进入20世纪90年代后，中国加快了对外开放的步伐，大规模地积极引进外资，尤其是提供大量的优惠措施甚至超国民待遇吸引海外来华投资。而这些优惠措施在一定程度上使得本国企业处于不利的竞争地位，为外资进入中国提供了良机。

2001年底中国加入了WTO，进一步从信息环境到法律环境、从经济市场环境到政治外交环境、从观念舆论环境到人力资源环境提供了有利于外资进入的条件，特别是中国经济的迅速发展也在物质条件方面为外资进入提供了更好的交通运输、电力能源、信息通讯等配套基础设施，更有利的金融、外汇、投资等政策环境，大大方便和鼓励了外资的进入。

而中国“入世”时在油籽和植物油进口上承诺实行不同的管理方式，其中在入世议定书上正式承诺对大豆和豆粕进口实行单一化关税管理，大豆进口关税仅为3%，在2002—2005年过渡期对食用植物油进口实行配额管理，配额内关税只有9%，逐年扩大进口配额和非国营企业配额，2006年1月1日起依约取消食用植物油关税配额，改为单一关税管理。口岸门槛的大幅度降低对外资进入中国油脂加工业起到了巨大的刺激作用。

外资进入中国食用植物油产业的概况

（一）外资②进入

总体上说，外资进入中国食用植物油脂

---

① 程广燕、王东阳：当前国内植物油产业格局、趋势及对策分析，《农业展望》，2011年第1期第40页。

② 现实中的外资进入方式是复杂多样的，从产权角度看，进入方式可以是独资和合资；从产业链角度看，可以是委托代理贸易、直接开办贸易代表处或贸易公司、直接从事加工，等等。本文关注的外资主要是进入中国食用油脂加工业的外资。

产业经历了从贸易进入扩展到加工进入这两个明显的发展阶段。2004年以前，外资进入以贸易方式为主，即以对华出口食用油料或油脂为主，如美国嘉吉公司从1972年尼克松总统访华后就开始进行对华贸易；邦基公司1998年在中国设立贸易代表处；只有益海嘉里于1989年就开始在深圳建厂进入食用油加工业，其他主要外资在中国食用油料油脂领域中基本上是贸易商的角色。

2004年，中国食用油脂行业在国际大豆贸易市场上遭受了称之为“大豆风波”的严重打击，数百家大豆加工企业破产，更多的食用植物油企业濒于破产或处于困难境地，这使外资获得了进入中国食用油脂加工业千载难逢的良机。他们瞅准中国食用油脂业的长期利益，迅速出手，或收购兼并中国食用植物油加工企业、或建立自己的食用油加工厂，开始完成他们在中国食用油脂行业中从供应商角色向生产商角色的转变。如路易达孚公司2005年底开始在锦州建设60万吨大豆项目，由此进入食用油加工业；嘉吉公司从2005年开始通过一系列收购和新建油厂进入中国食用油脂加工业；邦基公司2005年开始主要通过收购的方式正式进入食用油加工业；新加坡来宝集团2006年年初完成收购国内第一家大豆压榨和精炼厂进入食用油加工业。早已进入食用油加工业的益海嘉里更不会放过这发展壮大的难得良机，2006年12月底，丰益国际集团以27亿美元收购了原嘉里粮油公司的全部股份，并与其在中国的子公司原益海集团合并，同时收购了美国ADM公司持有的原益海集团的全部股份，由此形成了新的益海嘉里投资有限公司（益海嘉里），一举赶上中国食用油脂加工领域的霸主中粮集团，并立成为中国食用油加工业的“双雄”。由此，开启了外资大规模进入中国食用油脂加工业的局面。

经过短短5年的大举进入，到2009年底，进入中国食用油脂加工行业的外资企业[①]达到93家，但其中绝大多数分属于ADM（Archer Daniels Midland）、邦基（Bunge）、嘉吉（Cargill）、路易达孚（Louis Dreyfus）、来宝（Noble）、国际丰益（益海嘉里Wilmar）六家外资集团旗下。

如果仅以企业数量来衡量外资企业的进入，并不能看出外资进入的高速度。从1989年第一家外资企业进入中国食用植物油加工业到2009年也只发展到93家，经过20年的发展，外资食用油脂企业的数量仅仅只占到中国“入统”[②]食用油脂企业的7%。

但如果从产能、实际压榨量等技术指标看，食用植物油产业的外资进入是相当快的。以食用植物油领域最重要的大豆为例，2000年外资大豆油脂加工企业的产能占全

① 这里所说的外资企业是指外资独资或控股的油脂企业，本文中的外资企业均为此含意。除此之外，还有不少外资参股、中资控股的油脂加工企业，如ADM在国内一些油脂加工企业中通常参股30%以下。

② 国家粮食局对规模以上食用油加工企业进行统计，这些进入统计的企业被简称为“入统”企业。但除了“入统”企业外，尚有一些未入统的国内小企业，因而本文中利用“入统”企业数据来计算得出其他数据，会比实际情况略有偏高。

国的9.3%，2007年则上升到36.1%，2009年回降到29.5%，但豆油精炼产能比重达到47.1%。2000年外资大豆油脂加工企业实际的大豆压榨量占全国的9%，2007年上升到48%。

（二）当前外资地位①

从国内食用油加工企业数量看，2009年全国“入统”企业1 321家，其中外资企业93家，仅占“入统”企业总数的7%，但外资食用油脂企业主要以大型企业和超大型企业为主，日加工能力在400吨（按250天工作日计算，年产能在10万吨）以上的269家食用油企业中，外资企业占到22.3%；日加工能力1 000吨（按250天工作日计算，年产能在25万吨）以上的123家超大型食用油企业中，外资企业占33.3%。

外资食用油加工企业数虽然只占到7%，但其在食用油加工产业中的地位、主要技术和经济指标却十分醒目。外资企业的资产总值占41.7%，从生产能力看，外资企业处理油料的能力（设计产能）占全国油料处理能力的25.8%；外资企业规模大，油脂精炼能力强，其精练能力占到全国的36.6%。在全国食用植物油加工产业中，外资企业的产能利用率为30.9%，比国内同行业平均值14.8%要高一倍多；外资企业的食用植物油实际产量占45.2%、工业总产值占47%、工业增加值占51.1%、产品销售收入占48.3%、利润额占50%、纳税额占57.9%。

至2009年底，外资已经成为中国食用油加工领域的重要力量，尤其是六大外资集团均为国际食用油行业大鳄，极大地掌控着国际食用油料贸易的供给来源，从而使得他们掌握着世界油料油脂定价权。凭借其牢固的食用油料供给掌控、雄厚的集团实力和丰富的国际市场运作经验，六大外资集团承受的市场压力和风险远远小于普通食用油加工企业，而其抗风险能力却远远大于普通食用油加工企业，在中国食用油加工领域占尽竞争优势。

外资进入后的中国食用植物油产业

（一）进出口贸易

1989年以前，中国是植物油脂（油料折合油脂计算）的净出口国，1989年转变为净进口国。1995年以来油脂和油料（特别是大豆）进口逐渐扩大，2001年底中国正式加入WTO后，油脂和油料（特别是大豆）进口迅速扩大。至2009年油脂和油料（特别是大豆）达到1 839万吨（油料折合油脂计算）。

外资在中国迅速扩大的油脂油料进出口贸易中起了巨大的作用。至2009年外资在中国油料和油脂进口中已经占据半壁江山，成为中国油料油脂进口的主要力量之一。以进

① 本节数据均是2009年底的“入统”企业数据。

口扩张最迅速的大豆为例，2009 年外商独资企业进口大豆1 815.5万吨，占当年中国大豆进口总量的 42.7%；在当年十大大豆进口企业中，外资企业占有 6 席。食用植物油主要进口种类的棕榈油更是处于外资企业绝对掌控的状况。在食用植物油出口方面，外资具有掌控地位，2009 年中国食用植物油的出口交付值中，外资占有 61.1%（图 61）。

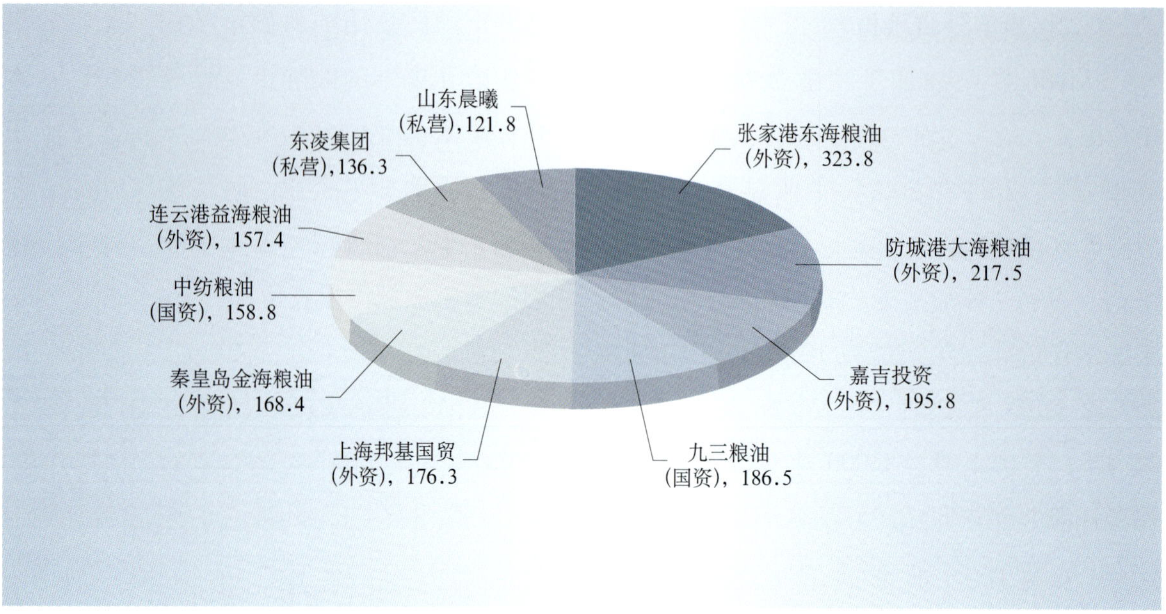

图 61　2009 年中国前十大大豆进口企业及其进口量（万吨）

注：2009 年中国前十大大豆进口企业大豆进口量达到 1 843 万吨，占当年大豆进口总量的 43.3%。在前十大进口企业中，外资企业 6 家，分别占据第一、第二、第三、第五、第六和第八的位置；国有企业 2 家，分列第四和第七位；国内私营企业 2 家，分列第九和第十位。

当然，油脂和油料进口的扩张不能完全归咎于外资进入，因为一国的进口趋势和规模主要是由本国的资源禀赋、经济发展水平和人民生活需求所决定的，而与企业性质关系不大。这一判断的典型证据是中国的石油进口，中国石油进出口基本上是国家垄断的，进口依存度依然超过 50%。在油脂油料的进口贸易中，以进口量最大的大豆为例，2004 年以前进口大豆主要是由国内企业操作，即使到 2009 年，大豆进口总量中内资企业进口量仍占六成。但外资的进入，改变了进口商结构、加快了进口规模扩大速率、复杂了外贸操作手法、加剧了进口竞争程度，外资在食用油料油脂上的进出口地位和方式大大增加了中国食用油政策宏观调控的难度和复杂性。

（二）加工领域

外资进入中国食用油料油脂加工业以来，中国食用油脂油料加工领域发生了一些明显的变化。第一，中国食用油加工业的传统布局发生了变化，世界的食用油加工布局也因中国而发生变化。传统上，东北4省（自治区）是中国最重要的食用油加工区。由于国内食用油料油脂供给不足，南方市场不仅对食用油有巨大需求，而且南方庞大的畜牧业对油料压榨后的饼粕也有巨大需求，加上沿海地区十分适合低成本的海运，因此，经济合理的进口选择是在沿海地区尤其是南方建立食用油加工厂。益海嘉里1989年进入中国食用油加工业所建设的第一家企业就选择在广东深圳。此后，一大批外资和内资食用油加工企业从北方的大连、秦皇岛起沿海向南到广西拔地而起。这一选择的最终结果是从北向南的沿海地区形成了密集的食用油加工带（特别是豆油压榨），从而改变了中国以往的食用油加工厂分布格局。随着中国食用植物油需求的增长，东北4省（自治区）的食用油加工企业占全国的比重曾从1995年17.8%上升到2001年的28.8%，但随着沿海地带食用油加工企业的发展，2009年东北4省（自治区）的这一比重已经下降到13.1%；东北4省（自治区）食用油企业的销量占全国销售市场的份额也从1995年的28%降到2009年的10.8%。食用植物油的实际产量从1995年占全国的15.4%锐减到2009年的8.5%；东北食用植物油产量最大的黑龙江省1995年产量占全国第五位，2009年仅列全国第九位；2009年东北4省（自治区）合计的植物油产量还不及前三位中一个省份的产量。中国植物食用油加工业布局表现出明显的重心南移特征。与此同时，从辽宁沿海向南至广西的11个沿海省份，2009年油料处理能力和油脂精炼能力分别占全国的54.7%和62.2%，实际食用植物油产量从1995年占全国的45.1%上升到2009年70.6%，形成了中国食用植物油加工业重心由北向南转移，同时，也发生着由中西部向东部迁移至沿海一线的分布格局。油脂加工业分布格局的变化，使中国北方传统主产区大豆陷入不利的竞争地位，国产大豆基本失去了在长江以南地区的竞争力（图62）。

中国大规模进口油料油脂不仅改变了中国食用油脂加工企业的分布格局，而且也改变了世界食用油脂加工格局。1995年以来，中国逐渐成为世界最重要的食用油脂加工处理中心之一，到2000/2001年度，中国的油料压榨量居世界第三；到2002/2003年度，中国的油料压榨量已居世界第一，占当年度全球主要油料压榨量的19.2%①，2010/2011年度进一步提高到23.8%②（图63）。

---

① 根据美国农业部《油籽报告：世界市场与贸易》（2006年12月）表4数据计算。

② 根据美国农业部《油籽报告：世界市场与贸易》（2010年12月）表4数据计算。

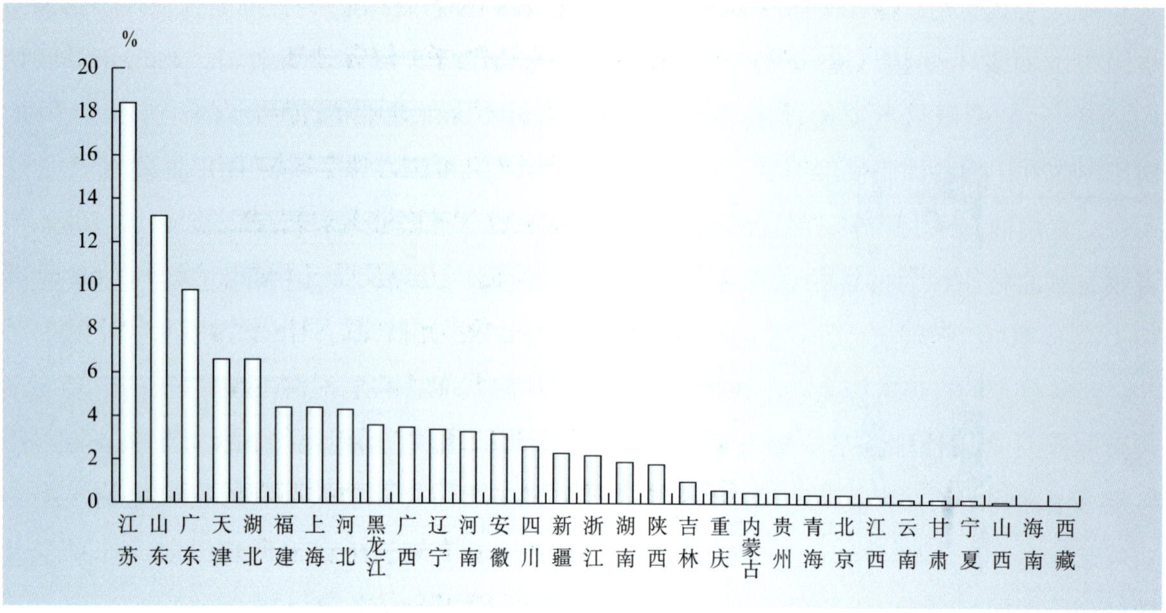

图 62　2009 年中国各省（自治区、直辖市）食用植物油产量所占比重

数据来源：根据《粮油加工业统计资料 2010》相关数据计算所得。

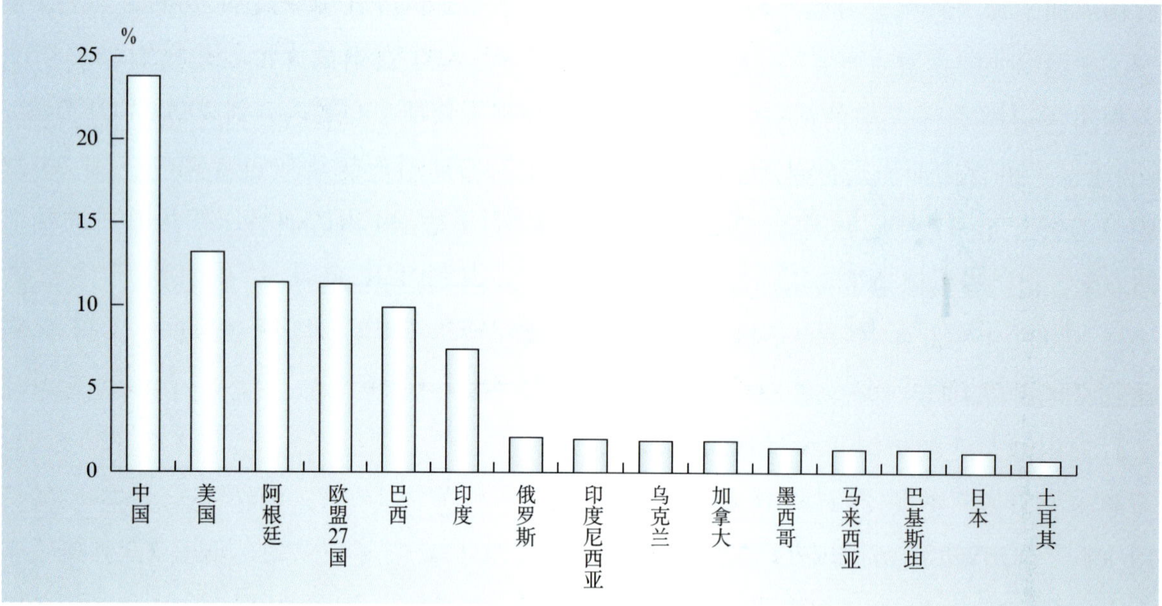

图 63　2010/2011 年度世界主要国家（地区）植物油料压榨量所占比重

数据来源：美国农业部《油籽报告：世界市场与贸易》，2010 年 12 月。

第二，中国食用油脂加工企业的规模结构发生了改变，食用油脂加工企业的规模越来越大，且迅速向国际化、大型化、自动化发展。2009 年全国“入统”食用油脂加工企业的年处理油料能力已超过 1.1 亿吨、年精炼油脂能力达到 3 400 万吨。全国“入统”食用油脂加工企业年处理油料平均产能规模由2000年的1.1万吨提高到2009年的8.3万吨，年精炼油脂的平均产能规模由2000年的0.3万吨提高到2009年的2.6万吨。日处理能力超过1 000吨的超大型食用油脂加工企业达到9.3%。年产10万吨以上食用植物油企业达到71家。2006年全世界日处理油料超过6 000吨的特大型油厂有11家，其中5家在中国；至2010年，全球排名前十的超大型食用油加工厂，有8家在中国。

由于食用油加工企业规模的迅速扩大，使得食用油加工企业的集中度远远高于其他粮食企业。从前十大企业产量占本行业“入统”企业总产量的比重看，2005年大米加工企业的前十位集中度为8.5%、小麦加工企业为17.8%，但食用植物油加工企业达到42.3%，2009年该值进一步上升到50%。

第三，中国食用油脂加工业生产技术和工艺获得了明显的进步，大大提高了中国的油料处理能力、生产过程的机械化和自动化程度。20世纪80年代，中国油脂精炼方面基本上是单机日处理50吨原料的规模，20世纪90年代末开始采用日处理量为200吨植物油的碟式离心机。在油脂加工工艺中，过去一直采用厢式压滤机或板框过滤机来实现固液分离，该工艺劳动强度大、操作繁琐、耗费滤布、油脂因暴露于空气中易发生氧化、变质等缺点。现在取而代之的是性能优越的立式叶片过滤机等。以大豆制油为例，过去中国大豆制油基本上采用压榨法，现在广泛采用具有高提取率的浸出法，同时将水剂法、水酶法、膜分离等先进技术用于榨油工艺中。中国的食用油加工技术已处于世界前列，世界最先进的生产线在中国。

第四，延长了产业链、丰富了产品品种、提高了产品质量、提升了产业科技竞争力。从植物油质量看，20世纪90年代以前，因技术落后、工艺简陋，加工出来的食用植物杂质多、油烟大、杂味重。随着外资的进入，加工企业的质量意识不断提升，中国食用植物油的品质不断改善，从“入统”企业一级植物油的比重看，2001年为18.7%，2004年达到36.4%，2007年进一步上升到61.4%。中国的油脂加工业在获得食用油、高温粕这些初级产品的基础上，陆续开发出了分离蛋白、浓缩蛋白、磷脂、低聚糖、膳食纤维、异黄酮、皂甙、天然VE、蛋白肽等一系列高附加值的深加工产品。

中国食用植物油产业加工领域的变化，既是社会经济发展、技术进步和人民需求作用的结果，也是内资企业与外资企业激烈竞争的结果。外资对中国食用植物油加工领域的进入大有席卷之势时，给内资企业带来了很大的竞争压力，但内资企业在严酷的竞争中，通过向外资企业学习和模仿，迅速跟进完成了企业规模、生产技术和工艺、产品质量提升为主要特征的产业升级，特别是油脂行业在经受过2004/2005年的重大打击后，内资企业数量在逐渐回升，特别是“入统”

国内民营油脂企业数量由2004年的643家增加到2009年的1 121家，同期国内民营企业数的比重由72.2%提高到84.9%，日加工能力400吨以上的大型食用油加工企业中，国内民营企业占到68%。

（三）流通和消费

外资企业进入后，带来了一些新的消费观念。20世纪90年代初，益海嘉里进入中国食用植物油市场，带来了小包装（5升及以下的食用油包装）的概念。1991年，第一瓶金龙鱼牌小包装食用油上市，引发了中国食用油消费观念的革命，国内消费者对食用油携带不便、油腻环境的固有看法被清洁卫生、携带方便的新看法所替代，同时也改变了不少家庭的食用油消费习惯，甚至很多家庭里再也见不到曾经必不可少的油罐油碗。2002年外资企业又在国内推广“调和油”概念，引领消费者关注食用油的营养成分调配。在这种食用油营养搭配的理念下，有力地促进了中国食用油品种类和品种的不断丰富，涌现出了玉米胚芽油、山茶油、米糠油、葡萄籽油、亚麻籽油、稻米油、谷物多DHA植物调和油、深海鱼油调和油等一系列新产品。

外资的进入也带来了一些新的营销模式。中国食用植物油传统营销特征是大桶运输、散装销售、有产品等级、无产品品牌。外资进入在产品营销方面带来了食用油小包装营销、品牌营销等模式，既方便又干净。今天，食用植物油流通领域已经普遍实行了小包装，并且这一营销方式正从小包装油扩展到小包装大米和小包装面粉上。在品牌营销上，益海嘉里和中粮集团合作率先创立了“金龙鱼”这一食用植物油品牌，从而引发了中国食用植物油产品的品牌浪潮。在食用植物油方面出现了益海嘉里“金龙鱼”、“香满园”、“胡姬花”、“元宝”、“口福”，中粮集团的“福临门”，鲁花集团的“鲁花”，三河汇福粮油集团的“汇福”等一批全国知名的食用油品牌，以及一大批区域性食用油品牌。与其他农副产品相比，食用油品牌发展最快、品牌的全国性影响也最显著；而中国很多农产品依然还是以地域名称作标志，比如西湖龙井、赣南脐橙、烟台苹果等，很多农产品品牌依然局限于很小的区域范围，未能成为全国性的品牌。在农产品领域中，食用油之所以能在品牌发展上走在前面，外资进入带来的概念更新和营销更新以及其后内资企业学习式跟进、内外资企业竞争激化是其中的重要原因之一。

流通和消费领域的变化结果是提高了消费质量和品位。在食用油种类上，已不仅仅停留在普通食用油的概念上，逐渐细化为高级烹调油、煎炸油、色拉油、营养及风味调和油、人造奶油、起酥油以及其他专用油脂，更适合于煎、炒、烹、炸、凉拌多种烹饪手法以及食品加工业的专门化要求。

（四）企业管理和市场运作

由于国内外食用油脂企业在管理运营和市场运作水平方面的巨大差异，外资企业的进入给国内食用油行业的企业经营者带来了极大冲击，内资企业在这方面的认识甚至可以说是通过血的教训得到的。2004年“大豆风波”导致国内大批油脂加工和贸易企业的破产，换来了国内油脂企业经营者们对市场风险和期货交易方式等的深刻认识和体会。

以往国内绝大部分油脂企业的经营经验主要是狭义的产品质量和成本，外资进入使得中国的企业经营者深深体验到外资企业的整体化运作，以及外资油脂企业如何利用国内外各种市场、原料控制、物流等来规避风险和在风险中盈利，如何在合资不控股的情况下获得定价权和原料采购权。同时，国内企业也体会到自己在信息收集和分析、融资能力、技术和高端产品研发等方面的不足。因此，国内油脂企业加快了学习与模仿过程，并且走出去建立全球战略的整体化运作链，以中粮集团为代表的一些国内企业已经开始在世界其他国家建立自己的海外原料供给基地和物流链。

在投入产出、资源利用等方面，内资油脂企业与外资企业还存在一定的差距，2009年“入统”外资企业的亿元工业增加值的水耗比内资企业要低20%，亿元工业增加值的溶剂消耗只有内资企业的1/5；资产利税率比国营油脂企业约高20%、比民营油脂企业约高60%。

结论与启示

（一）结论

最近20年，中国食用植物油产业发生了巨大的改观，突出表现在油脂油料的大规模进口；加工领域的企业布局、规模结构、产业集中度、技术升级、产品种类与质量；流通消费领域的消费观念、消费方式、营销模式和品牌发展；企业经营方面的管理水平和资本运作能力。出现这些发展变化的根本原因是中国经济的发展阶段性，但外资进入带来的冲击和竞争无疑加快了这种发展变化的速率，从而大大缩短了这些发展变化的进程时间。

在中国食用植物油产业发展变化中，外资企业进入的作用主要是带来了激烈的竞争，生存压力迫使内资油脂加工企业进行模仿型学习和竞争中跟进。虽然在激烈的竞争过程中，内资企业付出过沉重的代价，但内资企业在竞争中迅速跟进和创新，终于在竞争中逐渐成长壮大，同时也提升了中国食用植物油产业的总体水平，并且开始走向国际化。

社会上一直流传外资企业（特别是ABCD四大外资集团或加上来宝和国际丰益的六大外资集团）垄断了中国的食用植物油行业，但大量的行业统计和调查数据表明，尽管外资企业在中国食用植物油行业中具有重要影响，甚至在某些环节比如油脂精炼占有重要地位，但总体上说，内资企业占据着食用植物油行业的半壁江山，特别可喜的是，内资企业最近两年的发展势头十分强劲。

外资油脂加工企业在短期内获得了迅速的扩张，尤其是油脂精练能力在短期内迅速占到全国的36.6%，加上外资企业在国际油脂原料供给方面的绝对控制、雄厚的资本实力和娴熟的资本运作能力，由此引起国内多方对中国油脂加工产业安全的极大担心。主要包括几个方面：一是担心供给量和价格的稳定性。食用植物油的供给关系到无数消费者的民生，而外资企业在小包装食用油市场上占据了60%~70%的市场份额，为此担心外资企业如此高启的产品市场占有率会影响销售市场上食用油供给量的稳定性、价格的形成与稳定，担心可能出现市场垄断从而引发和加剧不公平竞争；二是担心大规模进口油料油脂打压上游油籽生产者的积极性，导致大豆这一主要油料生产的衰亡；三是担心在外资面前政府宏观调控的作用。总之，引发和加剧着国内方方面面对中国食用植物油产业安全的极大担心。但对于这一产业安全性的分析和评估，无论在理论认识、还是实践论证、或是评估方法上尚存在很大的争议和待明晰之处，需要在完整的理论认识、更充分准确的信息和更客观合理的评估方法前提下进行进一步的分析和评估，以得出客观真实的判断。

一些人认为，外资企业不利于中国增加就业机会。依据“入统”油脂企业的资料，以万吨产能计算就业人数，国营企业、外资企业、国内民营企业三大类企业的雇佣人数分别是10人、7人和13人。这与外资企业平均规模大、技术构成高有关。在工资上涨的环境中，这也是企业追求经济效益所导致的必然结果。

（二）启示

经济全球化趋势是当今与未来国际社会发展的必然发展趋势，外资进入中国食用植物油产业仅仅只是经济全球化的一个缩影。学会全球竞争，并在竞争中成长壮大，是未来产业发展的根本之路。从中国食用油脂产业的历程看，外资企业的进入虽然给内资企业带来了极大的压力，给政府的政策调控增加了难度和复杂性，给公众带来了产业安全的担忧，但在企业层面上，无论是国有企业还是国内民营企业、无论是在企业数量还是企业规模方面都在竞争中成长壮大，内资企业开始建立自己的整体化运作链和国际化运作链，明显提高了自己的企业管理和运作水平，大大缩小了与外资企业的差距。从经济视角的整体而言，这有利于中国总体福利的增加，对中国油脂产业升级和技术进步也有促进作用。因此，外资进入不仅仅是对中国企业的挑战和压力，同时也是促进中国国内产业升级发展的机遇、更是促使中国企业走向国际化的机遇，必须牢牢把握。在这一转型过程中，政府如果能充分利用国际许可的各种规则来支持内资企业的发展，则可以大大减轻内资企业特别是民营企业所面临的压力和困难。依据国际规则来支持内资企业发展应当在未来发展中予以重视和切实安排。

在越来越复杂且多样化的全球化中，资本交融已经是一个趋势，所以企业控股状态会越来越频繁地发生变化，你中有我、我中有你的企业股权现象日益普遍。因此，外资和内资的界限会越来越模糊复杂，作用也将越来越难以区分，产业链环节生死与共的观念会替代谁控制谁的概念。如何有利于提高国内就业、提高国内居民收入和生活水平、增加政府税收和国内企业发展可能应当成为更重要的话题。

目前，中国食用植物油行业已经形成了相当严重的产能过剩现象，企业实际开工率很低，政府应当制定合适的产业政策和外资投资政策，促进形成合理的产业规模，以避免重复投资和恶性竞争。

社会各方对中国食用植物油产业安全具有极大的担心，为了对食用植物油行业做出客观公正的产业安全评估，需要收集数据和信息，专题开展产业安全评估工作。但目前政府主管部门对食用油脂企业特别是外资企业的信息却严重缺失。无论是从完善中国对内外资企业的统计工作角度，还是为政府进行产业安全评估和宏观政策调控角度，都应当加强对内外资企业的监管，强化外资企业的社会责任，对内外资企业应当实施进口原料通报制度、储备报告制度以及外资企业基本信息和重大变动监测等统计制度。

外资企业在进入中国食用油脂产业上获得了成功，目前正将这种成功模式复制到谷物产业，这对事关中国粮食安全的战略性产业提出了极大的挑战，谷物产业如何成功应对挑战是一项意义深远和必须取胜的任务。

欧盟IUU捕捞条例的实施及对中国的影响

全球渔业资源因过度捕捞而面临衰竭危险，渔业可持续发展面临严重威胁，造成这种状况的最重要原因是水产品的非法捕捞。欧盟是世界最大的水产品消费市场。为强化对非法捕捞行为的打击，维持渔业可持续发展，欧盟理事会2008年9月29日通过并于2010年1月实施了《关于建立共同体系统以预防、阻止和消除非法、不报告和不管制的捕捞的条例》（欧盟理事会第1005/2008号法规，简称“条例”）。

一、“条例”的实施背景

（一）非法捕捞现状

非法捕捞造成了海洋水产资源枯竭、加速濒危物种灭亡、降低渔业收入等一系列问题，给渔业依存度高的国家和地区带来严重后果。但由于渔业活动的天然复杂性，世界范围内渔业非法捕捞程度及造成损失难以准确估计。2008年一份由D. Agnew等人完成的研究报告指出，全球每年非法捕捞量约为1 100万～2 600万吨，价值100亿～235亿美元。同年皮尤环境组织（Pew Environment Group）对四大海域生态系统重要经济鱼种非法捕捞状况的评估显示，北海的非法捕捞比例为66%，其中真鳕的非法捕捞比例为50%；波罗的海的真鳕非法捕捞比例为35%～40%，鲱鱼为35%；利比亚海岸金枪鱼非法捕捞比例为40%；地中海金枪鱼及旗鱼的非法捕捞比例接近50%，预测至2020年，非法捕捞将造成相关渔业资源国家80亿欧元的渔业资源损失、100亿欧元的经济损失，丧失2.7万个就业岗位（表79）。

表 79 全球四大海域生态系统经济渔业品种非法捕捞程度

大型渔区	品　种	非法捕捞比例
北海	真鳕	50%
	所有捕捞	66%
波罗的海	真鳕	35% ~40%
	鲱鱼	35%
利比亚海岸	金枪鱼	40%
地中海	金枪鱼和旗鱼	40% ~50%

（二）“条例”的立法和行动进程

欧盟是世界水产品进口量最大的经济体，年进口额约 150 亿欧元，其中超过 11 亿欧元、约 10% 的产品为 IUU① 捕捞。欧盟认为，欧盟已成为 IUU 捕捞产品的重要目标市场。十多年来，虽然对 IUU 捕捞的打击从未停止，但情况却日益严重，有必要在共同体层面强化对 IUU 捕捞的打击力度。

欧盟的共同渔业政策（CFP）是制定“条例”的基础。1983 年欧洲共同体部长理事会以资源保护为目标全面实施了共同渔业政策，并于 1992 年和 2002 年进行了两次重大调整，通过建立长期的渔业资源管理办法将水生资源的养护、水产养殖的管理和开发、捕捞对环境的影响、渔业市场的共同管理等领域纳入调整范围，强化管制和执法，着力解决渔船数量和可捕捞资源量间严重不平衡问题，保证各利益方更好参与渔业政策的制定。2002 年 5 月，欧盟借鉴 FAO 此前发布的“关于预防、制止和消除非法、不报告和不管制捕捞的国际行动计划”，制订了“根除非法、不报告和不管制行动计划”，在共同体、区域、国际及发展中国家贸易伙伴 4 个层面制定了 15 项行动。2007 年 10 月，欧盟通过“预防、阻止及消除 IUU 捕捞战略”提案，涉及 9 个领域行动，加大了对来自第三国并将进入欧盟市场的 IUU 捕捞产品的监控，成为次年发布的 IUU 捕捞条例的核心内容。2008 年 9 月 29 日，欧盟理事会正式通过该条例，并于 2010 年生效。

“条例”的主要内容

（一）IUU 捕捞的含义

1. 非法的（Illegal）捕捞，是指：①本国或外国渔船未经一国许可或违反其法律和条例在该国管辖水域内进行捕捞的活动；②悬挂有关区域渔业管理组织成员国旗帜的渔船进行的但违反该组织通过的且该国受其约束的养护和管理措施或违反适用的

① Illegal（非法的），Unreported（不报告的）and Unregulated（不管制的），简称 IUU。

国际法有关规定的捕捞活动；③违反国家法律或国际义务的捕捞活动，包括由有关区域渔业管理组织的合作非缔约方进行的捕捞活动。

2. 不报告的（Unreported）捕捞，是指：①违反国家法规未向国家有关机构报告或误报的捕捞活动；②在有关区域渔业管理组织管辖水域开展的违反该组织报告程序的未报告或误报的捕捞活动。

3. 不管制的（Unregulated）捕捞，是指：①无国籍渔船或悬挂有关区域渔业管理组织（RFMOs）非成员旗帜的渔船或捕鱼实体，在该组织适用水域进行的不符合或违反该组织的养护和管理措施的捕捞活动；②在无适用的养护或管理措施的水域或针对有关鱼类资源开展的其捕捞方式不符合各国按照国际法应承担的海洋生物资源养护责任的捕捞活动。

（二）"条例"的主要内容

"条例"共12章，核心内容是：对进入欧盟市场的海洋捕捞产品实行合法性认证，进口到欧盟市场的海洋捕捞产品须出具合法捕捞证明，否则欧盟将视其为非法产品并拒绝进口。

主要条款内容包括：

1. 关于在欧盟港口对第三国渔船进行检查的条款

"条例"规定，第三国渔船须在渔船预计抵达指定港口靠港和使用转运设施前3个工作日通知欧盟成员国主管部门，否则将被拒绝进入港口和使用陆地设施。申报内容须显示上岸或转运的水产品数量、捕捞时间和地点。

2. 关于提供水产品合法捕捞证明的条款

与欧盟开展的所有的加工和未加工的海捕水产品贸易须随附有效的合法捕捞证明，确认捕获是依据法律法规和国际渔业资源保护管理措施进行的。合法捕捞证明由船旗国渔业主管部门出具。如果产品原料来自加工厂外的第三国或多艘渔船，则须出具水产品出口国证明。有如下行为，成员国主管部门可直接拒绝相关水产品进入欧盟市场：①无法提交合法捕捞证明；②产品与所附合法捕捞证明不相符；③合法捕捞证明未经船旗国主管部门确认生效；④合法捕捞证明显示信息不全；⑤进口商无法证明产品符合条例第14条相关要求；⑥产品原料来自于被欧盟或区域渔业管理组织（RFMOs）列入IUU渔船名单的渔船；⑦捕捞证明来自于欧盟不合作第三国名单中的国家。

3. 对涉及非法捕捞的渔船和国家的措施条款

包括：①列入欧盟IUU渔船名单的船只将被禁止在欧盟海域内捕鱼，除不可抗力外禁止进入欧盟港口，禁止在欧盟成员国内进口或卸载、加工、出口或再出口其产品。②对违反条例的渔船最高给予所得渔获物5倍价值罚款的制裁；5年内屡次违反的处以渔获物价值8倍的惩罚甚至追究法律责任。③对不合作第三国，欧盟将禁止进口该国渔船所捕捞的水产品，不接受其出具的合法捕捞证明。

4. 其他内容

包括预警系统、非法捕捞渔船的认定、强制措施和处罚、相互协助等条款。

“条例”实施对水产品贸易的影响

围绕“条例”的核心内容，欧盟强化了口岸管理制度、水产品出口检查、第三方责任等。将主要在以下方面对包括中国在内的第三国水产品出口造成影响。

（一）对第三国渔船的港口控制方面

“条例”规定，在渔船抵达欧盟指定港口前3日须提前通知欧盟成员国主管部门，否则将拒绝进港。这一规定新增了对欧盟出口水产品企业的出口程序，使企业出口的不确定性上升。此外，对第三国渔船因遭无理由检查或拒绝入港造成延误的损失，欧盟委员会曾建议写入“干扰最小，不造成鱼货变质”，但未被采纳，仅要求欧盟成员国的检查和验证要“基于风险管理”，这将增加因接受检查而造成货物损失的风险。

（二）捕捞证明方面

按照条例要求，合法捕捞证明是由一国渔业管理部门对悬挂其船旗的渔船发生在本国、他国水域或公海捕捞的渔获物出具的合法性确认证明。这就一方面使很多国家的渔业管理部门对那些虽悬挂该国船旗却在国外作业，且基本与之无联系的渔船出具捕捞证明变得困难，增加了行政成本；另一方面由于一些国家未及时建立合法捕捞产品官方认证制度而无法对进口水产品提供合法捕捞证明，将影响来进料加工企业对欧盟出口。

（三）欧盟IUU渔船名单方面

建立IUU渔船名单是欧盟实施“条例”的重要成果之一。欧盟自动对被区域渔业管理组织（RFMOs）列入IUU渔船的名单进行全面限制。如果合法捕捞证明提到的产品来源于已被列入欧盟IUU渔船名单，也将被拒绝进口。

（四）不合作第三国名单方面

根据条例，欧盟将一国列入不合作船旗国名单的因素包括履行相关国际义务、该国及公民IUU捕捞记录，以及该国采取有效措施打击IUU捕捞的记录等，其因素的认定在执行中会有很强的主观性和随意性。如对采取有效措施打击IUU捕捞的标准界定模糊；对未履行国际义务或欧盟法规的欧盟成员国和第三国存在待遇不平等的可能。

（五）额外成本问题

条例中合法捕捞证明的一个基本要点是对涉及第三国对欧盟出口的所有批次的捕捞水产品进行逐一确认。这对渔民受教育程度普遍低、渔业管理机制不完善的发展中国家及其企业和渔民来说困难重重，行政成本和企业经营成本显著增加。这对水产品贸易形成了事实“壁垒”。

对中国的影响

欧盟是中国最重要的水产品出口市场

之一。2010 年中国对欧盟出口水产品 20.9 亿美元，占水产品出口总额的 15%，其中海洋捕捞产品占一半以上。由于覆盖范围广、管理要求复杂、处罚措施严厉，在贸易保护主义有所抬头的国际贸易环境下，“条例”的实施可能对中国水产品贸易产生较大影响。为此，中国政府主管部门和行业协会积极采取措施进行应对以将冲击减少到最低。

政府层面。建立官方合法捕捞认证制度是应对欧盟“条例”的前提。2009 年 11 月 26 日，农业部办公厅下发了“关于为输欧海洋捕捞产品办理合法捕捞证明的通知”（农办渔［2009］126 号），决定自 2010 年 1 月 1 日起为输欧水产品办理合法捕捞证明及加工厂声明，并就办理程序和审核内容、合法捕捞证明和加工厂声明填写方法、注意事项等进行了说明。该通知为中国水产品跨越欧盟“条例”门槛实现顺利出口欧盟建立了体制机制保障，标志着中国政府对海产品合法捕捞建立了官方认证制度。

企业层面。进一步完善了渔产品原料质量管理体系建设，扩大产品质量监控项目范围，建立健全产品监控体系，加强渔产品捕捞和加工规范化管理。同时不断完善水产品加工中的追溯体系建设，实施原料鱼供应商跟踪追溯管理，进料、来料加工时企业主动向原料供应商索取欧盟认可的合法捕捞证书和相关的追溯证明，加强企业自身产品全过程管理，提高自我保护能力。

由于中国政府措施及时得当，企业积极跟进，“条例”的实施对中国水产品出口欧盟基本没有影响。2010 年中国对欧盟出口水产品 55.1 万吨，比上年增长 11.8%。尽管俄罗斯 2010 年 2 月才建立了官方合法捕捞认证制度，对中国来进料加工产生一定影响，但由于企业库存充足，欧盟未对 2009 年捕捞的原料鱼采取禁止措施，因此企业最终受影响很小。作为市场准入制度与海洋渔业资源养护相结合的渔业管理措施，开展海产品合法捕捞证明工作是当前世界范围内打击非法捕鱼的现实需要，也是未来强化渔业管理效能的发展方向。因此应从全球角度深入理解禁止非法捕捞条例的实施意义，完善相关管理措施，改善对渔船的监管和渔业信息的采集工作。

附录

2 月

2 月 5 日，商务部公布对美输中白羽肉鸡征收 43.1% ~105.4% 的反倾销税。

24—26 日，中澳自贸区第十四轮谈判在堪培拉举行，双方就农产品市场准入、原产地规则、服务贸易、投资等议题进行了深入讨论。

3 月

1 日，《中国—秘鲁自由贸易协定》实施。该自贸协定是中国达成并实施的第八个自贸协定（含内地与港澳 CEPA）。协定实施后，双方将对各自 90% 以上的产品分阶段实施零关税。

30 日，韩国农林水产食品部调整了进口水产品检验检疫项目，同时扩大了水产品检测品种，覆盖了鱼、甲壳类及头足类等大部分水产品种类。此项调整对中国出口水产品的企业造成一定影响。

4 月

8 日，《中国—哥斯达黎加自由贸易协定》签署。

20 日，国家质量监督检验检疫总局和农业部联合发布《关于防止日本口蹄疫传入我国的公告》（2010 年第 45 号公告）。为防止日本口蹄疫传入中国，禁止直接或间接从日本输入偶蹄动物及其产品，停止签发从日本进口偶蹄动物及其产品的"进境动植物检疫许可证"。

5 月

1 日，《关于边民互市进出口商品不予免税清单的通知》（财关税［2010］18 号）实施。其中涉及小麦、玉米、稻谷和大米等农产品。

6 日，中日韩三国在韩国首尔签署联合声明，宣布正式启动三国自贸区官产学联合研究，并举行第一次联合研究会议。5 月 29 日，三国领导人在韩国济州岛举行的第三次中日韩领导人会议上，重申将争取在 2012 年中日韩领导人会议之前完成中日韩自贸区官产学联合研究。第二次和第三次联合研究会议分别于 9 月和 12 月在日本和中国举行。

31 日，中国和日本签订了《中日食品安全合作框架协议》。同日，根据协议形成了 2010 年度（2010 年 4 月—2011 年 3 月）"行动计划"。在该计划中，中国方面关注的事项有原产于日本的水产品和调味品等重金属含量超标问题、点心类加工品和水产品的微生物含量超标问题、含糖类点心加工品中食品添加剂含量超标问题、烧酒中含有禁止添加的添加物问题等。日本方面关注的事项有原产于中国的冷冻食品中微生物含量超标问题、猪肉制品中动物用药品残留超标问题、大葱中农药残留超标问题等。

6 月

14 日，中国从美国进口的玉米货船抵达中国龙口港。这是中国近 4 年来首次进口美国玉米，也是近 15 年来第一次大规模进口玉米。

28—30 日，中澳自贸区第十五轮谈判在北京举行。

30 日，印度商工部外贸总局宣布对中

国牛奶和奶制品的进口禁令延长6个月，巧克力制品、糖果等甜食也在禁止进口范围内。

7月

1日，《国务院关税税则委员会对埃塞俄比亚等32个最不发达国家部分商品实施零关税的通知》实施。通知规定对已与中国完成换文的埃塞俄比亚等32个最不发达国家原产的4 762个税目输华商品实施零关税，约占全部税则税目的60%，其中涉及多种农产品。至此，中国成为向最不发达国家开放市场程度最大的发展中国家之一。

27日，WTO专家组就中国诉美禽肉限制措施案发布最终报告。报告裁定美国对中国禽肉的进口限制违反了WTO关于动植物检疫措施的相关规则，也违反了WTO最惠国待遇和取消数量限制的规定。

8月

13日，中国与瑞士两国签署谅解备忘录，共同宣布结束中瑞自贸区研究并同意尽快启动谈判进程。

15日，俄罗斯宣布暂时禁止包括小麦、混合麦、大麦、黑麦、玉米、小麦面粉、小麦和黑麦混合制面粉在内的粮食及粮食产品出口，禁止出口日期为8月15日至12月31日。10月22日，俄罗斯宣布将出口禁令延长至2011年7月1日。

30日，《关于对原产于美国的进口白羽肉鸡产品反补贴调查最终裁定的公告》（商务部公告2010年第52号）开始执行。根据公告，中国海关对进口原产于美国的白羽肉鸡产品征收4%～30.3%的反补贴税，实施期限5年。

30日，商务部发布《关于对原产于欧盟的进口马铃薯淀粉进行反补贴立案调查的公告》（商务部公告2010年第48号），决定对原产于欧盟的进口马铃薯淀粉进行反补贴调查。

9月

14—16日，中挪自由贸易协定第八轮谈判在挪威奥斯陆举行。中挪双方就货物贸易、服务贸易、原产地规则、植物和植物卫生标准/技术贸易壁垒、贸易救济、贸易便利化等议题进行了磋商。

27日，《关于对原产于美国的进口白羽肉鸡产品反倾销调查最终裁定的公告》（商务部公告2010年第51号）实施，根据公告，中国海关对原产于美国的进口白羽肉鸡产品征收50.3%～105.4%反倾销税，实施期限5年。

10月

14日，韩国企划财政部取消白菜和萝卜27%和30%的进口关税，并紧急从中国进口5万吨大白菜，以解决“泡菜危机”。

25日，WTO争端解决机构正式通过“中国诉美禽肉限制措施”专家组报告，裁定美《2009年综合拨款法》关于限制中国禽肉进口的条款不符合WTO规则。

11月

15日，美国商务部发布公告，宣布终止对我浓缩苹果汁出口产业执行10年之久的反倾销税令。

12 月

1 日起至 12 月 31 日止，中国对部分化肥产品按 35% 的暂定税率征收出口关税，并征收 75% 的特别出口关税。此次调整涉及的化肥产品包括尿素、磷酸氢二铵、磷酸二氢铵、磷酸二氢铵与磷酸氢二铵的混合物。

附　　表

附表 1　1995—2010 年中国农产品贸易情况

单位：亿美元、%

年份	贸易额				比上年增长		
	进出口总额	出口额	进口额	贸易差额*	进出口	出口	进口
1995	268.9	147.1	121.8	25.3			
1996	251.8	143.4	108.3	35.1	-6.4	-2.5	-11.1
1997	250.8	150.7	100.1	50.6	-0.4	5.1	-7.6
1998	222.8	139.1	83.7	55.4	-11.2	-7.7	-16.4
1999	218.7	136.3	82.4	53.9	-1.8	-2.0	-1.5
2000	269.7	157.0	112.7	44.3	23.3	15.2	36.7
2001	279.4	160.9	118.5	42.4	3.6	2.5	5.2
2002	306.3	181.6	124.7	56.9	9.6	12.9	5.2
2003	403.0	213.3	189.7	23.6	31.5	17.4	52.1
2004	514.4	233.9	280.5	-46.6	27.7	9.7	47.8
2005	563.8	276.0	287.8	-11.8	9.6	18.0	2.6
2006	636.0	314.2	321.7	-7.5	12.8	13.9	11.8
2007	782.0	370.1	411.9	-41.8	23.0	17.8	28.0
2008	993.3	405.3	587.9	-182.6	27.0	9.5	42.7
2009	923.3	396.3	527.0	-130.7	-7.0	-2.2	-10.4
2010	1 219.9	494.2	725.7	-231.5	32.1	24.7	37.7

* 正数为顺差，负数为逆差。下同。

附表 2　1995—2010 年中国谷物贸易量变化情况

单位：万吨

年份	出口量					进口量				
	谷物	其中				谷物	其中			
		小麦产品	玉米产品	稻谷产品	大麦产品		小麦产品	玉米产品	稻谷产品	大麦产品
1995	64.9	22.5	11.5	5.7	0.2	2 040.4	1 162.7	526.4	164.5	127.5
1996	124.3	56.6	23.8	27.7	0.2	1 084.0	829.9	44.7	77.5	130.9
1997	834.8	45.8	667.1	95.2	0.7	417.0	192.2	0.3	35.9	187.4
1998	889.2	27.5	469.3	375.5	0.9	388.5	154.8	25.2	26.0	151.9
1999	738.2	16.5	433.2	271.5	0.6	340.1	50.5	7.9	19.1	226.9
2000	1 381.7	18.9	1 049.8	296.2	0.1	314.8	91.9	0.3	24.9	197.4
2001	877.1	71.3	600.0	187.0	0.1	344.4	73.9	4.0	29.3	236.8
2002	1 483.8	97.7	1 167.5	199.1	0.1	285.1	63.2	0.8	23.8	190.7
2003	2 201.5	252.6	1 639.1	261.8	0.5	208.7	44.7	0.1	25.9	136.3
2004	479.4	108.8	232.4	90.9	0.4	975.4	725.9	0.2	76.6	170.7
2005	1 017.7	60.5	864.4	68.6	0.4	627.7	354.4	0.4	52.2	217.9
2006	610.2	150.9	310.3	125.3	0.6	360.3	61.3	6.5	73.0	214.8
2007	985.9	307.2	485.2	135.7	11.9	155.7	10.1	3.5	48.8	91.3
2008	186.1	31.0	27.3	97.2	1.5	154.1	4.3	5.0	33.0	107.6
2009	137.0	24.5	12.9	78.5	1.4	315.1	90.4	8.5	35.7	173.9
2010	124.3	27.7	12.7	62.2	1.3	570.9	123.1	157.3	38.8	236.8

附表 3 1995—2010 年中国油籽贸易量变化情况

单位：万吨

年份	出口量						进口量					
	油籽	其中					油籽	其中				
		食用油籽	其中					食用油籽	其中			
			大豆	花生	油菜籽	芝麻			大豆	花生	油菜籽	芝麻
1995	106. 9	102. 4	37. 6	49. 0	0. 1	13. 0	41. 7	41. 6	29. 8	0. 1	9. 2	0. 4
1996	84. 0	80. 2	19. 3	45. 6	0. 6	11. 9	112. 3	112. 2	111. 4	0. 1	0. 0	0. 5
1997	56. 0	53. 1	18. 8	28. 2	0. 0	4. 1	297. 0	296. 9	288. 6	0. 5	5. 5	1. 4
1998	57. 8	55. 3	17. 2	32. 2	0. 1	4. 5	461. 2	461. 0	319. 7	0. 4	138. 6	1. 1
1999	85. 2	82. 0	20. 7	48. 0	0. 0	9. 7	694. 2	694. 1	432. 0	0. 1	259. 5	0. 1
2000	96. 6	92. 9	21. 7	56. 0	0. 1	10. 3	1 340. 5	1 340. 4	1 041. 9	0. 1	296. 9	0. 2
2001	115. 7	108. 7	26. 2	70. 8	0. 0	6. 9	1 570. 8	1 567. 6	1 394. 0	0. 1	172. 4	0. 7
2002	127. 0	122. 8	30. 5	77. 0	0. 2	9. 8	1 195. 6	1 194. 6	1 131. 7	0. 2	61. 8	0. 4
2003	130. 6	126. 3	29. 5	76. 2	0. 3	10. 4	2 099. 8	2 098. 7	2 074. 4	0. 1	16. 7	6. 6
2004	121. 8	117. 3	34. 9	69. 0	0. 0	4. 2	2 073. 2	2 071. 6	2 017. 8	0. 2	42. 4	9. 8
2005	142. 2	136. 8	41. 4	77. 5	0. 0	5. 1	2 705. 8	2 704. 2	2 659. 1	0. 1	29. 6	15. 4
2006	127. 4	122. 4	39. 5	66. 1	0. 0	4. 6	2 934. 8	2 933. 1	2 828. 4	0. 5	73. 8	26. 4
2007	131. 9	126. 4	44. 8	63. 8	0. 1	4. 7	3 193. 3	3 191. 2	3 081. 8	0. 4	83. 3	19. 4
2008	124. 0	119. 2	48. 5	51. 4	0. 0	4. 6	3 902. 4	3 900. 4	3 743. 4	1. 0	130. 3	21. 4
2009	115. 1	109. 5	35. 6	56. 6	0. 0	3. 8	4 635. 3	4 632. 3	4 254. 6	0. 3	328. 4	31. 1
2010	92. 9	87. 7	17. 3	51. 6	0. 0	3. 5	5 705. 2	5 703. 5	5 478. 6	1. 6	160. 0	39. 1

附表 4 1995—2010 年中国植物油贸易量变化情况

单位：万吨

年份	出口量					进口量				
	植物油	其中				植物油	其中			
		豆油	花生油	菜籽油	玉米油		豆油	花生油	棕榈油	菜籽油
1995	55.0	6.6	1.1	17.1	0.3	373.6	148.2	1.4	139.7	63.1
1996	50.4	12.7	0.6	17.4	0.0	276.1	129.5	0.5	100.9	31.6
1997	86.1	55.6	0.9	14.1	0.0	285.8	122.5	1.1	115.7	35.1
1998	33.7	18.3	1.0	7.3	0.0	218.4	82.9	0.9	93.0	28.5
1999	12.6	5.3	1.3	2.6	0.0	223.1	80.4	1.0	119.4	6.9
2000	13.9	3.5	1.5	5.4	0.2	202.2	30.8	1.0	139.1	7.5
2001	15.9	6.0	1.4	5.4	0.2	201.0	7.0	0.9	152.0	4.9
2002	12.4	4.7	1.1	1.8	0.5	344.1	87.0	0.4	222.1	7.8
2003	8.2	1.1	2.5	0.5	1.3	574.5	188.5	0.7	332.6	15.2
2004	8.8	1.9	1.4	0.6	2.0	708.4	251.5	0.0	385.1	35.3
2005	24.8	6.3	2.0	3.1	10.2	662.3	169.4	0.0	432.0	17.8
2006	41.9	11.8	1.3	14.5	11.5	731.6	154.3	0.0	514.1	4.4
2007	18.4	6.6	1.0	2.2	5.9	898.0	282.2	1.1	509.7	37.5
2008	26.4	13.4	1.1	0.7	8.4	874.4	258.6	0.6	528.3	27.0
2009	12.7	6.9	1.0	0.9	1.7	1 028.6	239.1	2.1	644.2	46.8
2010	11.0	5.9	0.8	0.4	1.3	922.3	134.1	6.8	569.6	98.5

附表 5 1995—2010 年中国棉花和食糖贸易量变化情况

单位：万吨

年份	棉花			食糖		
	出口量	进口量	净进口量	出口量	进口量	净进口量
1995	3.0	100.3	97.3	48.0	295.4	247.4
1996	1.2	75.2	74.0	66.5	125.5	59.0
1997	0.7	84.9	84.2	37.9	78.3	40.4
1998	5.2	31.0	25.8	43.6	50.8	7.2
1999	24.4	16.4	-8.0	36.7	41.7	5.0
2000	29.9	25.1	-4.8	41.5	67.5	26.0
2001	6.1	19.7	13.6	19.6	119.9	100.3
2002	15.9	24.5	8.6	32.6	118.4	85.8
2003	11.7	107.5	95.8	10.3	77.6	67.3
2004	1.2	211.3	210.1	8.5	121.5	113.0
2005	0.9	274.7	273.8	35.8	139.1	103.3
2006	1.6	398.1	396.5	15.4	137.4	122.0
2007	2.5	274.2	271.8	11.1	119.4	108.3
2008	2.4	226.4	224.0	6.2	78.0	71.8
2009	1.0	176.0	175.0	6.4	106.5	100.1
2010	0.7	313.0	312.3	9.4	176.6	167.2

附表 6 1995—2010 年中国蔬菜贸易变化情况

单位：万吨、亿美元、%

年份	出口				进口				净出口量	净出口额
	出口量	比上年增长	出口额	比上年增长	进口量	比上年增长	进口额	比上年增长		
1995	214.2		22.0		2.4		0.3		211.8	21.7
1996	221.4	3.4	21.0	-4.3	3.8	59.4	0.4	25.1	217.6	20.6
1997	221.3	0.0	19.9	-5.5	5.5	44.9	0.5	25.5	215.8	19.4
1998	256.1	15.7	19.5	-2.1	6.9	24.6	0.6	19.7	249.2	18.9
1999	283.6	10.7	19.7	1.4	9.2	33.0	0.8	27.4	274.4	18.9
2000	321.1	13.2	21.1	7.0	9.8	7.0	1.1	39.7	311.3	20.0
2001	395.0	23.0	23.7	12.2	10.0	2.1	1.1	-5.9	385.0	22.6
2002	466.8	18.2	26.6	12.2	9.9	-1.5	1.1	1.8	456.9	25.5
2003	552.2	18.3	30.9	16.1	9.6	-3.1	1.1	0.2	542.6	29.8
2004	602.8	9.2	38.4	24.3	11.5	20.1	1.4	24.3	591.3	37.0
2005	681.6	13.1	45.4	18.2	10.7	-7.1	1.3	-5.5	670.9	44.1
2006	734.1	7.7	54.8	20.9	12.4	16.1	1.5	15.1	721.7	53.3
2007	819.1	11.6	62.8	14.6	10.7	-13.6	1.7	13.0	808.4	61.1
2008	821.0	0.2	65.2	3.8	11.4	6.5	1.9	12.8	809.6	63.3
2009	803.9	-2.1	68.8	5.4	9.7	-14.9	1.8	-4.1	794.2	67.0
2010	844.6	5.1	99.9	45.2	15.0	54.5	2.8	54.6	829.6	97.1

附表 7 1995—2010 年中国水果贸易变化情况

单位：万吨、亿美元、%

年份	出口				进口				净出口量	净出口额
	出口量	比上年增长	出口额	比上年增长	进口量	比上年增长	进口额	比上年增长		
1995	70.7		5.7		23.5		0.8		47.2	4.9
1996	79.0	11.8	5.7	0.1	65.6	179.5	2.0	151.4	13.4	3.7
1997	98.1	24.2	6.3	10.1	77.1	17.5	2.3	17.9	21.0	4.0
1998	105.6	7.7	5.9	-6.1	76.3	-1.0	2.4	1.9	29.3	3.5
1999	118.9	12.6	6.7	12.4	69.3	-9.2	2.6	10.0	49.6	4.1
2000	135.9	14.2	7.2	8.7	97.9	41.3	3.7	41.3	38.0	3.5
2001	148.5	9.3	8.0	9.9	93.0	-5.0	3.5	-6.3	55.5	4.5
2002	199.9	34.6	9.9	23.9	101.3	8.9	3.8	10.7	98.6	6.1
2003	267.0	33.6	13.7	39.4	109.5	8.1	5.0	31.4	157.5	8.7
2004	312.7	17.2	16.5	20.0	114.5	4.5	5.9	17.8	198.2	10.6
2005	365.1	16.7	20.4	23.7	122.2	6.8	6.6	12.4	242.9	13.8
2006	370.6	1.5	24.8	21.6	137.2	12.2	7.7	15.8	233.4	17.1
2007	477.7	28.9	37.5	51.4	145.5	6.1	9.7	25.8	332.2	27.8
2008	484.3	1.4	42.3	12.8	179.2	23.2	12.1	24.6	305.1	30.2
2009	525.6	8.5	38.4	-9.3	244.2	36.2	16.5	36.8	281.4	21.9
2010	507.3	-3.5	43.6	13.5	275.4	12.8	20.3	23.0	231.9	23.3

附表 10 1995—2010 年中国水产品贸易变化情况

单位：亿美元、%

年份	贸易额				比上年增长		
	进出口	出口	进口	贸易顺差	进出口	出口	进口
1995	42.5	32.9	9.6	23.3			
1996	42.4	30.3	12.1	18.2	-0.3	-7.8	25.3
1997	43.6	31.5	12.2	19.3	2.9	3.8	0.8
1998	38.5	28.3	10.3	18.0	-11.7	-10.2	-15.5
1999	44.4	31.3	13.1	18.2	15.3	10.9	27.2
2000	56.7	38.2	18.5	19.7	27.8	22.1	41.6
2001	60.5	41.8	18.7	23.1	6.7	9.2	1.4
2002	69.6	46.8	22.8	24.0	15.0	12.1	21.4
2003	79.2	54.2	25.0	29.2	13.8	15.8	9.7
2004	101.9	69.5	32.4	37.1	28.7	28.3	29.8
2005	120.5	79.2	41.3	37.9	18.2	13.8	27.6
2006	136.7	93.7	43.1	50.6	13.5	18.3	4.2
2007	144.8	97.6	47.2	50.4	6.0	4.3	9.7
2008	160.9	106.8	54.2	52.6	11.1	9.4	14.7
2009	160.7	108.0	52.6	55.4	-0.2	1.2	-2.8
2010	203.8	138.4	65.4	73.0	26.9	28.1	24.3

附表 11 2010 年中国农产品贸易情况

单位：亿美元、%

产　品	出口额	比上年增长	出口额占比重	产　品	进口额	比上年增长	进口额占比重
农产品	494.2	24.7	100.0	农产品	725.7	37.7	100.0
水产品	138.4	28.1	28.0	油籽	265.4	28.3	36.6
蔬菜	99.9	45.2	20.2	畜产品	96.6	46.4	13.3
畜产品	47.5	21.3	9.6	植物油	82.3	13.4	11.3
水果	43.6	13.5	8.8	水产品	65.4	24.3	9.0
饮品类	21.7	17.7	4.4	棉麻丝	63.3	150.8	8.7
粮食制品	14.7	18.0	3.0	饮品类	22.4	52.7	3.1
油籽	12.5	4.7	2.5	水果	20.3	23.0	2.8
糖料及糖	10.6	37.8	2.2	谷物	15.3	70.0	2.1
坚果	9.3	19.6	1.9	薯类	12.1	35.4	1.7
干豆*	8.4	2.4	1.7	糖料及糖	10.7	111.2	1.5
谷物	6.9	−6.2	1.4	粮食制品	6.6	52.2	0.9
药材	6.2	31.0	1.3	饼粕	5.2	253.4	0.7
饼粕	4.8	−22.8	1.0	坚果	4.7	38.2	0.6
棉麻丝	3.9	33.8	0.8	蔬菜	2.8	54.6	0.4
花卉	2.0	8.9	0.4	干豆*	2.7	99.8	0.4
精油	1.9	59.1	0.4	精油	1.2	6.3	0.2
植物油	1.7	−6.3	0.3	花卉	1.0	14.0	0.1
调味香料	1.2	7.4	0.2	药材	0.6	91.0	0.1
薯类	0.2	−3.0	0.0	调味香料	0.1	17.6	0.0
其他农产品	59.0	22.5	11.9	其他农产品	47.1	35.2	6.5

* 不含大豆。

附表 12 2010 年中国农产品分地区贸易情况

单位：亿美元、%

地 区	出口额	比上年增长	进口额	比上年增长	贸易额	排序		
						出口额	进口额	贸易额
全国合计	494.2	24.7	725.7	37.7	1 219.9			
山 东	134.0	31.5	127.9	46.0	261.9	1	2	1
广 东	57.0	17.6	134.5	31.6	191.5	2	1	2
江 苏	25.0	27.6	124.0	28.1	149.0	6	3	3
福 建	46.9	43.0	33.1	33.9	80.0	3	8	4
辽 宁	34.0	16.9	44.6	52.3	78.6	5	6	5
浙 江	37.7	20.3	36.9	56.0	74.6	4	7	6
上 海	11.5	19.4	51.8	38.9	63.3	11	4	7
天 津	8.2	14.7	45.4	35.4	53.6	13	5	8
河 北	13.8	18.9	25.0	29.2	38.8	7	10	9
广 西	8.0	19.9	25.3	15.8	33.2	15	9	10
北 京	4.8	8.7	22.5	42.3	27.3	22	11	11
云 南	13.5	32.2	9.7	94.9	23.3	8	13	12
河 南	8.1	44.4	11.3	49.7	19.4	14	12	13
吉 林	12.4	9.1	5.2	41.5	17.6	9	14	14
黑龙江	12.3	5.9	2.2	39.8	14.5	10	21	15
湖 北	10.6	48.6	3.1	125.3	13.8	12	18	16
新 疆	7.4	-2.5	3.8	256.6	11.2	16	15	17
安 徽	6.9	29.5	3.4	28.2	10.3	17	16	18
四 川	6.7	21.9	3.3	48.4	10.0	18	17	19
湖 南	5.7	34.5	2.9	-1.3	8.6	20	19	20
陕 西	5.8	7.8	1.8	43.3	7.6	19	23	21
内蒙古	4.8	46.4	1.9	108.3	6.7	21	22	22
海 南	4.5	11.4	1.0	25.6	5.6	23	25	23
江 西	4.2	20.0	0.7	202.3	4.9	24	26	24
重 庆	1.8	8.1	2.8	0.2	4.6	26	20	25
甘 肃	3.6	10.7	0.2	79.3	3.8	25	27	26
山 西	1.6	13.7	1.1	79.0	2.7	28	24	27
贵 州	1.8	16.6	0.2	24.8	2.0	27	28	28
宁 夏	0.7	86.2	0.0	19.7	0.8	29	29	29
西 藏	0.6	55.7	0.0	-19.8	0.6	30	31	30
青 海	0.2	23.6	0.0	475.8	0.2	31	30	31

附表 13 2010 年中国主要农产品进口额前十位的省（自治区、直辖市）及所占比重

单位：亿美元、%

产品	前十位省（自治区、直辖市）及其进口额										前十位合计		全国进口额合计
	1	2	3	4	5	6	7	8	9	10	进口额	所占比重	
油籽	山东 55.0	江苏 45.2	广东 38.9	辽宁 22.3	广西 20.7	福建 18.5	天津 15.8	河北 15.4	浙江 10.2	河南 6.3	248.3	93.5	265.4
植物油	江苏 32.9	广东 14.1	天津 12.8	山东 5.2	上海 3.5	云南 2.7	浙江 2.4	福建 2.1	河北 2.0	广西 1.6	79.3	96.4	82.3
畜产品	广东 15.9	江苏 12.5	浙江 10.0	天津 7.8	上海 7.4	山东 4.4	北京 3.9	河北 3.1	辽宁 2.8	河南 1.7	69.5	71.7	96.6
棉花	山东 21.9	江苏 11.3	上海 4.8	浙江 3.5	新疆 3.1	广东 2.7	河北 2.2	湖北 1.5	北京 1.5	天津 1.4	53.9	92.1	58.5
水产品	山东 23.8	辽宁 11.8	广东 8.1	上海 5.1	福建 4.7	云南 2.7	北京 2.5	浙江 2.0	天津 1.9	江苏 0.7	63.3	96.8	65.4
水果	广东 10.2	上海 3.2	辽宁 1.4	北京 1.3	天津 0.7	山东 0.7	浙江 0.6	福建 0.5	云南 0.5	广西 0.3	19.4	95.6	20.3
谷物	广东 8.0	江苏 1.5	山东 1.4	辽宁 0.9	浙江 0.9	北京 0.9	福建 0.6	河北 0.3	云南 0.2	四川 0.1	14.8	96.7	15.3
食糖	山东 3.2	辽宁 1.3	广东 1.2	北京 0.9	江苏 0.9	天津 0.8	福建 0.5	广西 0.2	上海 0.1	云南 0.03	9.1	100.0	9.1
坚果	广东 3.3	山东 0.2	吉林 0.2	辽宁 0.1	北京 0.1	上海 0.1	云南 0.1	山西 0.1	安徽 0.1	江苏 0.1	4.4	93.6	4.7
饼粕	广东 1.7	北京 0.6	山东 0.5	上海 0.4	浙江 0.4	江苏 0.4	福建 0.4	辽宁 0.3	天津 0.2	广西 0.2	5.1	98.1	5.2

附表 14 2010 年中国主要农产品出口额前十位的省（自治区、直辖市）及所占比重

单位：亿美元、%

产品	前十位省（自治区、直辖市）及其出口额										前十位合计		全国出口额合计
	1	2	3	4	5	6	7	8	9	10	出口额	所占比重	
水产品	山东	福建	广东	辽宁	浙江	海南	江苏	广西	江西	河北	134.3	97.0	138.4
	39.9	25.4	21.8	18.8	16.0	4.0	2.7	2.4	1.8	1.5			
蔬菜	山东	福建	江苏	湖北	云南	新疆	浙江	河南	广东	辽宁	84.8	84.9	99.9
	40.6	10.8	6.7	5.5	4.7	4.2	4.0	3.3	2.9	2.1			
畜产品	山东	广东	江苏	浙江	湖南	河北	辽宁	上海	河南	四川	36.4	76.6	47.5
	9.0	7.0	3.8	3.8	2.8	2.3	2.2	2.1	1.7	1.7			
水果	山东	陕西	福建	浙江	广东	河北	新疆	辽宁	广西	黑龙江	35.4	81.2	43.6
	13.5	4.8	4.5	3.0	2.2	1.8	1.7	1.7	1.1	1.1			
食用油籽	山东	天津	吉林	辽宁	黑龙江	内蒙古	安徽	云南	甘肃	河北	11.2	94.9	11.8
	7.3	0.8	0.6	0.6	0.6	0.5	0.4	0.2	0.1	0.1			
干豆	黑龙江	吉林	辽宁	河北	云南	山西	甘肃	内蒙古	陕西	山东	7.9	94.0	8.4
	3.3	1.8	0.7	0.6	0.3	0.3	0.3	0.2	0.2	0.2			
坚果	吉林	辽宁	黑龙江	河北	天津	山东	广东	云南	安徽	甘肃	8.5	91.4	9.3
	1.9	1.5	1.2	1.0	0.9	0.8	0.5	0.3	0.2	0.2			
茶	浙江	福建	安徽	湖南	广东	上海	江西	云南	湖北	河南	8.0	96.4	8.3
	4.2	1.1	0.7	0.6	0.4	0.3	0.3	0.2	0.1	0.1			
谷物	黑龙江	辽宁	吉林	广东	安徽	内蒙古	天津	北京	四川	江西	6.3	91.3	6.9
	2.1	0.9	0.8	0.7	0.4	0.4	0.3	0.3	0.2	0.2			

附表 15 2010 年中国农产品主要出口市场和进口来源地

单位：亿美元、%

排序	出口市场				进口来源地			
	国别（地区）	出口额	比上年增长	所占比重	国别（地区）	进口额	比上年增长	所占比重
1	日本	91.7	19.0	18.6	美国	186.5	33.0	25.7
2	美国	58.5	23.4	11.8	巴西	107.3	27.0	14.8
3	中国香港	45.1	20.2	9.1	阿根廷	57.0	63.5	7.9
4	韩国	35.3	24.7	7.1	澳大利亚	39.3	58.0	5.4
5	印度尼西亚	17.8	69.3	3.6	马来西亚	35.2	14.7	4.9
6	德国	17.5	17.0	3.5	加拿大	30.0	13.2	4.1
7	马来西亚	16.8	36.7	3.4	印度尼西亚	29.5	29.3	4.1
8	俄罗斯	15.5	29.3	3.1	印度	25.7	170.3	3.5
9	越南	13.5	42.8	2.7	泰国	24.9	38.2	3.4
10	泰国	11.9	38.5	2.4	新西兰	22.1	63.5	3.0
11	中国台湾	11.6	45.2	2.3	法国	16.4	33.6	2.3
12	荷兰	11.0	18.6	2.2	俄罗斯	13.9	7.7	1.9
13	英国	8.2	23.9	1.7	秘鲁	11.2	38.7	1.5
14	加拿大	8.1	21.4	1.6	智利	8.2	2.7	1.1
15	菲律宾	7.7	6.6	1.6	乌拉圭	7.8	80.4	1.1
16	西班牙	7.5	33.4	1.5	越南	7.6	1.8	1.1
17	澳大利亚	6.9	20.5	1.4	乌兹别克斯坦	7.2	277.2	1.0
18	新加坡	5.6	25.2	1.1	丹麦	6.7	72.2	0.9
19	印度	5.4	5.9	1.1	荷兰	6.7	32.3	0.9
20	巴西	5.2	136.3	1.1	日本	6.1	30.7	0.8

附表 16 2010 年 1—12 月份中国农业行业商品贸易环比指数

单位：2009 年 = 100

月份 / 行业名称	1	2	3	4	5	6	7	8	9	10	11	12
出口价格环比指数												
农、林、牧、渔业	115.1	118.6	116.8	116.6	116.3	119.8	113.2	114.0	114.6	114.3	120.2	125.0
农业	118.2	124.3	119.0	119.7	116.6	124.1	113.5	114.9	114.8	114.9	123.4	129.7
林业	102.1	105.4	114.0	111.5	122.8	112.6	115.6	110.6	116.2	121.0	135.7	137.1
畜牧业	100.9	94.7	99.3	98.4	98.1	99.2	102.6	102.7	103.5	105.3	105.3	106.8
渔业	102.5	112.5	112.1	103.6	108.1	113.7	108.5	106.2	111.3	105.7	109.8	108.8
农、林、牧、渔服务业	119.8	119.7	119.5	123.1	123.1	121.0	117.8	119.6	118.9	117.6	117.8	124.4
制造业	98.8	99.4	102.2	100.3	100.7	101.7	102.3	104.7	103.1	105.5	107.5	107.3
农副食品加工业	105.3	105.9	106.5	106.6	108.0	107.8	108.7	110.3	110.9	111.5	115.2	118.6
食品加工业	97.9	97.7	97.3	97.8	96.6	100.3	99.7	101.2	101.0	101.4	103.1	105.3
饮料制造业	96.8	102.4	105.4	107.0	106.9	107.6	107.2	109.5	108.9	109.9	124.5	138.9
烟草制品业	98.9	116.9	100.5	106.6	105.7	106.4	108.7	108.6	92.3	113.6	109.1	116.4
进口价格环比指数												
农、林、牧、渔业	111.6	112.0	111.4	110.3	110.0	108.6	109.2	109.4	112.6	116.9	118.9	123.7
农业	105.5	104.3	102.2	100.2	98.8	97.3	96.7	98.3	102.6	106.8	115.2	120.7
林业	125.3	131.0	134.7	134.4	135.5	138.2	137.4	137.7	138.1	140.9	119.3	121.5
畜牧业	123.8	122.9	121.4	129.5	135.1	131.5	135.5	130.9	125.0	128.3	141.3	149.1
渔业	106.6	111.8	110.5	107.2	104.2	106.1	106.2	102.3	106.8	107.6	103.3	112.3
农、林、牧、渔服务业	124.6	127.5	124.4	129.4	130.3	139.3	141.0	140.9	148.1	143.2	147.1	152.8
制造业	106.4	108.3	110.3	109.7	107.5	108.7	108.6	106.8	107.4	107.7	107.5	109.8
农副食品加工业	111.0	114.1	115.7	116.5	119.6	119.1	120.1	124.6	124.2	125.7	127.6	129.7
食品加工业	107.8	118.5	119.6	116.8	119.1	120.0	125.4	125.8	122.7	127.5	123.7	117.5
饮料制造业	89.0	113.3	98.0	104.3	106.0	108.2	104.3	89.9	96.2	110.5	109.0	127.5
烟草制品业	105.2	95.8	117.1	111.9	117.9	118.7	119.7	105.3	88.3	93.9	111.7	109.7
出口数量环比指数												
农、林、牧、渔业	107.4	81.3	104.6	101.0	103.8	96.6	114.5	114.0	114.1	121.3	147.2	151.0
农业	108.8	78.4	111.0	100.0	95.3	92.0	126.4	124.2	119.3	122.2	143.3	141.0
林业	117.1	88.3	99.0	98.5	140.8	96.1	83.7	83.1	91.5	128.2	135.5	125.6
畜牧业	62.7	103.5	109.1	112.2	115.1	115.7	114.8	116.8	123.9	125.4	129.0	174.4
渔业	99.4	86.2	94.9	126.9	109.6	99.5	94.1	106.4	106.6	99.2	135.1	143.1
农、林、牧、渔服务业	118.0	78.5	92.8	90.5	109.8	102.2	101.7	99.0	107.2	125.5	171.9	180.6
制造业	110.6	94.9	109.1	119.3	130.9	135.4	142.8	133.3	140.9	129.1	142.4	143.1
农副食品加工业	112.8	78.6	88.8	106.2	115.4	116.6	120.9	114.5	117.9	1066.9	138.1	140.6
食品加工业	118.7	87.8	122.4	112.7	127.7	125.1	127.9	121.9	115.1	106.8	128.6	136.0
饮料制造业	90.2	75.4	106.6	108.6	111.7	111.2	104.7	98.0	108.5	99.0	115.3	117.2
烟草制品业	54.2	35.7	87.3	113.5	116.5	161.5	170.1	87.0	104.0	69.8	104.1	149.0
进口数量环比指数												
农、林、牧、渔业	121.4	89.1	133.6	130.3	123.3	148.6	131.7	135.7	134.6	105.1	143.8	171.9
农业	125.6	91.7	129.9	135.6	130.2	169.4	139.9	150.3	142.3	103.3	141.1	183.2
林业	118.1	88.7	131.9	114.2	104.2	111.8	120.4	118.8	137.5	122.5	180.9	177.4
畜牧业	102.6	70.5	142.6	123.5	113.1	114.8	113.1	98.5	99.1	88.2	104.9	115.5
渔业	133.1	131.0	128.0	121.7	152.8	151.2	156.8	161.6	173.0	192.5	217.8	252.4
农、林、牧、渔服务业	113.2	85.7	191.9	159.7	147.0	115.0	107.8	84.1	65.1	55.6	76.7	74.0
制造业	101.5	87.0	124.9	122.9	120.4	123.1	125.1	129.6	135.6	117.3	135.7	141.8
农副食品加工业	92.1	68.6	104.7	100.6	105.7	105.6	109.6	108.5	128.3	103.9	113.5	130.0
食品加工业	148.4	100.7	143.3	126.6	122.0	151.2	144.9	130.0	125.4	120.8	159.6	186.1
饮料制造业	147.9	77.7	112.2	114.1	121.1	137.9	145.3	189.3	185.4	117.4	166.1	191.1
烟草制品业	17.9	12.4	92.4	89.0	96.5	112.1	32.5	8.6	32.4	15.0	173.9	328.0

数据来源：《中国对外贸易指数》，中国海关杂志社。

附表 17 2010 年 1—12 月份中国主要农产品出口价格环比指数

单位：2009 年 = 100

HS 码	农产品＼月份	1	2	3	4	5	6	7	8	9	10	11	12
10	谷物	108.5	111.8	102.0	95.0	115.9	120.2	100.2	118.1	99.9	92.4	93.5	103.4
1006	稻米	108.9	112.4	99.6	91.1	111.9	118.2	95.2	116.0	95.3	86.8	88.1	129.0
1101	小麦粉[1]	116.4	114.2	100.8	101.9	100.7	98.7	109.3	130.9	103.1	102.3	103.2	108.9
52	棉花	103.3	104.3	108.1	110.8	113.7	116.4	118.1	120.6	123.4	125.1	132.4	142.3
	食用油籽												
1202	花生	139.2	138.6	140.5	137.6	135.8	134.7	126.6	121.6	130.3	139.5	147.7	155.5
1201	大豆	99.3	97.7	106.9	104.9	106.0	108.5	106.1	102.1	102.4	93.2	98.3	107.8
1206	葵花籽	109.7	115.3	116.6	120.9	118.2	122.4	117.7	116.0	114.0	122.7	117.2	120.7
	食用植物油												
1507	豆油[2]	104.7	98.8	98.6	96.4	87.9	101.7	104.6	97.0	99.7	99.3	103.8	109.8
1508	花生油[3]	96.5	91.1	98.5	101.4	99.4	100.6	96.3	99.5	98.1	94.2	99.5	99.2
1701	食糖[4]	123.2	132.3	143.9	141.1	133.3	138.4	133.8	134.1	127.5	121.8	113.9	117.6
07	蔬菜	122.2	124.2	122.5	124.3	117.4	124.1	113.5	117.1	116.9	117.5	119.4	125.5
0703	葱属蔬菜[5]	146.0	142.4	142.4	141.3	118.9	150.1	112.9	115.4	118.0	125.0	129.5	135.6
0710	冷冻蔬菜	105.1	108.9	103.2	100.7	104.7	107.6	111.1	127.2	123.6	119.5	121.1	120.2
0706	食用根茎[6]	107.4	116.5	124.1	127.5	129.7	101.3	92.9	98.8	94.7	94.1	104.8	125.0
0701	马铃薯	124.9	134.1	139.9	125.9	92.6	135.4	121.1	129.8	141.2	153.9	149.7	175.4
0712	干蔬菜	114.7	114.5	114.9	118.8	119.8	126.6	118.6	119.8	121.2	117.6	122.7	126.1
2002	番茄[7]	84.4	84.0	81.7	78.4	76.1	77.5	74.0	74.4	74.0	76.8	80.0	83.0
2003	蘑菇及块菌[8]	99.5	109.8	107.0	121.3	112.9	118.5	112.7	115.2	116.1	111.4	111.4	113.4
	水果												
0808	苹果、梨	107.8	103.8	109.3	114.0	108.9	112.3	110.1	111.4	115.7	121.2	125.1	136.5
0805	柑橘属水果	117.8	105.5	107.0	100.3	107.3	—	—	98.9	118.4	111.8	124.4	146.1
0806	葡萄	96.8	93.2	90.7	92.5	91.4	108.7	108.5	151.5	122.5	121.4	110.2	117.6
2008	水果罐头[9]	107.7	107.3	107.3	105.2	109.4	107.1	107.9	110.4	111.0	113.1	119.6	120.8
2009	果汁和蔬菜汁[10]	100.0	99.8	103.4	105.5	106.6	106.9	105.4	105.7	104.1	108.5	129.6	164.2
0902	茶叶	106.3	100.2	101.0	103.2	104.3	105.2	109.5	111.7	111.9	111.4	116.3	117.8
	畜产品												
0207	禽肉及杂碎	102.2	103.0	101.8	101.4	101.8	101.5	106.0	105.6	110.0	116.5	118.4	119.6
0203	猪肉	100.2	100.9	101.7	94.3	96.8	91.6	91.7	97.4	98.8	103.6	107.1	110.6
0202	牛肉	103.0	105.9	114.2	104.0	107.1	107.2	109.7	108.9	110.2	107.2	116.4	115.0
0204	羊肉	103.2	115.0	84.1	87.7	104.0	115.4	116.1	114.7	123.0	123.2	125.2	122.0
0409	天然蜂蜜	97.0	91.4	92.5	94.4	92.6	93.5	102.5	109.2	117.3	111.6	109.2	107.2
	水产品												
0304	鱼片[11]	102.9	104.2	103.6	103.7	104.8	104.8	106.5	106.2	105.3	107.7	113.0	117.1
0303	冻鱼	128.0	134.1	142.5	141.2	143.4	141.7	139.2	135.2	133.3	137.2	131.5	146.4
1604	制作或保藏鱼	103.0	108.6	113.7	115.1	117.4	119.0	120.6	120.9	116.7	118.4	123.4	131.1
1605	对虾[12]	109.5	102.9	109.1	106.5	115.3	112.1	112.2	116.4	119.6	114.6	122.2	121.6
	饼粕												
2304	豆粕	100.3	101.0	94.7	89.5	89.0	86.8	84.9	87.0	95.4	102.7	116.5	104.1

注：1 指小麦或混合麦的细粉；2 指豆油及其分离品，不论是否精制，但未经化学改性；3 指花生油及其分离品，不论是否精制，但未经化学改性；4 指固体甘蔗糖、甜菜糖及化学纯蔗糖；5 指鲜或冷藏洋葱、青葱、大蒜、韭葱及其他葱属蔬菜；6 指鲜或冷藏的胡萝卜、萝卜、色拉甜菜根、婆罗门参、块根芹、小萝卜及类似的食用根茎；7 指番茄，用醋或醋酸以外的其他方法制作或保藏的；8 指蘑菇及块菌，用醋或醋酸以外的其他方法制作或保藏的；9 指用其他方法制作或保藏的其他品目未列名水果、坚果及植物的其他食用部分，不论是否加酒、加糖或其他物质；10 指未发酵及未加酒精的水果汁（包括酿酒葡萄汁）、蔬菜汁，不论水果加糖或其他甜物质；11 指鲜、冷、冻鱼片及其他鱼肉（不论是否绞碎）；12 指制作或保藏的甲壳动物、软体动物及其他水生无脊椎动物，其中主要出口产品为对虾。

数据来源：《中国对外贸易指数》，中国海关杂志社。

附表 18 2010 年 1—12 月份中国主要农产品出口数量环比指数

单位：2009 年 = 100

HS 码	月份 农产品	1	2	3	4	5	6	7	8	9	10	11	12
10	谷物	122.4	98.6	134.4	97.8	66.3	36.3	71.9	29.0	51.5	76.6	111.7	122.1
1006	稻米	106.7	102.2	142.9	99.8	53.7	27.0	69.9	25.7	50.8	80.8	93.4	184.0
1101	小麦粉[1]	50.8	51.1	95.4	133.4	125.6	134.6	74.0	28.0	142.6	161.0	177.5	187.2
52	棉花	107.8	80.9	103.7	124.6	124.7	123.6	123.5	111.9	116.9	113.8	126.2	117.3
	食用油籽												
1202	花生	98.5	78.4	81.7	86.6	93.0	87.5	78.5	51.9	44.6	32.4	99.9	123.5
1201	大豆	58.8	29.8	75.5	117.6	66.9	43.0	24.8	21.0	21.5	28.3	42.4	47.4
1206	葵花籽	220.7	117.0	104.0	95.7	135.5	101.3	57.0	40.6	41.4	81.6	201.4	236.9
	食用植物油												
1507	豆油[2]	22.6	43.8	72.8	121.7	146.9	73.6	101.8	109.6	110.3	77.5	72.8	91.8
1508	花生油[3]	59.3	86.7	72.9	93.7	81.3	67.3	96.3	79.0	99.3	66.3	67.4	84.4
1701	食糖[4]	126.6	145.8	335.9	237.4	110.5	77.2	93.6	88.9	90.3	114.2	206.3	104.1
07	蔬菜	112.8	80.9	106.3	96.8	103.5	104.3	147.9	147.9	142.7	151.8	175.0	170.5
0703	葱属蔬菜[5]	109.2	89.0	122.5	101.3	88.1	99.9	262.8	264.2	209.9	199.6	205.6	181.2
0710	冷冻蔬菜	106.0	73.5	101.0	105.9	102.5	99.2	103.8	105.1	110.1	118.1	143.1	135.0
0706	食用根茎[6]	67.3	71.2	115.3	90.3	95.9	118.9	153.3	128.9	167.1	163.4	151.9	137.1
0701	马铃薯	36.0	16.2	31.0	30.9	33.1	104.4	169.6	108.0	69.1	80.0	67.5	72.1
0712	干蔬菜	136.5	92.7	115.0	121.7	143.2	129.6	136.8	145.4	157.2	170.6	219.7	237.0
2002	番茄[7]	154.2	96.0	138.0	86.4	147.0	123.6	138.5	121.8	100.2	105.8	148.7	157.8
2003	蘑菇及块菌[8]	110.7	80.6	132.8	135.2	141.6	127.2	109.7	102.6	89.8	87.7	101.8	98.4
	水果												
0808	苹果、梨	106.4	86.7	127.9	110.6	87.7	54.8	65.1	74.8	109.4	108.5	127.4	131.8
0805	柑橘属水果	225.1	110.7	96.9	49.7	19.8	—	—	12.7	31.4	71.6	178.5	226.6
0806	葡萄	57.7	48.3	37.4	49.8	45.2	54.4	121.8	170.1	209.2	215.6	115.2	61.8
2008	水果罐头[9]	115.5	80.7	105.5	107.0	114.8	117.2	120.7	101.6	93.4	83.8	118.6	134.3
2009	果汁和蔬菜汁[10]	77.0	61.9	102.6	88.3	106.9	117.9	94.9	92.2	112.6	94.7	119.3	128.3
0902	茶叶	92.6	82.0	97.5	105.4	107.2	108.4	98.5	102.4	100.2	96.2	119.4	119.4
	畜产品												
0207	禽肉及杂碎	91.7	81.4	123.0	111.3	121.4	116.5	119.4	116.7	123.2	122.8	126.5	161.4
0203	猪肉	119.4	80.6	131.6	129.1	122.4	118.0	127.6	121.4	143.8	127.8	156.1	140.5
0202	牛肉	151.4	70.8	169.4	172.5	196.7	225.4	163.3	150.7	223.5	153.2	207.6	234.1
0204	羊肉	159.5	33.0	15.1	28.8	96.6	58.9	87.8	124.8	250.4	260.1	265.6	301.1
0409	天然蜂蜜	100.8	122.5	136.1	110.6	116.1	110.9	117.5	160.0	174.6	179.0	202.4	159.3
	水产品												
0304	鱼片[11]	130.4	79.5	62.2	105.7	119.6	109.8	114.9	116.1	119.6	104.2	129.2	141.2
0303	冻鱼	131.6	96.3	96.6	101.6	89.8	82.7	111.7	102.5	123.0	111.7	193.0	217.9
1604	制作或保藏鱼	99.2	75.0	93.0	119.1	123.4	109.6	101.9	94.0	101.6	91.0	137.9	125.1
1605	对虾[12]	107.5	67.4	70.3	95.9	101.9	120.7	137.5	149.0	132.6	122.0	147.1	136.3
	饼粕												
2304	豆粕	92.7	79.7	127.4	101.0	89.1	183.7	179.0	84.1	65.0	25.3	22.9	46.6

注：1 指小麦或混合麦的细粉；2 指豆油及其分离品，不论是否精制，但未经化学改性；3 指花生油及其分离品，不论是否精制，但未经化学改性；4 指固体甘蔗糖、甜菜糖及化学纯蔗糖；5 指鲜或冷藏洋葱、青葱、大蒜、韭葱及其他葱属蔬菜；6 指鲜或冷藏的胡萝卜、萝卜、色拉甜菜根、婆罗门参、块根芹、小萝卜及类似的食用根茎；7 指番茄，用醋或醋酸以外的其他方法制作或保藏的；8 指蘑菇及块菌，用醋或醋酸以外的其他方法制作或保藏的；9 指用其他方法制作或保藏的其他品目未列名水果、坚果及植物的其他食用部分，不论是否加酒、加糖或其他物质；10 指未发酵及未加酒精的水果汁（包括酿酒葡萄汁）、蔬菜汁，不论水果加糖或其他甜物质；11 指鲜、冷、冻鱼片及其他鱼肉（不论是否绞碎）；12 指制作或保藏的甲壳动物、软体动物及其他水生无脊椎动物，其中主要出口产品为对虾。

数据来源：《中国对外贸易指数》，中国海关杂志社。

附表 19 2010 年 1—12 月份中国主要农产品进口价格环比指数

单位：2009 年 = 100

HS 码	月份 农产品	1	2	3	4	5	6	7	8	9	10	11	12
10	谷物	104.5	100.3	102.7	99.8	98.3	98.5	97.4	93.7	96.6	99.1	104.1	116.5
1003	大麦	89.9	88.0	90.7	90.3	90.5	92.2	92.1	86.6	91.4	104.1	103.9	99.6
1005	玉米	111.5	146.1	72.9	136.5	160.8	104.6	100.7	101.1	104.1	157.8	101.6	124.5
1101	小麦粉[1]	94.8	86.4	96.5	96.2	97.9	86.6	89.6	75.7	83.4	112.1	96.5	90.6
1006	稻米	120.4	122.4	129.8	112.5	99.9	92.8	87.9	87.8	83.9	83.4	107.5	126.3
52	棉花	109.4	110.2	110.8	108.7	110.6	115.6	118.5	119.3	120.2	121.6	133.1	137.1
	食用油籽												
1201	大豆	105.4	104.2	101.5	99.6	97.8	96.7	95.6	97.8	102.0	124.8	115.0	120.6
1205	油菜籽	108.4	105.5	104.3	107.6	111.2	105.4	114.6	110.7	124.8	177.9	140.5	144.1
	食用植物油												
1511	棕榈油[2]	112.2	115.9	116.2	118.7	121.7	121.9	122.7	124.1	125.9	169.3	145.2	149.7
1507	豆油[3]	109.3	118.0	119.1	—	115.9	112.0	116.1	115.4	114.6	82.7	118.9	125.3
1514	菜籽油[4]	107.4	107.1	111.4	117.8	112.4	112.2	113.7	113.4	112.8	152.4	121.5	127.6
1701	食糖[5]	114.6	123.6	155.4	112.8	125.1	134.7	128.4	141.9	144.2	82.2	133.4	142.8
07	蔬菜	127.5	129.3	127.0	131.4	132.1	143.3	146.1	144.4	151.0	150.1	151.2	155.2
1209	蔬菜种子[6]	108.1	96.7	86.6	92.4	105.3	115.9	82.0	129.3	129.6	83.7	75.5	131.4
	水果												
0803	香蕉[7]	106.7	93.3	99.0	110.6	111.2	117.2	116.8	111.4	126.0	126.0	126.7	70.7
0806	葡萄	121.6	121.1	115.5	117.1	115.7	109.7	111.4	118.3	129.1	129.1	125.0	125.4
0804	热带水果[8]	133.4	136.9	125.5	118.9	100.2	83.5	78.5	94.6	107.3	107.3	98.6	102.3
0805	柑橘属水果	137.0	145.8	139.7	126.4	129.3	124.4	121.5	122.2	133.3	133.3	125.1	136.3
0902	茶叶	110.2	102.2	109.7	96.5	129.2	111.0	99.6	106.1	103.2	120.8	105.8	119.9
	畜产品												
4101	生牛马皮[9]	123.1	131.8	130.0	135.7	148.8	152.8	160.3	157.8	155.9	86.3	154.2	153.2
0402	乳及奶油[10]	115.6	130.0	138.3	138.0	138.6	141.9	149.7	162.1	156.7	156.7	145.4	139.7
0404	乳清[11]	111.6	109.3	105.5	89.6	104.3	91.0	121.3	93.1	100.9	100.9	100.3	94.0
5101	羊毛	127.2	124.9	126.2	131.3	134.0	127.5	126.5	119.0	112.2	99.1	143.9	160.2
4102	羊皮[12]	143.2	130.5	132.2	151.8	161.1	158.7	171.7	113.9	110.5	97.5	147.9	149.2
0207	家禽肉及杂碎	113.0	114.5	108.2	111.1	116.5	118.9	120.8	124.5	130.6	130.6	129.7	130.2
0203	猪肉	81.9	78.1	81.6	84.2	87.2	92.6	97.7	119.6	123.1	123.1	116.6	120.1
	水产品												
0303	冻鱼	104.6	104.7	102.1	102.6	103.9	98.5	101.7	112.0	107.8	107.8	110.6	105.7
2301	饲料用鱼粉[13]	136.4	140.2	150.6	162.1	171.5	170.3	174.3	168.1	163.1	113.0	151.3	139.9
	饼粕												
2306	菜籽粕	113.0	120.6	116.7	116.1	119.3	119.9	117.7	121.5	126.6	85.2	119.3	129.8

注：1 指小麦或混合麦的细粉；2 指棕榈油及其分离品，不论是否精制，但未经化学改性；3 指豆油及其分离品，不论是否精制，但未经化学改性；4 指菜籽油或芥子油及其分离品，不论是否精制，但未经化学改性；5 指固体甘蔗糖、甜菜糖及化学纯蔗糖；6 指种植用的种子、果实及孢子，其中主要进口产品为蔬菜种子；7 指鲜或干的香蕉，包括芭蕉；8 指鲜或干的椰枣、无花果、菠萝、鳄梨、番石榴、芒果及山竹果；9 指生牛皮（包括水牛皮）、生马皮（鲜的、盐腌的、干的、石灰浸渍的、浸酸的或以其他方法保藏、但未鞣质、未经羊皮纸化处理或进一步加工的）不论是否去毛或刨层；10 指浓缩、加糖或其他甜物质的乳及奶油；11 指乳清，不论是否浓缩、加糖或其他甜物质；其他品目未列名的含天然乳的产品，不论是否加糖或其他甜物质；12 指绵羊或羔羊生皮（鲜的、盐腌的、干的、石灰浸渍的、浸酸的或以其他方法保藏、但未鞣质、未经羊皮纸化处理或进一步加工的）不论是否去毛或刨层；13 指不适于供人食用的肉、杂碎、鱼、甲壳动物、软体动物或其他水生无脊椎动物的渣粉及团粒、油渣。

数据来源：《中国对外贸易指数》，中国海关杂志社。

附表 20　2010 年 1—12 月份中国主要农产品进口数量环比指数

单位：2009 年 = 100

HS 码	月份 农产品	1	2	3	4	5	6	7	8	9	10	11	12
10	谷物	125.6	75.6	144.2	165.7	210.6	194.3	165.4	291.4	333.2	170.1	66.7	123.3
1003	大麦	65.7	74.5	129.0	196.1	243.8	166.9	82.9	187.4	240.7	6 611.1	27.0	47.6
1005	玉米	155.0	51.3	225.7	121.5	77.9	870.7	2 566.3	5 632.1	6 611.1	424.3	1 004.8	238.4
1101	小麦粉[1]	45.7	95.4	83.0	99.8	98.5	180.7	108.0	166.7	134.8	108.6	94.4	162.8
1006	稻米	240.0	34.3	58.4	95.2	106.5	98.9	73.5	52.1	82.9	134.8	109.4	372.0
52	棉花	158.3	110.4	175.5	178.6	132.2	117.5	118.8	143.8	132.5	93.9	116.9	259.2
	食用油籽												
1201	大豆	114.9	83.2	113.0	118.3	123.2	174.8	139.7	134.4	130.7	42.2	154.4	153.0
1205	油菜籽	44.2	42.9	43.9	42.0	40.7	85.9	63.0	86.2	42.2	89.5	21.8	49.9
	食用植物油												
1511	棕榈油[2]	101.0	73.2	103.8	100.3	88.0	97.2	85.8	51.1	74.4	121.8	98.1	122.2
1507	豆油[3]	36.3	11.4	24.6	—	17.3	32.1	75.7	94.4	139.8	50.5	63.0	72.1
1514	菜籽油[4]	37.2	86.8	155.9	235.0	235.5	204.1	191.7	368.1	263.4	139.0	191.7	357.1
1701	食糖[5]	13.1	9.8	113.4	29.1	187.3	208.8	346.9	324.4	390.8	158.3	34.8	149.3
07	蔬菜	111.7	84.3	189.7	159.2	148.3	111.9	104.1	83.5	66.4	51.8	72.9	68.6
1209	蔬菜种子[6]	95.5	100.6	248.7	151.9	153.3	124.8	167.0	85.8	94.6	159.4	109.1	198.1
	水果												
0803	香蕉[7]	106.1	99.9	107.7	105.7	110.8	116.9	93.1	83.9	112.5	112.5	139.0	458.3
0806	葡萄	81.8	74.3	141.9	158.3	177.5	82.2	21.5	23.2	89.6	89.6	103.3	96.0
0804	热带水果[8]	62.4	59.5	38.2	66.2	573.6	94.4	121.9	77.5	42.0	42.0	23.1	47.8
0805	柑橘属水果	66.7	72.7	61.6	109.0	111.4	137.7	219.9	213.6	192.9	192.9	31.7	54.5
0902	茶叶	170.8	140.5	172.0	209.9	180.1	184.9	290.1	347.5	436.7	188.8	322.1	331.5
	畜产品												
4101	生牛马皮[9]	92.6	63.8	110.5	106.2	90.6	93.9	92.8	88.4	90.8	115.9	90.1	95.9
0402	乳及奶油[10]	197.8	149.8	200.7	170.1	160.2	217.0	180.7	125.7	95.6	95.6	194.1	214.5
0404	乳清[11]	101.8	84.9	114.3	114.5	114.8	134.6	109.7	130.9	143.8	143.8	123.2	152.2
5101	羊毛	103.2	74.9	148.1	130.4	116.5	107.4	105.3	90.8	67.3	132.7	95.5	117.4
4102	羊皮[12]	114.9	84.9	155.3	119.6	112.3	115.0	113.6	163.4	179.4	199.1	123.2	188.8
0207	家禽肉及杂碎	90.4	65.2	56.5	71.0	93.6	120.9	91.8	52.1	93.0	93.0	57.1	103.0
0203	猪肉	127.7	61.9	168.4	124.8	129.0	148.0	127.8	139.8	137.4	137.4	223.5	256.5
	水产品												
0303	冻鱼	96.4	85.4	137.5	111.5	102.5	81.2	72.8	97.2	132.3	132.3	153.7	130.9
2301	饲料用鱼粉[13]	55.1	64.8	103.9	107.6	95.3	75.9	74.5	132.1	88.9	117.7	70.6	30.3
	饼粕												
2306	菜籽粕	410.6	254.8	246.4	485.9	452.8	649.1	412.0	353.0	549.1	14.2	257.1	361.5

注：1 指小麦或混合麦的细粉；2 指棕榈油及其分离品，不论是否精制，但未经化学改性；3 指豆油及其分离品，不论是否精制，但未经化学改性；4 指菜籽油或芥子油及其分离品，不论是否精制，但未经化学改性；5 指固体甘蔗糖、甜菜糖及化学纯蔗糖；6 指种植用的种子、果实及孢子，其中主要进口产品为蔬菜种子；7 指鲜或干的香蕉，包括芭蕉；8 指鲜或干的椰枣、无花果、菠萝、鳄梨、番石榴、芒果及山竹果；9 指生牛皮（包括水牛皮）、生马皮（鲜的、盐腌的、干的、石灰浸渍的、浸酸的或以其他方法保藏、但未鞣质、未经羊皮纸化处理或进一步加工的）不论是否去毛或刨层；10 指浓缩、加糖或其他甜物质的乳及奶油；11 指乳清，不论是否浓缩、加糖或其他甜物质；其他品目未列名的含天然乳的产品，不论是否加糖或其他甜物质；12 指绵羊或羔羊生皮（鲜的、盐腌的、干的、石灰浸渍的、浸酸的或以其他方法保藏、但未鞣质、未经羊皮纸化处理或进一步加工的）不论是否去毛或刨层；13 指不适于供人食用的肉、杂碎、鱼、甲壳动物、软体动物或其他水生无脊椎动物的渣粉及团粒、油渣。

数据来源：《中国对外贸易指数》，中国海关杂志社。

附表 21 2008—2009 年世界主要农产品出口价格指数

单位:%

产 品	2005 年	2008 年	2009 年	增长率
食品	100	157.0	134.0	-14.7
谷物	100	222.6	162.4	-27.1
小麦	100	213.8	146.6	-31.4
玉米	100	226.9	168.2	-25.9
大米	100	243.3	204.8	-15.8
大麦	100	210.9	135.0	-36.0
油料产品	100	192.5	154.0	-20.0
大豆	100	203.2	169.7	-16.5
花生	100	203.8	129.3	-36.6
豆油	100	228.7	158.8	-30.6
棕榈油	100	234.7	175.2	-25.4
葵花油	100	148.0	91.0	-38.5
橄榄油	100	75.5	63.6	-15.8
菜籽油	100	197.5	118.8	-39.8
大豆粕	100	178.8	174.6	-2.3
肉类	100	103.2	98.0	-5.1
牛肉	100	102.0	100.8	-1.2
羊肉	100	106.1	91.3	-13.9
猪肉	100	95.5	82.4	-13.7
禽肉	100	114.5	115.9	1.2
水产品	100	113.4	113.7	0.2
鱼类	100	119.3	121.2	1.6
虾	100	90.5	84.7	-6.4
食糖	100	116.6	151.8	30.2
香蕉	100	146.3	147.0	0.5
柑橘	100	131.5	107.9	-17.9
饮料	100	152.0	154.4	1.6
咖啡	100	149.8	131.5	-12.2
可可	100	166.6	187.4	12.5
茶	100	124.6	145.1	16.5
农业原料	100	113.3	94.1	-17.0
棉花	100	129.4	113.7	-12.1
羊毛	100	137.8	115.1	-16.5

数据来源：国际货币基金组织（www.imf.org）。

附表22 2008—2009年世界农产品贸易区域结构

单位：亿美元、%

出口区域	年份	进口区域所占的比重						
		欧洲	亚洲	北美	中南美	非洲	独联体	中东
欧洲	2008	80.7	5.2	3.9	0.9	3.4	3.5	2.4
	2009	80.6	5.4	3.9	0.9	3.4	3.0	2.5
亚洲	2008	15.6	55.1	12.6	1.7	5.3	2.5	7.1
	2009	14.6	57.2	12.2	1.5	5.4	2.3	6.5
北美	2008	10.8	33.0	39.6	7.7	4.2	1.5	3.3
	2009	9.7	36.1	39.4	7.1	3.4	1.2	2.9
中南美	2008	31.4	21.0	13.7	17.3	6.1	4.9	5.2
	2009	28.2	24.6	14.3	16.2	5.7	3.9	6.3
非洲	2008	48.5	16.4	5.4	0.8	20.8	2.1	5.7
	2009	47.7	16.6	5.3	0.6	21.0	2.1	5.0
独联体	2008	29.5	22.7	1.5	0.2	5.7	32.1	7.9
	2009	22.4	22.4	1.7	0.3	5.6	33.3	7.6
中东	2008	11.1	7.7	2.1	0.4	7.7	4.3	64.5
	2009	12.6	10.5	2.6	0.6	8.2	4.2	57.7
		进口区域的贸易额						
欧洲	2008	4 850	312	237	56	206	210	142
	2009	4 257	287	206	46	178	161	132
亚洲	2008	406	1 425	327	43	136	65	184
	2009	329	1 291	276	33	122	52	147
北美	2008	228	700	839	164	88	31	70
	2009	174	646	705	127	61	22	52
中南美	2008	492	330	215	272	95	76	81
	2009	395	344	201	226	79	55	88
非洲	2008	181	61	20	3	79	8	21
	2009	186	65	21	2	82	8	19
独联体	2008	139	107	7	1	27	153	37
	2009	88	88	7	1	22	131	30
中东	2008	26	18	5	1	18	10	156
	2009	23	19	5	1	15	8	105

数据来源：WTO：国际贸易统计（ITS）2010。

附表23 2009年世界主要进出口方农产品贸易情况

单位：亿美元、%

排序	出口			进口		
	出口方	出口额	比重	进口方	进口额	比重
1	欧盟（27）	4 948.6	42.3	欧盟（27）	5 253.8	43.9
2	美国	1 195.8	10.2	美国	1 007.5	8.4
3	巴西	576.6	4.9	中国	766.2	6.4
4	加拿大	436.4	3.7	日本	676.6	5.7
5	中国	408.8	3.5	俄罗斯[b]	290.8	2.4
6	阿根廷	281.7	2.4	加拿大[b]	284.4	2.4
7	泰国	280.0	2.4	韩国	211.0	1.8
8	印度尼西亚	252.6	2.2	墨西哥[b]	202.2	1.7
9	澳大利亚	234.5	2.0	中国香港	171.5	1.4
10	俄罗斯	210.6	1.8	印度	140.6	1.2
11	马来西亚	208.6	1.8	沙特阿拉伯[a]	124.9	1.0
12	印度	166.6	1.4	马来西亚	123.2	1.0
13	墨西哥	155.9	1.3	印度尼西亚	113.5	0.9
14	新西兰	154.0	1.3	瑞士	113.5	0.9
15	智利	145.7	1.2	阿拉伯联合酋长国	105.7	0.9
合计		9 656.4	82.6		9 524.2*	79.6*

注：a. 包括了秘书处估计数；b. 进口额按离岸价格计算。

* 不含中国香港转口贸易数据。

数据来源：WTO：国际贸易统计（ITS）2010。

附表 24 2009 年主要农产品出口额前十位的国家（地区）及所占比重

单位：亿美元、%

产品	出口额前十位国家（地区）及所占比重										前十位合计	
	1	2	3	4	5	6	7	8	9	10	出口额	比重
玉米	美国 45.3	法国 9.4	阿根廷 8.0	巴西 6.5	乌克兰 5.0	匈牙利 4.1	印度 2.6	南非 2.5	罗马尼亚 1.7	塞尔维亚 1.4	177.8	86.6
小麦	美国 15.4	加拿大 15.1	法国 11.4	澳大利亚 10.5	俄罗斯 8.0	德国 6.8	乌克兰 5.1	阿根廷 3.6	哈萨克斯坦 3.4	土耳其 1.8	290.8	81.1
大米	泰国 31.9	印度 15.0	美国 13.8	巴基斯坦 11.1	意大利 4.8	中国 3.3	阿联酋 3.2	乌拉圭 2.9	比利时 1.8	阿根廷 1.7	143.9	89.4
猪及制品	德国 15.4	丹麦 13.7	美国 11.6	荷兰 11.3	西班牙 9.1	加拿大 7.2	比利时 6.0	法国 4.4	巴西 3.5	意大利 2.7	282.7	85.0
牛羊及制品	澳大利亚 12.7	巴西 9.6	法国 7.1	荷兰 6.9	新西兰 6.8	美国 6.7	德国 5.8	爱尔兰 5.5	加拿大 4.7	阿根廷 4.2	316.5	70.0
禽及制品	巴西 21.1	美国 15.9	荷兰 10.0	德国 7.1	法国 6.2	泰国 6.0	比利时 4.1	中国 3.8	波兰 3.4	英国 2.5	217.4	80.2
乳品	德国 14.7	法国 12.2	荷兰 10.6	新西兰 9.8	比利时 5.6	丹麦 4.4	意大利 4.2	澳大利亚 3.2	美国 3.1	爱尔兰 3.0	362.3	70.8
动物生皮	美国 32.9	澳大利亚 10.4	法国 5.7	荷兰 4.4	西班牙 4.3	德国 4.1	加拿大 4.0	英国 3.6	中国香港 3.4	意大利 3.3	30.1	76.3
食用油籽	美国 36.1	巴西 23.0	加拿大 8.8	阿根廷 4.4	中国 2.7	荷兰 2.5	乌克兰 1.9	法国 1.8	巴拉圭 1.8	匈牙利 1.2	421.7	84.5
植物油	马来西亚 25.4	阿根廷 10.6	荷兰 7.9	西班牙 6.7	美国 5.3	乌克兰 4.4	意大利 4.3	加拿大 3.6	巴西 3.3	德国 2.8	294.9	74.4
棉花	美国 44.9	印度 13.2	巴西 8.9	希腊 5.5	澳大利亚 5.4	布基纳法索 3.2	巴基斯坦 2.8	土耳其 1.5	坦桑尼亚 1.5	津巴布韦 1.3	68.4	88.2
水产品	中国 12.3	泰国 9.0	挪威 7.2	美国 4.3	智利 4.0	丹麦 3.8	加拿大 3.7	西班牙 3.7	荷兰 3.6	印度 2.5	533.6	54.0
水果	西班牙 11.4	美国 9.5	荷兰 7.2	中国 6.7	智利 5.7	意大利 5.6	比利时 4.3	土耳其 4.1	巴西 3.9	墨西哥 3.7	368.3	62.3
食糖	巴西 40.9	泰国 8.8	法国 7.6	德国 3.7	阿拉伯联合酋长国 2.7	墨西哥 2.5	危地马拉 2.5	英国 2.0	哥伦比亚 1.9	比利时 1.9	152.4	74.5

数据来源：联合国 COMTRADE 数据库。

附表 25 2009年主要农产品进口额前十位的国家（地区）及所占比重

单位：亿美元、%

产品	进口额前十位国家（地区）及所占比重										前十位合计	
	1	2	3	4	5	6	7	8	9	10	进口额	比重
玉米	日本 18.5	韩国 8.1	墨西哥 7.3	西班牙 4.9	荷兰 3.5	哥伦比亚 3.3	德国 3.2	马来西亚 2.9	意大利 2.5	肯尼亚 2.3	115.2	56.6
小麦	阿尔及利亚 5.9	意大利 5.6	印度尼西亚 4.9	日本 4.6	西班牙 4.5	巴西 4.5	荷兰 3.6	尼日利亚 3.5	韩国 3.2	德国 2.9	135.2	43.3
大米	沙特阿拉伯 9.4	阿拉伯联合酋长国 8.0	菲律宾 6.8	美国 4.6	日本 4.0	科特迪瓦 3.8	英国 3.7	马来西亚 3.6	法国 3.4	尼日利亚 3.0	78.6	50.5
猪及制品	日本 12.4	德国 11.8	意大利 7.4	俄罗斯 7.4	英国 7.0	中国香港 5.3	波兰 4.8	法国 4.4	美国 3.7	墨西哥 2.9	217.0	67.0
牛羊及制品	美国 11.5	意大利 11.2	法国 6.7	俄罗斯 6.6	日本 6.1	德国 5.3	英国 5.3	荷兰 4.5	委内瑞拉 3.6	中国香港 2.9	264.1	63.7
禽及制品	英国 9.7	日本 9.6	德国 9.1	荷兰 6.6	中国香港 5.5	俄罗斯 5.0	法国 4.8	沙特阿拉伯 4.6	中国 4.2	比利时 3.8	150.7	62.9
乳品	德国 11.2	意大利 8.1	英国 6.5	法国 6.2	比利时 6.0	荷兰 5.2	西班牙 4.5	美国 3.0	俄罗斯 2.5	墨西哥 2.2	265.4	55.3
动物生皮	中国 36.2	意大利 15.0	韩国 7.2	中国香港 4.8	土耳其 3.1	泰国 3.0	墨西哥 2.7	日本 2.4	德国 2.4	西班牙 2.0	31.3	78.7
食用油籽	中国 40.3	德国 7.3	日本 6.2	荷兰 5.4	墨西哥 4.5	西班牙 3.3	比利时 2.9	法国 2.1	意大利 1.9	土耳其 1.7	387.4	75.4
植物油	中国 14.7	印度 10.0	美国 7.2	意大利 6.2	德国 5.3	荷兰 5.1	法国 4.1	比利时 2.9	巴基斯坦 2.7	马来西亚 2.6	299.9	60.8
棉花	中国 30.5	土耳其 14.3	泰国 6.9	巴基斯坦 6.8	墨西哥 5.9	韩国 4.2	印度 2.7	俄罗斯 2.6	中国香港 1.8	意大利 1.8	54.6	77.5
水产品	美国 16.2	日本 13.6	西班牙 6.6	法国 5.8	意大利 5.4	中国 4.7	德国 4.5	英国 3.8	中国香港 2.8	韩国 2.6	757.0	65.9
水果	美国 13.0	德国 10.6	荷兰 7.6	法国 7.4	英国 7.2	俄罗斯 6.1	加拿大 4.6	比利时 4.2	日本 3.3	意大利 2.7	423.4	66.8
食糖	美国 7.3	英国 5.2	印度 5.0	意大利 5.0	韩国 3.6	马来西亚 3.4	西班牙 3.4	俄罗斯 3.2	阿尔及利亚 3.1	沙特阿拉伯 2.9	73.5	42.2

数据来源：联合国 COMTRADE 数据库。